P. Lorenzo van den Eerenbeemt
UN DONO DELLO SPIRITO AL CARMELO E ALLA CHIESA

Atti del I Convegno Internazionale di Studio

A 87 anni dall'inizio della Congregazione
e 35 anni della sua nascita al Cielo

SASSONE - Ciampino (Roma) 29 ottobre - 2 novembre 2012

A cura di Sr Cecilia Tada e P. Giovanni Grosso

Edizioni Carmelitane

Edizioni Carmelitane
Via Sforza Pallavicini, 10
00193 Roma / Italia
edizioni@O.Carm.org

ISBN: 978-88-7288-135-4

Finito di stampare nel mese di luglio 2013
dalla tipografia Abilgraph Srl – Roma

PROGRAMMA

LUNEDI 29 OTTOBRE

Mostra “Padre Lorenzo” - Saverio Santi

MARTEDI 30 OTTOBRE

Apertura	Sua Eminenza Cardinal João Braz DE AVIZ, Prefetto della CIVCSVA e Sr Madalena TADA, Superiora generale delle CMST.
Relazione	Card. João Braz DE AVIZ: P. Lorenzo, un dono dello Spirito alla Chiesa.
Relazione	Don Giorgio ROSSI: P. Lorenzo e la Chiesa locale: rapporti con la Diocesi e la realtà parrocchiale.
Tavola rotonda	Sr Alice RODRIGUES e P. Emanuele BOAGA: Stato e prospettive delle ricerche su P. Lorenzo.
Presentazione	del libro “P. Lorenzo van den Eerenbeemt, Fondatore e Apostolo dell’Amore”: P. Giovanni GROSSO, Sr Cecilia TADA e Don Giorgio ROSSI.

MERCOLEDI 31 OTTOBRE

Relazione	P. Emanuele BOAGA: P. Lorenzo van den Eerenbeemt: una vita per il Carmelo, per la Chiesa e per le Missioni.
Relazione	P. Giovanni GROSSO: P. Lorenzo, uomo dello Spirito.
Tavola rotonda	Mons. Amleto ALFONSI: P. Lorenzo, pastore nella diocesi e nella Vicaria; P. Nazareno MAURI: Il rapporto tra P. Lorenzo e Madre Crocifissa; Luciano PRANZETTI: P. Lorenzo, poeta, teologo e mistico.
Presentazione	del documentario: “Un profeta per i nostri giorni” e del recital sulla vita di P. Lorenzo animato dagli alunni della Scuola Superiore “Dom Eliseo van de Weijer” di Paracatu – Brasile.

GIOVEDI 1 NOVEMBRE

Relazione P. Cosimo PAGLIARA: P. Lorenzo, uomo della Parola di Dio.
Relazione Sr M. Nerina DE SIMONE: P. Lorenzo Carmelitano, uomo di preghiera.
Relazione Sr Cecilia TADA: P. Lorenzo e la passione missionaria.
Testimonianze Mons. Valerio VALERI, Enzo STELLA e Sr Carmen BONNICI.
Serata insieme a P. Lorenzo e presentazione del CD e testimonianza missionaria dell'Associazione "VENITE E VEDRETE".

VENERDI 2 NOVEMBRE

Gruppi di lavoro.
Relazioni dei gruppi di lavoro.
Sintesi e risonanze: P. Giovanni GROSSO
Chiusura del Convegno: P. Fernando MILLÁN ROMERAL, Priore generale dell'Ordine Carmelitano, e Sr M. Madalena TADA, Superiora generale delle Suore Carmelitane.

CRONACA DEL CONVEGNO

La Congregazione delle Suore Carmelitane Missionarie di S. Teresa del Bambino Gesù, a 87 anni dalla sua fondazione (1925) e 35 anni della nascita al Cielo di P. Lorenzo van Eerenbeemt (1977), ha celebrato il 1° Convegno Internazionale di studio, realizzando una delle deliberazioni del tredicesimo Capitolo Generale della Congregazione avvenuta nel 2009 che ha deciso all'unanimità di avviare uno studio scientifico su padre Lorenzo, organizzare un convegno di conoscenza e studio e preparare il lavoro per la causa di beatificazione, esprimendo pertanto il desiderio di tutti i membri della Congregazione.

Trattandosi di un Carmelitano, la nota più rilevante è stata tutto un percorso fatto dal 2009 con organizzazione e sistemazione dell'archivio, avvio della tesi dottorale e articolazione con l'Ordine dei Carmelitani. Infatti, dal 2009 al 2012, con alcuni incontri con il Priore Generale, P. Fernando Millán Romeral e la Superiora Generale, Sr Madalena Tada erano state previste delle iniziative pro P. Lorenzo. Il I Convegno Internazionale di studio su P. Lorenzo risulta da un lavoro congiunto tra l'Ordine dei Carmelitani, Suore Carmelitane Missionarie di S. Teresa di Gesù Bambino e il Comitato "P. Lorenzo". Infatti il 25 novembre 2010 si è avuto a Santa Marinella, l'incontro del Consiglio generale con l'Equipe della Postulazione e il Postulatore generale dell'Ordine Carmelitano, P. Giovanni Grosso, per programmare il Convegno di studio con lo scopo di far conoscere e approfondire la figura di P. Lorenzo, susseguendosi tanti altre riunioni fino alla sua realizzazione[1*].

Il tema del I Convegno è stato "P. Lorenzo van den Eerenbeemt, un dono dello Spirito al Carmelo e alla Chiesa", che si è tenuto a Sassone nell'Istituto *Il Carmelo* (Roma) dal 29 ottobre al 2 novembre 2012. Hanno partecipato a questo Convegno i fratelli carmelitani, le suore Carmelitane Missionarie provenienti dai vari continenti dove esse sono presenti, i sacerdoti, i laici e alcuni familiari di P. Lorenzo.

29 ottobre – primo giorno

Con il graduale arrivo dei partecipanti al convegno all'istituto "il Carmelo" di Sassone, nel pomeriggio di lunedì 29 ottobre, ha avuto inizio il primo convegno internazionale di studio su p. Lorenzo van den Ee-

---

[1*] Cf. AP, Verbale delle riunione.

renbeemt. La gioia dell'incontro o della prima conoscenza di tante consorelle e amici ha riempito di chiassose esclamazioni il grande ingresso dell'Istituto "Il Carmelo" che accoglieva il convegno.

La celebrazione dei vespri è stata presieduta da p. Nazareno Mauri e subito dopo è stata consumata la cena, in un'atmosfera di gioiosa allegria.

Subito dopo, tutti si sono recati nella grande sala dove è stata allestita la mostra dedicata alla vita e alla figura di p. Lorenzo che è stata inaugurata con un discorso del sig. Saverio Santi, il quale ha sintetizzato la lunga storia di p. Lorenzo. Dopo aver osservato i pannelli e scambiato impressioni e reazioni, tutti sono man mano rientrati nelle proprie camere per il riposo notturno.

30 ottobre – secondo giorno

Nella sala dei Congressi è iniziato ufficialmente il convegno con il benvenuto di P. Giovanni Grosso, del Card. João Braz de Aviz e della Superiora generale Sr Madalena Tada.

La seduta è stata guidata da p. Giovanni Grosso O.Carm. e Sr M. Cecilia Tada. Si è invocato con il canto il dono dello Spirito santo e poi i vari gruppi dei partecipanti sono stati chiamati per nazionalità e appartenenza ad auto-presentarsi a tutti: è stata l'occasione per una vera esplosione di gioia. Hanno partecipato il Superiore generale dei Pp. Sacramentini e due Consiglieri generali della stessa Congregazione, ed anche P. Desiré Consigliere generale dell'O.Carm. e p. Carlo Cicconetti, Consigliere della Provincia Italiana dei Carmelitani e studioso di storia del Carmelo.

Dando inizio ai lavori propriamente intesi, è stato presentato il card. João Braz De Aviz, prefetto della Congregazione per gli Istituti di Vita Consacrata e le Società di Vita Apostolica che ha tenuto la prima conferenza, sul tema: *P. Lorenzo, un dono dello Spirito alla Chiesa.* Molto affabilmente, il Cardinale, essendo membro del clero diocesano e trovandosi a lavorare a servizio e a continuo contatto con consacrati e consacrate, si è autodefinito "un novizio pluri-carismatico". La sua relazione si è basata sullo studio della dissertazione dottorale di Sr Cecilia Tada, della quale è stato co-relatore.

Al testo presentato, sua Eminenza aggiunge che, l'invito del beato Giovanni Paolo II a vivere il nostro impegno cristiano nel quotidiano, coltivando una spiritualità di comunione quale "criterio per il nuovo millennio per la Chiesa e per l'umanità", è una spiritualità dell'amore da vivere come l'ha vissuto il Verbo divino nella sua incarnazione. Si parla, quindi, del mistero della *kenosi* divina (cfr *Fil* 2, 5-11) come del "farsi piccolo" di Dio per amore nostro, fino al punto da rimanere fra noi nella piccolezza inerme dell'Eucaristia. P. Lorenzo aveva anticipato questo orientamento e lo aveva vissuto nella sua vita spirituale tutta impostata sul rapporto con Dio-Amore e sulla sua persona, tanto nella sua vicenda spesso dolorosa di Fondatore, quanto nel suo stile relazionale umile e mite, come pure nel modo in cui cercava di impostare lo stile missionario delle sue suore.

Nel pomeriggio, nella seduta moderata da Sr Mariassunta Colombo, gli interventi sono stati incentrati sulla storia del Padre. Si è iniziato con la relazione di don Giorgio Rossi *sdb* con il tema: *P. Lorenzo e la Chiesa locale: rapporti con la diocesi e la realtà parrocchiale.* Il relatore ha esaminato il rapporto che, nel corso di molti anni trascorsi nella diocesi portuense, il Padre ha avuto con i vari Cardinali-vescovi e i presbiteri, oltre che con alcune delle istituzioni diocesane principali. Le immagini che hanno completato l'esposizione hanno attirato vivamente l'attenzione di tutti i presenti, anche grazie alle spiegazioni offerte dal relatore.

Ha fatto seguito la tavola rotonda con gli interventi di Sr M. Alice e p Emanuele Boaga O.Carm., a proposito della situazione della ricerca documentaria sul Padre. Se ne è unanimemente dedotta la necessità di continuare gli studi scientifici sugli scritti e la storia di p. Lorenzo, ma anche le ricerche e la sistemazione stessa del vasto archivio dei suoi scritti. Le domande e gli interventi dei presenti hanno coronato con vivacità l'intenso lavoro pomeridiano.

Nella serata, ci si è nuovamente incontrati per partecipare alla presentazione del volume pubblicato da Sr M. Cecilia Tada, che è una ricerca storico-documentale su p. Lorenzo: *"P. Lorenzo van den Eerenbeemt, Fondatore e Apostolo dell'Amore"*.

Don Giorgio Rossi, riprendendo alcune affermazioni della relazione da lui stesso tenuta al primo convegno di studio su m. M. Crocifissa (1991), ha messo in luce come lo studio effettuato da Sr Cecilia sia un passo importante nella ricerca storica sulla congregazione e il suo carisma. Don Giorgio ha anche evidenziato come alcune delle sue intuizioni del 1991 che Sr Cecilia sviluppa nel presente volume fossero già accennate nella prima biografia su m. M. Crocifissa, scritta da don Carmine Del Gaudio nel 1986 e poco valorizzata all'epoca.

L'importanza del volume su p. Lorenzo, ha quindi evidenziato d. Rossi, risiede anche nel fatto che esso è frutto di una deliberazione dell'ultimo Capitolo generale della Congregazione, cosa che rende questo volume il risultato di una decisione dell'intero Istituto.

Un altro motivo d'importanza di questo volume è dato dal fatto che si tratta del primo studio organico e fondato su documenti attendibili riguardante la figura di p. Lorenzo, sebbene questo studio si concentri soprattutto sui primi anni della storia della Congregazione in cui Padre Lorenzo è protagonista. Da ciò si comprende come, certamente, rimanga ancora molto da fare per la documentazione e lo studio della figura e del pensiero di p. Lorenzo. Un pregio della presente pubblicazione è il fatto di essere costituito per quasi meta da documentazioni, per cui anche chi non condividesse le tesi che Sr Cecilia sostiene, potrà in ogni caso trovare utile lo studio del testo.

E poi intervenuta Sr M. Cecilia, ringraziando d. Giorgio per il suo intervento e p. Giovanni Grosso che, in qualità di responsabile delle Edizioni Carmelitane, ha consentito la pubblicazione del suo lavoro.

Questo lavoro è stato frutto della collaborazione di molte persone, della condivisione e del confronto di molte idee. Sr Cecilia legge quindi le proprie note, sintetizzando i contenuti principali e i risultati del proprio studio.

31 ottobre – terzo giorno

La terza giornata del convegno è iniziata con la celebrazione della s. messa e delle lodi mattutine, sotto la presidenza di p. Giovanni Grosso che ha anche tenuto l'omelia.

La seduta è stata moderata da Sr M. Lilian G Kapongo con la lettura del messaggio del Card. Odilo Pedro Scherer, arcivescovo di San Paolo, Brasile. Quindi è stata tenuta la prima relazione del giorno da p. Emanuele Boaga, O.Carm., sul tema: *P. Lorenzo van den Eerenbeemt: una vita per il Carmelo, per la Chiesa e per le Missioni, che* è stata seguita da un breve dialogo fra il relatore e i presenti.

Ha quindi tenuto la propria p. Giovanni Grosso O.Carm., sul tema: P. *Lorenzo, uomo dello Spirito*.

Nel pomeriggio si è tenuta la seconda tavola rotonda, moderata da Sr Marianerina de Simone. Il primo intervenuto è stato di mons. Amleto Alfonsi, sul tema: *P. Lorenzo, pastore nella diocesi e nella Vicaria*; esso ha offerto un ulteriore approfondimento della figura del Padre e l'intensa e fruttuosa missione da lui svolta nei lunghi anni della sua incardinazione nella diocesi di Porto e Santa Rufina.

P. Nazareno Mauri O.Carm. ha offerto subito dopo il proprio contributo, sul tema: *Il rapporto tra P. Lorenzo e madre M. Crocifissa.* Partendo dalla propria lunga frequentazione personale del Padre dopo il suo ritiro dall'impegno pastorale nella parrocchia S. Maria del Carmelo di Santa Marinella, egli ne ha delineato la figura di saggio e delicato consigliere, oltre che l'umile e costante collaborazione con la beata M. Crocifissa nel portare avanti il governo dell'Istituto che assieme avevano fondato.

Il prof. Luciano Pranzetti, impedito a partecipare, ha inviato il proprio intervento per iscritto, sul tema: *P. Lorenzo, poeta, teologo e mistico*. Ne ha cortesemente dato lettura il sig. Saverio Santi.

Le voci, a tratti emozionate, dei testimoni "de visu" che hanno dipinto con vivacità i tratti umani e sacerdotali di p. Lorenzo, si sono integrate perfettamente con quanto era stato già ascoltato nelle relazioni, consentendo all'uditorio di avere una visione più viva e completa della personalità del Padre.

Dopo alcune brevi domande che hanno consentito a Mons. Amleto e a p. Nazareno di integrare in alcune parti quanto avevano già testimoniato, la seduta pomeridiana si è conclusa con la visione di un breve filmato prodotto dalla nostra Curia generale sulla persona e l'opera del Padre, sottolineando particolarmente il di lui zelo missionario in relazione alla fondazione dell'attuale Provincia brasiliana *santa Teresa de Lisieux*.

1 novembre – quarto giorno

Il quarto giorno del Convegno, la sessione dei lavori è stata moderata da Sr M. Lilian G. Kapongo.

La riflessione è stata iniziata con la relazione su: *P. Lorenzo carmelitano, uomo di preghiera,* tenuta da Sr Marianerina de Simone. Seguita con grande attenzione e partecipazione, la relazione è partita dallo studio di due testi di p. Lorenzo: l'autobiografia degli anni giovanili e un quaderno privato con note spirituali degli anni fra il 1950 e il 1968.

Quindi si è svolta la relazione di p. Cosimo Pagliara O.Carm., su: *P. Lorenzo, uomo della Parola di Dio*. Il relatore ha presentato la figura e la storia del Padre sotto l'aspetto dello studioso e del docente di Sacra Scrittura, oltre che come uomo di fede che ha fondato il suo itinerario spirituale sulla Parola di Dio, pur secondo i canoni del suo tempo.

Si è poi avuta la solenne celebrazione eucaristica presieduta da S. Ecc. Mons. Gino Reali, Vescovo della diocesi suburbicaria di Porto e Santa Rufina, nella quale il nostro Padre è stato incardinato per 35 anni, ricoprendo molti incarichi di responsabilità. Oltre che dalla illuminata omelia del Vescovo portuense, la celebrazione è stata caratterizzata dalla preghiera dei fedeli tenuta in sette lingue differenti a seconda delle diverse intenzioni, sottolineando in questo modo l'internazionalità della cultura del Padre e della Congregazione da lui fondata.

La sessione pomeridiana, è stata moderata da Sr Mariassunta Colombo.

Ha aperto i lavori Sr M. Cecilia Tada, relazionando su: *P. Lorenzo e la passione missionaria* e facendo accompagnare la sua voce da brani dagli scritti del Padre mostrati in videoproiezione con l'aiuto di Sr M. Ronilse Mendes. L'attenzione della relatrice si è posata soprattutto sui fondamenti spirituali della passione missionaria di p. Lorenzo e del modo in cui egli l'ha trasmessa alle sue figlie spirituali.

Ha fatto seguito la tavola rotonda, con gli interventi di mons. Valerio Valeri, dell'ing. Enzo Stella e di Sr M. Carmen Bonnici.

Mons. Valeri ha offerto con larghezza e pacata ma vivace semplicità i suoi ricordi di ex allievo di p. Lorenzo da cui fu aiutato a scoprire e seguire la vocazione sacerdotale, spesa poi in molti decenni di servizio presso la Segreteria di Stato vaticana. Particolarmente abbondanti sono stati gli episodi che egli ha riferito del primo periodo della sua frequentazione col Padre, durante lo sfollamento a Castelgiuliano.

L'ing. Stella, con viva commozione, ha comunicato le proprie memorie dei suoi incontri con p. Lorenzo negli anni della fanciullezza e dell'adolescenza, quando frequentava la vicaria–parrocchia di S. Maria del Carmelo. Fra l'altro, l'ingegnere ha menzionato più volte il fatto che il proprio padre, pur dichiarandosi ateo e non vedendo con favore che il proprio figlio frequentasse la chiesa, aveva molta stima di p. Lorenzo e volentieri dialogava a lungo con lui.

L'ultimo intervento è stato svolto da Sr M. Carmen Bonnici.

Infine viene proiettato un filmato prodotto dal *Colegio dom Eliseu van de Weijer* di Paracatù, Brasile, sulla passione missionaria di padre Lorenzo.

La giornata si è conclusa con la gradita e gradevole presentazione di canti, immagini, testimonianze e danze da parte del gruppo giovanile di volontariato missionario "Venite e Vedete" di Santa Marinella.

2 novembre – quinto giorno

L'ultimo giorno del Convegno è stato caratterizzato dalla presenza del Priore generale dei Carmelitani, p. Fernando Millán Romeral O.Carm. Ha partecipato alla giornata anche il Segretario generale dell'Ordine Carmelitano, p. Mario Alfarano O.Carm.

La giornata si è aperta con la celebrazione dell'Eucaristia e delle Lodi mattutine, presieduta dallo stesso p. Fernando che ha offerto nella sua omelia un'ampia esperienza di vita nel Carmelo e specialmente nelle missioni dei Frati Carmelitani e delle Suore Carmelitane delle diverse Congregazioni, illuminando questa esperienza con la luce della Parola di Dio.

Nella sala del Convegno Sr M. Cecilia Tada, moderatrice della sessione, ha invitato i partecipanti a dividersi in piccoli gruppi a seconda della lingua e della provenienza, per rispondere ad alcune domande sul convegno e sulle future possibili iniziative per approfondire e far conoscere la figura di p. Lorenzo e quindi ha invitato ciascun gruppo a presentare all'assemblea la sintesi di quanto emerso dai propri lavori.

P. Giovanni Grosso O.Carm. ha offerto una breve e articolata sintesi dei lavori svolti nei giorni del convegno, dei contenuti principali emersi e delle prospettive che si aprono per il futuro in merito alla conoscenza di p. Lorenzo nella Chiesa.

È stata, infine, dichiarata ufficialmente la chiusura del convegno con le parole del Priore generale, p. Fernando e di Sr Mariassunta Colombo che ha letto il saluto ufficiale conclusivo a nome della Superiora generale.

MARTEDÌ 30 OTTOBRE

PRIMA SESSIONE

Saluto — Sr Madalena Tada.
Relazione — Card. João Braz de Aviz, Prefetto della CIVCSVA.

SECONDA SESSIONE

Relazione — Don Giorgio Rossi: *P. Lorenzo e la Chiesa locale: rapporti con la Diocesi e la realtà parrocchiale.*
Tavola rotonda — Sr Alice Rodrigues e P. Emanuele Boaga: *Stato e prospettive delle ricerche su P. Lorenzo.*

Presentazione del libro *P. Lorenzo van den Eerenbeemt, Fondatore e Apostolo dell'Amore*: P. Giovanni Grosso, Sr Cecilia Tada e Don Giorgio Rossi.

SALUTO DELLA SUPERIORA GENERALE

Sr Madalena Tada[*]

S. Eminenza Card. João Bras de Aviz, Prefetto della Congregazione per la Vita Consacrata e Società di Vita Apostolica, Padri Consiglieri Generali dell'Ordine,

P. Giovanni Grosso, fratelli e sorelle in Cristo e nel Carmelo, familiari di P. Lorenzo, amici tutti e in particolare sorelle della Congregazione è con grande gioia che rivolgiamo a tutti il nostro saluto di benvenuto per questo raduno per contemplare la bellezza e la gloria di Dio che si rispecchia nelle persone, soprattutto nella persona di P. Lorenzo van den Eerenbeemt, di cui ci occuperemo in questi giorni. Infatti la famosa frase di Santo Irineo, dei primi secoli del cristianesimo, si ripercuote ancora oggi: "la gloria di Dio è l'uomo vivente e la vita dell'uomo consiste nella visione di Dio". Colui che è inafferrabile, incomprensibile e invisibile si offre alla visione, alla comprensione e al possesso degli uomini, per vivificare coloro che lo comprendono e lo vedono. Chi ha contemplato Dio, pur non essendo più tra noi, continua ad essere vivente attraverso lo spirito che l'ho ha animato in vita.

Siamo tutti qui perché, coscienti di questa presenza dello Spirito in P. Lorenzo, desideriamo attraverso le persone che ci aiuteranno a percepire l'azione della grazia dalla quale si è lasciato condurre P. Lorenzo durante tutta la vita, accoglierlo come un dono dello Spirito al Carmelo e alla Chiesa. Come dono di Dio, vogliamo prima di tutto conoscerlo e accoglierlo perché sia dono anche a tutto il popolo di Dio.

---

[*] Il testo è stato preparato da lei stessa ma non è stato letto durante il Convegno, sostituendolo con un saluto spontaneo.

Ringraziamo in anticipo tutte le persone che ci aiuteranno in questi giorni a svelare la figura di P. Lorenzo van den Eerenbeemt e ad apprezzare quanto egli è stato in vita gloria a Dio, gloria in Dio e gloria di Dio lasciandoci la scia luminosa del suo itinerario spirituale.

Ci auguriamo che in questi giorni intanto contempleremo l'azione della grazia nell'intreccio della vita di P. Lorenzo, possiamo anche noi sperimentare l'azione dello Spirito che lo animò, e vivere così momenti di grazia e di benedizione, instaurando un clima di vera fraternità nella gioia di trovarci insieme – fratelli e sorelle nel Carmelo.

PADRE LORENZO, UN DONO DELLO SPIRITO ALLA CHIESA

Cardinale João Braz DE AVIZ[*]
Prefetto della CIVCSVA

Il 26 luglio 2011 ho ricevuto una comunicazione scritta da parte di Padre Josu Mirena Alday, cmf, preside dell' Istituto di Teologia della Vita Consacrata, "Claretianum", per assumere l'incarico come secondo Relatore (censore) nella difesa dello studio su *P. Lorenzo van den Eerenbeemt, Apostolo dell'amore e fondatore* di Suor Cecilia Tada Emiko.

Conosco Suor Cecilia da vari anni e con lei ho collaborato nel periodo del suo lavoro nella Conferenza episcopale brasiliana (CNBB). Lei

---

[*] João Braz DE AVIZ (Mafra, 24 aprile 1947) è un cardinale e arcivescovo cattolico brasiliano, dal 4 gennaio 2011 prefetto della Congregazione per gli Istituti di Vita Consacrata e le Società di Vita Apostolica. Dopo aver frequentato il seminario maggiore "Rainha dos Apóstolos" di Curitiba e nella facoltà di Palmas, ha completato gli studi teologici a Roma, presso la Pontificia Università Gregoriana, conseguendo la licenza, e presso la Pontificia Università Lateranense, dove nel 1992 si è laureato in teologia dogmatica. È stato ordinato sacerdote il 26 novembre 1972, successivamente è stato rettore dei seminari maggiori di Apucarana e di Londrina e professore di teologia dogmatica presso l'Istituto teologico Paolo VI di Londrina. È stato nominato vescovo ausiliare di Vitória e vescovo titolare di Flenucleta il 6 aprile 1994 ed è stato consacrato vescovo il 31 maggio 1994. Mantenne questi incarichi fino al 12 agosto 1998, quando è stato nominato vescovo di Ponta Grossa. Il 17 luglio 2002 è stato promosso arcivescovo di Maringá da papa Giovanni Paolo II. Ha assunto il governo pastorale dell'arcidiocesi di Brasília il 28 gennaio 2004, su nomina di Giovanni Paolo II, succedendo al cardinale José Freire Falcão. Il 4 gennaio 2011 papa Benedetto XVI lo ha nominato pro-prefetto della Congregazione per gli Istituti di Vita Consacrata e le Società di Vita Apostolica e perciò ha rinunciato alla sede metropolitana di Brasília. Succede al dimissionario cardinale Franc Rodé. Papa Benedetto XVI lo ha nominato cardinale diacono di Sant'Elena fuori Porta Prenestina nel concistoro del 18 febbraio 2012.

era assessore della Commissione episcopale per l'Amazzonia. Ha collaborato anche con l'Arcidiocesi di Brasilia per l'invio del primo gruppo di dieci missionari (sacerdoti e laici), che da alcuni anni hanno assunto una missione nello stato brasiliano-amazzonico di Roraima, con una area di 60.000 km^2 e una popolazione di 50.000 persone.

Anche se avevo avuto dei contatti con le Suore Missionarie Carmelitane di Santa Teresa del Bambino Gesù a Brasilia e, in particolare con Suor Cecilia Tada, non avevo sentito parlare di Padre Lorenzo. Non lo conoscevo.

La lettura e lo studio delle 342 pagine di ricerca della dissertazione di Suor Cecilia mi hanno impegnato più di quello che avevo calcolato, in mezzo alle vacanze di agosto e ai lavori della Congregazione per gli Istituti di vita consacrata e le Società di vita apostolica del mese di settembre di 2011.

Ma devo dire con sincerità: man mano che progredivo nella lettura, cresceva in me l'entusiasmo intorno alla persona di Padre Lorenzo van den Eerenbeemt e della sua opera, generata insieme alla Beata Maria Crocifissa Curcio.

Questa ricerca di Suor Cecilia è destinata a contribuire alla riscoperta della grande figura di Padre Lorenzo van den Eerenbeemt. Manifesto qui tutta la mia gioia per il contributo significativo apportato alla Congregazione delle Suore Carmelitane Missionarie di Santa Teresa del Bambino Gesù e alla Chiesa. Questa dissertazione per il dottorato rimarrà come un punto di riferimento solido, come una fonte sicura e ben documentata, per continuare ad approfondire la figura di Padre Lorenzo e il carisma da lui nato.

Questo lavoro accademico acquista grande peso perché non è il risultato soltanto di una decisione personale, ma della decisione del XIII Capitolo Generale della Congregazione, nell' anno 2009, che, per quanto riguarda la figura di Padre Lorenzo, ha deliberato:

1. Favorirne la conoscenza;
2. Preparare il lavoro per la causa di beatificazione;
3. Avviare uno studio scientifico su Padre Lorenzo a livello di licenza e di dottorato.

L'impegno intellettuale di Suor Cecilia, accompagnato dai saggi e sicuri orientamenti del professor González, sono risultati in un lavoro scientifico di grande interesse storico per quelli che vorranno conoscere, sia la figura di Padre Lorenzo, sia anche il carisma delle Suore Carmelitane Missionarie di Santa Teresa del Bambino Gesù.

Il fatto di aver delimitato il lavoro di ricerca al periodo iniziale della vita della Congregazione, concentrando tutta l'attenzione sulla persona del fondatore, Padre Lorenzo van den Eerenbeemt, ha favorito la cura costante soprattutto delle fonti inedite, in particolare i manoscritti autobiografici "Appunti della mia vita" e "Quaderno strettamente privato di Padre Lorenzo incominciato nell'ottobre 1950". Essendo questi due documenti personali di Padre Lorenzo scritti nella sua età più matura, acquistano una particolare importanza, sia per i fatti che narrano, sia per il senso profondo che Padre Lorenzo ricava nei suoi commenti come protagonista.

Così anche è avvenuto per le prime Costituzioni, il primo Direttorio, le Poesie e i diversi articoli.

L'oggetto principale della tesi è Padre Lorenzo van den Eerenbeemt, Apostolo dell'Amore e Fondatore, con la proposta di far emergere il fondatore che, nei primi tempi era riconosciuto come tale e, durante decenni è rimasto nell'oblio e, di conseguenza, il suo carisma è rimasto sconosciuto alle nuove generazioni. La costruzione della dissertazione in cinque capitoli mostra una progressiva verifica storica, spirituale e carismatica del fondatore e, allo stesso tempo, dà una visione d'insieme molto completa della figura di Padre Lorenzo. Gli argomenti trattati volta per volta, da un capitolo all'altro, allargano l'orizzonte della sua figura, svelandoci le sue varie dimensioni: umana, cristiana, spirituale, carismatica, ecclesiale e di una profonda preparazione e capacità intellettuale, quest'ultima messa a servizio della Chiesa nelle Università Pontificie.

Questo lavoro accurato ci fa penetrare progressivamente nel disegno di Dio sulla persona di Padre Lorenzo. Entriamo così nell'intimità della sua famiglia, dell'ambiente e della cultura in cui era immerso, della scuola cattolica che ha segnato le convinzioni più profonde della sua vita. Adolescente lo seguiamo a Parigi con il fratello Ubaldo e in Olanda con i suoi parenti, nei suoi primi voli fuori della casa paterna.

Ci impressiona la sua sensibilità spirituale manifestata in una vita giovanile piena di valori morali vissuti e di un dialogo con Dio che egli vuole servire senza riserve. A vent'anni percepisce la vocazione sacerdotale. A 22 anni, nella chiesa di s'Hertogenbosch, in Olanda, ha fatto il proposito di darsi totalmente a Dio: è la sua alleanza d'amore con Dio attraverso la sua consegna definitiva.

Si sente accolto nella famiglia carmelitana e di questa diventa membro, avvicinandosi sempre di più alla spiritualità dell'amore e della piccola via di Santa Teresa del Bambino Gesù, canonizzata nel momento in cui lui dava i primi passi della fondazione della Congregazione.

Accanto a Santa Teresa del Bambino Gesù, nel seno dell'ordine carmelitano guarda alle missioni in Brasile e nei paesi asiatici, e per una grazia speciale del suo carisma, Padre Lorenzo pensa alle missioni come un sogno e una passione. È il tempo della lettera enciclica *Maximum illud* del Papa Benedetto XV, ritenuta la magna carta delle missioni moderne. È anche il tempo della nascita di varie Congregazioni missionarie, tra le quali le Missionarie Serve dello Spirito Santo, fondate in Olanda nel 1889 da Arnaldo Janssen.

Le missioni, pensate proprio come missioni *ad gentes,* è come Padre Lorenzo vedrà sempre più chiaramente il carisma della sua opera.

L'incontro epistolare per primo e poi anche di persona con Suor Maria Crocifissa Curcio, siciliana di Modica, nell'anno 1924, dà inizio a una intesa di carismi, di cuori, ma sopratutto di santità tra due persone decise a seguire Dio e a corrispondere a una chiamata sempre più chiara, ma anche sempre più purificata e diventata solida a causa dei dolori e delle prove spirituali.

L'intensa vita spirituale e la coincidenza carismatica dei due fondatori, si esprimono in una ricerca profonda della volontà di Dio. In questo clima nasce e si sviluppa sempre di più la famiglia religiosa delle Suore Missionarie Carmelitane. Tutto però in mezzo ad abbondanti privazioni che investono direttamente i fondatori ed in modo speciale Padre Lorenzo.

Nel percorso necessario per l'approvazione diocesana e per la professione perpetua del primo gruppo di Suore, Padre Lorenzo esperimenta da vicino il cammino della kenosi, propria di ogni cristiano, discepolo di Gesù, ma particolarmente di quelli che sono scelti da Dio come fondatori di una nuova opera nella Chiesa. E lui, da uomo di Dio, percorre con fedeltà questa tappa spirituale imprescindibile.

Quali sono le linee portanti del carisma in Padre Lorenzo?

Cito appena alcuni dei titoli al riguardo:

- la sua esperienza di Dio;
- la grazia di essere uno dei più intimi amici di Gesù;
- la sua esperienza mariana;
- la piccola via di Teresa di Lisieux;
- il suo senso ecclesiale;
- il suo umanesimo.

Sono caratteristiche, diciamo così, che ci portano al cuore spirituale, alla passione più intima di Padre Lorenzo. Questa sua dottrina spirituale è nata, senza ombra di dubbio, dalla sua fedeltà attraverso le prove più dure dell'anima, come attestano i fatti da lui vissuti.

Uno sguardo verso il presente e il futuro della famiglia spirituale di Padre Lorenzo e della Beata Maria Crocifissa dovrà portare le sue figlie a riappropriarsi oggi di tutta questa sua anima, così attuale nel momento in cui la Chiesa percorre i passi della nuova evangelizzazione.

PADRE LORENZO E LA CHIESA LOCALE: RAPPORTI CON LA DIOCESI E LA REALTA' PARROCCHIALE

Don Giorgio Rossi, SdB*

1. INTRODUZIONE

La riflessione sull'argomento riguardante p. Lorenzo e la Chiesa locale comporta una breve introduzione esplicativa, al fine di circoscrivere e localizzare la sua figura e la sua azione specifica.

Sul significato teologico di Chiesa locale è stato detto ormai tutto, dal Concilio in poi, scriveva già verso il 1995 Bruno Maggioni. A detta dell'autore la Chiesa locale in senso vero è la diocesi. Dire Chiesa locale la parrocchia è un parlare improprio. La Chiesa locale è la diocesi perché sono presenti le strutture essenziali della Chiesa di Dio, fra queste il

---

* Giorgio ROSSI, SdB, già docente di Storia Moderna nel corso di laurea in Scienze storiche, del territorio e per la cooperazione internazionale, Facoltà di Lettere e Filosofia, Università degli Studi Roma Tre. Nell'anno accademico 1991-92 ha avuto l'incarico di Storia Moderna presso la LUMSA (Libera Università Maria Ss. Assunta, Roma). È membro dell'Istituto Storico Salesiano, membro dell'Associazione Italiana per lo studio della Santità, dei Culti e dell'Agiografia, membro dell'Associazione dei professori di Storia della Chiesa e dell'Associazione Cultori di Storia Salesiana; è inoltre Consultore storico di organismi vaticani. Ha indirizzato prevalentemente la propria ricerca scientifica verso aspetti di storia sociale, del lavoro agricolo, di storia religiosa e congregazionale, di economia, delle istituzioni civili, scolastico-professionali ed anche verso riflessioni metodologiche e storiografiche. Fa parte del progetto di ricerca (PRIN), *Per un atlante storico dell'istruzione maschile e femminile dall'età delle riforme al 1859. Un'analisi comparata tra antichi Stati italiani*, cui partecipano sette università italiane. Attualmente, dagli anni accademici 2007-2013, gli è stato conferito un contratto per l'insegnamento di storia moderna, storia moderna II, Storia e storiografia dell'età moderna (Corso magistrale) da parte della Facoltà di Scienze della Formazione dell'Università Roma Tre, sia nel corso istituzionale che nella modalità FaD.

vescovo. Parrocchie e gruppi sono "inseriti" nella Chiesa locale, ma non sono la Chiesa locale.[1]

Seguendo questa linea interpretativa cercheremo di individuare l'azione di p. Lorenzo in rapporto con la diocesi e la parrocchia. In particolare della sua opera in seno alla diocesi sarà da analizzare bene la relazione con i cardinali-vescovi, le incombenze avute, gli interventi dottrinali e morali, le testimonianze di parroci e fedeli. Anche a proposito del nesso con la parrocchia sarà inevitabile precisare l'iter giuridico dell'istituzione vicaria-parrocchia, l'attività apostolica del Padre, gli interventi inerenti al suo stato ed infine come le persone hanno visto e giudicato la sua figura e la sua opera. Cercheremo di non entrare troppo nel campo della "pastoralità", perché questo sarà oggetto di altri interventi, però sarà giocoforza avvicinarsi a questo tema.

Di p. Lorenzo in questi ultimi tempi si sta scrivendo abbastanza e l'attenzione a lui dedicata genera un positivo orientamento verso studi, ricerche, storia orale, riordino di archivi.[2] Da parte nostra faremo riferimento soprattutto a una fonte conosciuta e utilizzata, anche se in maniera episodica e ripetitiva, cioè la *Cronistoria* di p. Lorenzo, riguardante l'attuale chiesa del Carmelo di S. Marinella. Una fonte "completa", non per l'estensione, ma per il fatto che sono presenti aspetti giuridici, pastorali, cronachistici, ecclesiali, spirituali.[3]

2. P. LORENZO E LA DIOCESI DI PORTO - S. RUFINA

2.1 *I cardinali-vescovi*

L'incontro tra p. Lorenzo e S. Marinella avviene nel luglio del 1923 e contemporaneamente il Padre fa la conoscenza del card. Antonio Vico, vescovo di Porto e S. Rufina dal 1915 al 1929 e Prefetto della S. Congregazione dei Riti.[4] P. Lorenzo si presentò al cardinale il giorno

---

[1] B. MAGGIONI, *Chiesa locale e missione* ad gentes, in *Attualità della Missione*, a cura di *Missione Oggi*, 1° Quaderno, 1955; si veda del medesimo autore un intervento sullo stesso tema in " Rivista del Clero italiano", 3, 1989.

[2] Cf. Il prezioso e recente studio di C. TADA, *P. Lorenzo van den Eerenbeemt, fondatore e apostolo dell'amore*, Edizioni Carmelitane, Roma 2012; per la bibliografia vedi pp. 27-38; anche se non lo citeremo, lo terremo sempre presente durante questa trattazione.

[3] AP (Archivio della Postulazione – Congregazione Suore Carmelitane Missionarie di S. Teresa di Gesù Bambino – S. Marinella RM), L. VAN DEN EERENBEEMT, *Cronistoria della Chiesa di N. Signora delle Vittorie in S. Marinella ora N. Signora del M. Carmelo*; inizia con l'anno 1919 e termina con il 1954: d'ora in poi citeremo *Cron*. seguito dal nr di pagina.

[4] Nato a Agugliano (Marche) il 9 gennaio 1847, fu nominato cardinale da Pio X nel

stesso della benedizione della chiesa delle Vittorie, era il 14 luglio, per prendere accordi per la celebrazione della messa nella chiesa. Il cardinale ricoprì molti incarichi a livello diplomatico e come Prefetto canonizzò tra gli altri Santa Teresa di Gesù Bambino e beatificò S. Giovanni Bosco. P. Lorenzo ebbe molti contatti con il cardinale, soprattutto per regolarizzare la sua posizione e ottenere i necessari permessi per le suore. Infatti il 3 luglio del 1925 Madre Crocifissa, insieme ad altre tre compagne, si stabilì a S. Marinella, iniziando così ufficialmente il suo Istituto.[5]

Eppure P. Lorenzo sembra ignorare la figura del card. Vico; lo nomina solo per dire che da parte del cardinale erano giunti i permessi richiesti.[6] La morte del cardinale viene annunciata in modo estremamente scarno: "nel marzo del 1929 venne a morire sua Eminenza il Card. Vico", senza alcun commento.[7] Stando allo scritto della *Cronistoria* sembra che tra i nostri due non ci sia stato un grande sentimento di simpatia; tuttavia da parte del card. Vico c'è stata in realtà una buona accondiscendenza nei confronti del Padre.

Complesso e burrascoso, ma rispettoso, è stato il rapporto con il successore del card. Vico, cioè il card. Tommaso Pio Boggiani, domenicano, vescovo di Porto e S. Rufina dal 1929 al 1942. Al nuovo vescovo non piacque la situazione irregolare dal punto di vista canonico di p. Lorenzo, accusato di "fare il suo comodo a S. Marinella, senza ombra di permessi".[8] Il cardinale consigliò al Padre di continuare l'opera in favore della Vicaria e delle suore, uscendo però dall'Ordine Carmelitano. In realtà c'era stato un braccio di ferro tra il cardinale e i superiori dell'Ordine Carmelitano.[9] Con grande tristezza e amarezza il 18 febbraio 1930 venne

---

1911 e Prefetto della Congregazione dei Riti nel 1915. Come Prefetto ha canonizzato anche Santa Giovanna D'Arco e San Gabriele dell'Addolorata. Circa la beatificazione di Don Bosco si veda la sua relazione *Novissima Positio super miraculis*, in *Taurinen. Beatificationis et canonizationis Ven. Servi Dei Joannis Bosco sacerdotis...E.mo ac rev.mo d.no card. Antonio Vico relatore*, Typis Guerra et Mirri, Romae 1927 – 1929?.

[5] *Cron.* 9.

[6] *Cron.* 12.

[7] *Cron.* 13; in realtà il card. Vico è morto il 25 febbraio 1929.

[8] *Cron.* 15. Del card. Boggiani vedi *L'osservanza quaresimale: lettera pastorale per la Quaresima del 1930*, Tipografia Consorzio Nazionale Emigrazione e Lavoro, Roma 1930; ID., *Lettera pastorale di s. e. r.ma il sig. card. Boggiani arcivescovo di Genova sull'Azione Cattolica e il Partito Popolare*, Tip. Arcivescovile, Genova 1920; T. M. ALFONSI, *Elogio funebre del cardinale Pio Tommaso Boggiani o. p.*, Convento S. Maria Novella, Firenze 1942.

[9] *Cron.* 18. Circa il fatto, riportato da alcuni biografi, di un colloquio tra il cardinale e Pio XI riguardante il caso di p. Lorenzo, vedi in questi *Atti* l'intervento di E. BOAGA, *P. Lorenzo van den Eerenbeemt: una vita per il Carmelo, per la Chiesa e per le Missioni.*

l'ordine della riduzione allo stato secolare e il 21 dello stesso mese veniva incardinato nella diocesi di Porto e S. Rufina. P. Lorenzo continuò tenacemente a conservare nel cuore gli ideali carmelitani e a mantenere l'amicizia con i confratelli.[10]

Grande spazio dedica P. Lorenzo alla scomparsa del cardinale Boggiani, avvenuta il 26 febbraio del 1942. Dallo scritto emerge la personalità forte e anche singolare del cardinale e il sincero attaccamento e stima del Padre verso di lui. Scrive p. Lorenzo:

> Egli era profondamente retto: la sua virtù era la rettitudine, rettitudine verso la S. Chiesa: in tutti gli affari non conobbe che la verità e agì sempre in conformità di questa. Carattere estremamente impetuoso: e fu proprio questo carattere che alienò molti da lui, sappiamo però che egli riconosceva questo suo difetto e se ne rammaricava con se stesso: ligio alla dottrina di S. Tommaso, con colui che scrive queste note si sfogò contro le moderne tendenze suareziane e scotiste. Non fu amico del Partito Popolare che considerò dal suo lato debolissimo, come era in verità: partito cioè per molti arrivisti. Non simpatizzò con l'Azione Cattolica, in cui intravide molto sbandieramento e poco fondamento: troppa intrusione di laici negli ordinamenti della Chiesa docente. Il suo pensiero: Vescovi forti che lavorassero seriamente per la diocesi, sacerdoti zelanti per le loro Chiese, Associazioni, Congregazioni religiose, come Figli [sic] di Maria, Madri Cristiane del SS. Sacramento ecc. Con i RR. Parroci della diocesi fu affabile ed amato: col sottoscritto affabilissimo: ad onore del vero, il sottoscritto ogni qual volta si recava da S. Eminenza, per le scale recitava devotamente qualche Ave Maria, affinché non gli sfuggisse qualche parola imprudente per evitare incresciose ed angosciose complicazioni. Che il sottoscritto poi ammirasse ed amasse il Cardinale, lo dimostra il fatto del potente cordoglio che lo assalì quando leggendo il giornale (l'Osservatore), comprese che il Superiore suo più non era in questo mondo.[11]

Prima di accennare alla figura del cardinale Eugenio Tisserant, è opportuno ricordare la figura di mons. Luigi Martinelli, eletto nel 1937 Amministratore Apostolico della diocesi e deceduto, appena nominato

---

[10] E. BOAGA, *P. Lorenzo visto di profilo,* in L. VAN DEN EERENBEEMT, *Pensieri e percorsi formativi*, Postulazione Suore Carmelitane Missionarie di Santa Teresa del Bambino Gesù, Santa Marinella 2010, p.10.

[11] *Cron.* 100.

vescovo di Amalfi, nel 1946, per la commossa e "amara" partecipazione del Padre alla sua morte.[12]

Con il cardinale Tisserant il rapporto è stato di sincera e reciproca stima, almeno da quello che traspare dalla *Cronistoria,* che arriva fino al 1954. Il cardinale viene considerato come il "riformatore" della diocesi, della quale è stato l'ultimo cardinale-vescovo dal 1946 al 1966.[13] P. Lorenzo non esprime nessun giudizio sul cardinale al momento della sua elezione a vescovo suburbicario, avvenuta il 18 febbraio del 1946. Si limita a dire: "eruditissimo nelle lingue orientali e nella S. Scrittura".[14] Però in occasione della solenne consacrazione della cattedrale di La Storta, il 25 marzo del 1950, p. Lorenzo fungeva da Diacono Assistente al Trono. Altro significativo riconoscimento è dato dal fatto che "il parroco del Carmine accompagna quasi sempre come suo Convisitatore sua Eminenza il Cardinale nella Sacra Visita Pastorale".[15]

Un altro segno di deferenza nei confronti di p. Lorenzo è stata la presenza del cardinale all'insediamento ufficiale del parroco il 16 luglio del 1950, con la partecipazione di alte autorità civili: "Cerimonia imponente: gremita la chiesa: acconsentimento della popolazione: finalmente messa a posto questa questione tanto importante".[16] Il 15 luglio del 1951 visita pastorale della nuova parrocchia di N. S. del Carmelo da parte di Tisserant e premiazione della scuola di catechismo dallo stesso cardinale. La *Cronistoria* termina con il 1954 e p. Lorenzo termina il suo scritto con un inno di riconoscenza e di ammirazione verso il suo vescovo. Il 25 ottobre del 1953 è nominato Canonico Teologo della cattedrale e si sente "pieno di riconoscenza" per tale riconoscimento. Definisce "opera grandiosa" il fatto che il cardinale ha voluto sistemare anche finanziariamente coloro che hanno servito la diocesi con affetto e sacrificio.[17]

Ammira nel suo vescovo quella tenacia che lo ha portato alla piena soluzione del problema della cattedrale: "La cattedrale esiste, esiste il

---

[12] *Cron.* 136: "Pensa colui che qui scrive [p. Lorenzo] che è meglio per la sua anima che sia volata in grembo al suo Creatore, prima di aver (forse) conosciuto le lotte che avrebbe incontrato nella sua novella Diocesi".

[13] Sul cardinal Eugenio Tisserant vedi soprattutto E. FOUILLOUX, *Eugéne, cardinal Tisserant (1884 – 1972). Une biographie*, Desclée de Brouwer, Paris 2011. Recentemente il cardinale è stato commemorato nella diocesi di Porto – Santa Rufina il 25 febbraio 2012 in occasione dei quarant'anni dalla morte.

[14] *Cron.* 135.

[15] *Cron.* 164.

[16] *Cron.* 165.

[17] *Cron.* 189.

Capitolo dei Canonici, il Capitolo tiene regolarmente le sue adunanze". Lo stile espressivo di p. Lorenzo diventa informativo-celebrativo. Interessa lo scritto anche perché ci informa sugli incarichi da lui espletati in diocesi. Nelle solennità con il cardinale le cerimonie risultano ben curate e solenni. P. Lorenzo tiene l'omelia: "tutto è di un'austerità liturgica che impone". A La Storta ormai convengono da tutta la diocesi per il caso morale, due volte all'anno. Non vi è ancora un seminario separato. P. Lorenzo è stato eletto Consigliere del Consiglio di Vigilanza. Manca ancora la casa per i sacerdoti anziani, come anche per i canonici. Questo aspetto dell'attività del cardinale e degli "oneri e onori" di p. Lorenzo, termina con un sincero riconoscimento al cardinale. Ci sono ancora cose da fare, "ma non bisogna dimenticare che Sua Eminenza aiuta con tutti i suoi mezzi disponibili tutte le opere della diocesi, e la diocesi deve a Lui il suo Risorgimento".[18]

La *Cronistoria* termina, come detto, con questo elogio a Tisserant. Certo i rapporti tra i due non terminano qui. Infatti il cardinale lascerà la giurisdizione della diocesi nel 1966 e si spegnerà nel 1972 all'età di 86 anni.

2.2 *Incarichi nella diocesi*

Vogliamo accennare appena a un "incarico" che lo ha certamente impegnato dal punto di vista giuridico con gli organi della curia di Porto e S. Rufina, e cioè il peso notevole per le pratiche e i vari riconoscimenti della Congregazione delle Suore. Abbiamo lasciato da parte questo tema perché non rientra che di sfuggita nel discorso che stiamo portando avanti, ma l'azione di p. Lorenzo è stata essenziale. A proposito del "protagonismo" di p. Lorenzo in particolare negli anni 1925-30, scrivevamo: "Il padre Lorenzo aveva inoltre più capacità giuridica per sapersi districare con la Curia della diocesi di Porto e S. Rufina. La presentazione, infatti, della nuova Congregazione e le pratiche per l'approvazione sono state condotte da lui".[19]

Furono tanti e importanti gli uffici espletati da p. Lorenzo nella diocesi e per la diocesi, per farne un elenco abbastanza completo ci è molto utile sia la consultazione della *Cronistoria* che l'esposizione pre-

---

[18] *Ibid.*

[19] G. ROSSI, *Territorio e congregazioni religiose. S. Marinella e lo sviluppo della Congregazione delle Suore Carmelitane Missionarie di S. Teresa del Bambino Gesù (1925 – 1930)*, in *Madre Maria Crocifissa Curcio. Un dono dello Spirito al Carmelo*, Atti del Convegno di Studio, Congregazione Suore Missionarie di Santa Teresa del B. Gesù, S. Marinella 1991, p. 63.

sente in una pubblicazione preziosa del 1977, anno della morte del Padre.[20] La pubblicazione, prima di elencare gli incarichi, esprime un giudizio ben appropriato sull'apporto dato dal Padre e sulla grande stima che lo circondava: "In diocesi il Padre fu sempre stimato e ben voluto, non solo dai Presuli, ma da tutto il clero, che trovò il lui il fratello, l'amico, il consigliere, il confessore e il direttore spirituale sempre pronto e disponibile".

Nel 1930 fu nominato Esaminatore Prosinodale e poi Giudice Sinodale. Nel giugno del 1932 fu eletto Membro del Consiglio di Vigilanza del card. Boggiani.[21] Fu chiamato inoltre a far parte dell'Ufficio Catechistico Diocesano in qualità di Consigliere e Segretario. Fu Esaminatore Apostolico del Clero Romano e Censore dei casi morali. Il primo aprile del 1939 fu nominato Canonico nella Collegiata di Castel Nuovo di Porto e il 10 agosto del 1942 Vicario Foraneo. Il 12 dicembre sempre del 1942 venne nominato Cameriere Segreto Soprannominario di S. S. Pio XII con il titolo di Monsignore, una nomina anche "dimostrativa" voluta dall'Amministratore Apostolico mons. Martinelli.[22] Diverse volte era incaricato di compiere le ispezioni religiose delle Scuole Primarie, come nel 1947, oppure di fungere da "Epitomatore" nella Conferenza Generale del Clero della Diocesi, come è avvenuto a Roma l'11novembre del 1947 presente il card. Tisserant. Su richiesta inoltre del cardinale p. Lorenzo accompagnava "quasi sempre come suo Convisitatore" il vescovo Tisserant.[23]

Dal 30 ottobre 1949 al 31 agosto 1953 fu parroco della nuova parrocchia Nostra Signora del Monte Carmelo, prima Vicaria Curata di Nostra Signora delle Vittorie. Successivamente, come abbiamo accennato, venne nominato Canonico Teologo della Cattedrale, ufficio che detenne fino al 25 aprile del 1968. Infine nel 1956 venne nominato Prelato Domestico di S.S. Giovanni XXIII.[24]

Dopo la morte di Madre Crocifissa, nel 1957, p. Lorenzo incomincia a scomparire "lentamente e silenziosamente" dalla guida della Congregazione e dagli incarichi diocesani.[25] Nell'agosto del 1966 il card. Tis-

---

[20] *Padre Lorenzo Van Den Eerenbeemt Carmelitano (1886 – 1977)*, Tip. Sicignano, Pompei 1977, pp. 8 -9.

[21] *Cron.* 37.

[22] *Cron.* 105. Vedi particolarmente in questi *Atti,* mons. A. ALFONSI, *P. Lorenzo, pastore nella diocesi e nella Vicaria.*

[23] *Cron.* 141, 146, 164.

[24] *Padre Lorenzo...*, p. 9: vedi anche in questi *Atti*, E. BOAGA, *Padre Lorenzo van den Eerenbeemt: una vita per il Carmelo, per la Chiesa e per le Missioni.*

[25] L. VAN DEN EERENBEEMT, *Pensieri e percorsi...*, p. 11; vedi in questi *Atti,* N. MAURI, *Il rapporto tra P. Lorenzo e M. Crocifissa.*

serant, con uno degli ultimi atti del suo governo come vescovo, accoglie la rinuncia di p. Lorenzo dall'ufficio di Vicario Foraneo, nominandolo nel contempo Vicario Emerito della Forania, per "attestare la nostra gratitudine alla preziosa collaborazione fin qui prestataci".[26]

Rinuncia nel 1968 all'incarico di Canonico Teologo del Capitolo della Cattedrale "considerate le sue condizioni di salute e l'impossibilità di partecipare alle adunanze capitolari; rimette nelle mani dell'arcivescovo- vescovo diocesano il suo beneficio canonicale rinunciandoci formalmente".[27] Il vescovo mons. Pangrazio, due giorni dopo, scrive a p. Lorenzo una bella lettera ufficiale, esprimendo ammirazione e gratitudine per il gesto veramente "degno di alto senso di responsabilità collettiva".[28] Nello stesso tempo mons. Pangrazio nomina il 15 maggio del 1968 p. Lorenzo Canonico Onorario della Cattedrale per i servizi resi per il bene della diocesi, dietro il consiglio del Capitolo della cattedrale.[29]

Nel 1969 p. Lorenzo chiede al vescovo il nulla osta per poter ritornare nell'Ordine Carmelitano "che volentieri lo accoglie", avendo "già sistemato la Congregazione delle Suore Carmelitane per poter rientrare presso i Carmelitani".[30] Il vescovo dà pienamente il suo assenso con la "solenne attestazione"che a tutti in diocesi è nota la "sua grande rettitudine e virtù, e lo zelo con cui si è dedicato alla cura della Congregazione e anche al ministero pastorale".[31] Finalmente il 5 ottobre del 1969 viene esaudita la sua richiesta di riammissione all'Ordine, con la facoltà di rimanere presso le suore a S. Marinella per aiutarle e incoraggiarle fino alla fine.

2.3 *P. Lorenzo: teologia, scrittura, catechesi, morale*

Accenniamo appena e fugacemente a un aspetto che è tutto da studiare e da analizzare. P. Lorenzo è stato Canonico Teologo e normalmente la predica, quando era presente Tisserant, era tenuta da lui.

---

[26] AP, Decreto dell'8 agosto 1966 (prot. 10017.66 - I.34.1966, segnatura dell'Archivio della Diocesi di Porto – S. Rufina).

[27] AP, Lettera da S. Marinella 24 aprile 1968 (prot. 1113.68 – I.26.d, segnatura dell'Archivio della Diocesi di Porto – S. Rufina).

[28] AP, Lettera del 26 aprile 1968 (prot. 1112.69 - I.28.C, segnatura dell'Archivio della Diocesi di Porto – S. Rufina).

[29] AP, Lettera del 15 maggio 1968 (prot. 1153.69 - I.38.1968, segnatura dell'Archivio della Diocesi di Porto – S. Rufina).

[30] AP, Lettera da S. Marinella del 25 gennaio 1969 (I.35.f, segnatura dell'Archivio della Diocesi di Porto – S. Rufina).

[31] AP, Lettera di mons. Andrea Pangrazio del 4 febbraio 1969 (I.35.f, segnatura dell'Archivio della Diocesi di Porto – S. Rufina).

Sappiamo anche della discussione sui casi di morale in diocesi, che lui presiedeva.

Allo stato attuale abbiamo difficoltà a trovare gli scritti letti in queste riunioni diocesane. L'archivio Generale o della Postulazione non hanno, almeno dall'elenco in mio possesso, una divisione per classi di uditori (preti, diocesani, religiosi, suore, parrocchiani, ragazzi) per cui è difficile poter fare un discorso legato all'attività "predicatoria" di p. Lorenzo nell'ambito della diocesi di Porto e S. Rufina. In verità qualcosa del genere è stato fatto e questo è un atto encomiabile: è cioè un ulteriore lavoro da fare per dare la possibilità agli studiosi di vedere come si rapportava il Padre con il clero della diocesi circa la formazione teologica, morale ed ecclesiastica.

Mi limiterò a presentare una conferenza che potremmo chiamare "istruzione", "caso morale", che certamente è stata fatta al clero della diocesi, almeno dalla indicazione offerta dall'AP. Il tema riguarda la "Liturgia del Salterio". È una istruzione scritta a macchina a S. Marinella e porta la data del 1° novembre del 1948, letta probabilmente in qualche conferenza del clero della diocesi e alla presenza del card. Tisserant.[32]

L'intento viene subito presentato: sollevare dal "peso" del breviario, e per questo intende presentare una "delucidazione" su alcuni punti notevoli morali, liturgici e scritturistici. La conferenza è un "trattatello", concettoso e non breve. Rievoca, come afferma p. Lorenzo, due questioncine di morale: l'intenzione e l'attenzione. L'andamento è quello della casistica scolastica, per cui viene richiamato S. Tommaso e anche don Abbondio, per indicare che l'attenzione esterna è compatibile con certe azioni alla don Abbondio, come sbirciare valli, monti, sentieri, "piccole lavande", che non esigono particolari attenzioni. Il Padre è molto preciso e analitico, per cui distingue quale deve considerarsi il più atto a un diacono e a un sacerdote, che devono abituarsi a non "strapazzare" il Divino Ufficio.[33]

La seconda parte è dedicata al "Salterio" e qui il Padre si trova perfettamente a suo agio.[34] Parla dei salmi e degli argomenti trattati in essi. Si interrompe per risolvere una difficoltà: come spiegare i così frequenti anatemi nei salmi? Per p. Lorenzo è vero che la carità deve mitigare la legge della giustizia: "non è però forse giusto invocare l'intervento divino

---

[32] AP, III C 9, *Casi morali e istruzioni per le riunioni del clero nella Diocesi Porto – S. Rufina,* intervento di P. Lorenzo dal titolo *Liturgia del Salterio.* Vedi in questi *Atti,* C. PAGLIARA, *P. Lorenzo, uomo della Parola di Dio;* M. de SIMONE, *P. Lorenzo carmelitano, uomo di preghiera.*

[33] *Liturgia del Salterio...*, p. 1.

[34] *Ibid.*, p. 2.

contro i tiranni impenitenti che minacciano il Sacro Mistico Corpo del Redentore?" Il padre giunge a una conclusione pastorale, non rinnegando il senso della giustizia: "Dai salmi ho insegnato al popolo a invocare il *iustus iudex*, eliminando il pensiero di personale vendetta e calmando così gli animi così spesso esacerbati dalle umane ingiustizie".[35] L'esposizione di p. Lorenzo è molto ricca di brani dei salmi trascritti in latino, di racconti di anacoreti, di consigli e di esortazioni: "nella lotta della vita, nei momenti di confusione nell'anima non è da disprezzarsi il consiglio del vecchio Abbas: ripetiamo allora al demonio la maledizione di Dio su di lui e su i suoi satelliti".[36]

La terza e ultima parte è dedicata alla liturgia, e in particolare al magistero della Chiesa. La conferenza termina con un fatto capitato quasi certamente ai canonici di Porto e S. Rufina. Un furioso temporale aveva spaventato tutti e un "povero canonico" invitò tutti a recitare il Rosario: a questi rispose calmo il decano: "Ma vuoi preghiera più bella e efficace dell'Ufficio?". Il Padre conclude anche questa volta con una raccomandazione adatta: "Sia l'Ufficio la nostra preghiera per eccellenza".[37]

Quanto esposto è solo un esempio. Si può comunque notare la "varietà" espressa nella conferenza: *captatio benevolentiae,* predominanza di aspetti scritturistici, esortazioni pastorali, prese di posizioni personali, equilibrio di giudizio, pause di alleggerimento, a conferma di ciò che tutti i testimoni hanno riferito circa la preparazione dottrinale e la capacità espositiva del Padre, anche su argomenti di non facile digeribilità.

2.4 *Visto da altri*

Più che il rapporto del Padre con i sacerdoti della diocesi, risulta maggiormente proficuo e agevole capire come questi ultimi si rapportavano con lui e quale era la considerazione che avevano nei suoi confronti. A dir la verità le testimonianze non sono molte, ma qui interessa fare una scelta, se pur limitata, significativa e indicativa di un' opinione più vasta e globale. L'impressione generale che se ne ricava è quella di un sacerdote dotto, molto umile, equilibrato, disponibile. Le sue omelie nelle celebrazioni in cattedrale, alla presenza del cardinale Tisserant, erano molto apprezzate.[38] Un altro testimone afferma di aver nutrito grande venerazione nei confronti di p. Lorenzo, perché a lui attribuiva la propria

---

[35] *Ibid.*, p. 3.

[36] *Ibid.*, p. 5.

[37] *Ibid.*, p. 8.

[38] L. VAN DEN EERENBEEMT, *Pensieri e percorsi...*, p. 20.

vocazione sacerdotale.[39] Per non essere ripetitivi, ci limiteremo alla testimonianza di un sacerdote e amico, vissuto con il Padre per tanti anni. La presentazione che ne fa, è quella di un sacerdote molto pio, di grande cultura, molto osservante della vita sacerdotale dell'epoca, preciso nei suoi doveri.

Si fermava a parlare e a ricordare la vita della diocesi, "alla quale era molto legato, come pure al cardinale Tisserant", riferisce il testimone.[40] Dal punto di vista dell'osservanza religiosa, malgrado la secolarizzazione, è rimasto sempre carmelitano; predicava con passione perché sentiva e viveva in questo modo. Era un uomo mite per natura e anche nei suoi giudizi, nel quadro della presentazione dei casi morali, non era severo, ma giusto ed equilibrato. Era un uomo di preghiera, profondamente convinto. Significativo ancora l'opinione che di lui avevano i sacerdoti: "Godeva di buonissima fama tra i sacerdoti della diocesi, da tutti era stimato e venerato". Il testimone termina con un'annotazione che non è solo fisica, ma riguarda anche la sua interiorità: "Aveva l'aspetto di un fanciullo, nonostante l'età, e conservava una freschezza di bambino che traspariva all'esterno".

Queste brevi testimonianze sono l'espressione di un sentire comune che danno un' idea discretamente esaustiva della figura di p. Lorenzo.

3. P. LORENZO E LA PARROCCHIA DI N. S. DEL MONTE CARMELO

3.1 *Da S. Maria delle Vittorie a N. S. del Monte Carmelo.*

P. Lorenzo nella *Cronistoria* si dilunga a parlare della principessa Enrica Ginetti Caracciolo, nata Kellerman, che ha voluto dedicare nel 1929 a S. Marinella una chiesetta in onore di S. Maria delle Vittorie, per ricordare alla fine della grande guerra la vittoria delle armi italiane e francesi. P. Lorenzo ammirava la volontà della "buona principessa" che ha voluto impiantare un segno religioso e mariano, punto di incontro di una popolazione incipiente ancora dispersa su una vasta landa disabitata.[41]

P. Lorenzo si era recato in curia per chiedere il permesso di predicare e confessare. Incontra il Vicario generale di Porto e S. Rufina, mons. Grosso a colloquio con la signorina Persichetti, "simpatica figura di donna sempre cordiale con tutti", la quale chiedeva che si celebrasse

---

[39] *Ibid.*, p. 28.

[40] *Ibid.*, p. 19.

[41] *Cron.* 34.

una messa domenicale nella chiesetta.[42] P. Lorenzo, dietro sollecitazione del Vicario e con il consenso dei suoi superiori, assume l'impegno della messa domenicale durante i due mesi di villeggiatura dei chierici carmelitani a Ladispoli.

La cerimonia della benedizione ebbe luogo il 14 luglio 1923 da parte del card. Vico e lo stesso giorno P. Lorenzo si trovava dal cardinale per gli ultimi accordi per la celebrazione della messa nella chiesetta. Quasi tutti biografi riportano quanto scrive il Padre in questa circostanza: "La prima domenica era il 15 luglio, un giorno di luce intensa, cielo, mare e terra con una magnificenza di tinte, un'aria iodata, che apriva i polmoni. E fu celebrata in quel giorno la prima messa in questa chiesa".[43] P. Lorenzo annota che ricorda bene che quel giorno era la vigilia della festa del Carmine e che dedicò alla Madre del Carmelo quell'umile chiesa, con l'auspico "che venissero i carmelitani a prendere possesso di essa e che di fronte al gran mare si erigesse una casa, un convento; tale fu il suo primo sogno".[44]

Ma gli inizi non furono così splenditi come la visione del mare di S. Marinella. Il Padre scrive che la popolazione del luogo, che abitava nei pressi della pineta, si teneva lontana dai sacramenti e dal sacerdote. Questo appare più chiaramente nei mesi invernali, così che alla messe di mezzanotte di Natale i fedeli si potevano contare sulle dita. Questa "ostile indifferenza"durò per circa cinque anni, fino al 1930. Il motivo era la guerra sorda che un sacerdote della vicina chiesetta del Rosario conduceva nei confronti del Padre per accaparrarsi i fedeli e per avere la supremazia, in vista forse di un' eventuale erezione parrocchiale, rispetto alla chiesa delle Vittorie officiata dal Padre. Per il cuore di p. Lorenzo questa freddezza fu motivo "d'intima pena" e onestamente si addossa un po' di colpa, perché non poteva spiegare tutte le sue forze per il bene della popolazione, per il fatto che era intensamente occupato nella fondazione della Congregazione e per i doveri del suo *status* di religioso.[45]

In questo inizio un altro ostacolo si è messo davanti, per altro questa volta per eccessivo zelo o desiderio di protagonismo. Ne parliamo perché lo stesso p. Lorenzo vuole mettere in guardia i giovani sacerdoti dal cadere in questo tranello. La protagonista è Maria Annunziata Per-

---

[42] *Nella "Pirgus" una luce*, Suore Carmelitane e Comitato P. Lorenzo, Roma 1998, p. 20.

[43] *Cron.* 7.

[44] *Cron.* 7; vedi anche per il periodo dopo P. Lorenzo, *Nella ricorrenza del 50° anno di erezione a parrocchia 1949 – 1999*, Parrocchia S. Maria del Carmine, S. Marinella 1999.

[45] *Cron.* 9, 10.

sichetti, molto attiva per il buon funzionamento della chiesa, "ottima giovinetta, piena però d'intempestivo ardore. Mentre da una parte giovò moltissimo allo sviluppo del culto, dall'altra parte fu in appresso causa di gravi dissapori e dissidi tra il clero, volendo essa troppo ingerirsi nelle mansioni sacerdotali".[46] Ne ha fatto le spese lo stesso p. Lorenzo. Senza nessun mandato la signorina Persichetti pretendeva che sottomettesse a lei il registro delle spese e degli introiti della chiesa. Questa situazione era intollerabile, nota il Padre, "e la bomba scoppiò: quattro parole ben dette misero a posto questi femminei intrighi".[47]

Anche da parte della principessa Ginetti, aizzata dalla Persichetti, "si ebbero tristi e indecorose scenata per sciocchezze, che però furono di breve durata", perché la principessa fu rassicurata da persone amiche. P. Lorenzo da questi fatti trae una conclusione che è quella di mettere in guardia i giovani sacerdoti che leggessero queste righe "da ogni intrusione di donne in cose pertinenti alla chiesa".[48]

Ma gli ostacoli, rappresentati questa volta dalle male lingue, erano sempre in agguato. Si diceva in giro che p. Lorenzo fosse fuggito "con un'abbadessa, o meglio, una principessa": che piacer diabolico poter diffondere calunnie! La verità viene a galla e lo stesso mons. Martinelli, che veniva a celebrare nella chiesetta, poté conoscere la verità su tutte le dicerie "maliziosamente sparse da persone contrarie all'Istituto delle suore e del Padre che le dirigeva".[49] Si può notare quindi che l'opera di p. Lorenzo per la fondazione della Congregazione e il suo impegno pastorale non erano unanimemente accolti, ma questo rientra nella logica di situazione del genere.

Dopo sette anni di contrarietà, dal 1923 al 1930, "finalmente spuntò l'ora della redenzione", scrive trionfalmente p. Lorenzo. Egli, non più carmelitano, fu eletto Vicario Curato di N. S. delle Vittorie, e di conseguenza la chiesa fu eletta a Vicaria. Questo atto è stato di una grande importanza. È vero che la chiesa principale e la parrocchia era sempre quella di S. Giuseppe di S. Marinella, ma il card. Boggiani ha fatto le cose con puntiglio. Nel mese di febbraio e marzo del 1930 escono molti documenti, istruzioni e nomine per regolare l'attività della Vicaria. Anche la chiesina del Rosario, causa di tanti dissapori, viene posta sotto la cura del Vicario Curato. Una volta alla settimana si potrà celebrare nell'oratorio delle Suore carmelitane al fine di rinnovare le specie del SS.

---

[46] *Cron.* 5, 6.

[47] *Cron.* 10.

[48] *Ibid.*

[49] *Cron.* 19.

Sacramento. P. Lorenzo, sebbene sotto la dipendenza del parroco di S. Marinella e sotto la sua direzione, finalmente ha una struttura giuridica riconosciuta e ben definita: "tutto è rientrato nell'antico ordine delle cose, la pace pian piano è ritornata nel paese, le funzioni di nuovo vengono fatte con una certa solennità".[50]

La chiesa delle Vittorie si avvia ormai ad essere autonoma e a camminare con le proprie gambe. Debbono però passare quasi venti anni. "Ecco il grande avvenimento, scrive p. Lorenzo. Dopo 25 anni di lotta, la chiesa delle Vittorie è stata eletta a parrocchia; che ci fosse necessità, nessuno potrà negarlo conoscendo il luogo". In questa occasione anche il titolo della chiesa viene cambiato: "N. S. delle Vittorie ricordava la guerra passata, con la sua amicizia con la Francia e la vittoria sui tedeschi: evidentemente questa storia non ha nulla a che fare con la Madonna".[51] Viene riportato per intero in latino il decreto di erezione della nuova parrocchia, "B. M. V. del Monte Carmelo", firmato dal Cardinale Tisserant il 30 ottobre 1945, con inclusa la nomina di p. Lorenzo a parroco. Si precisano bene i confini sia nei confronti della parrocchia di S. Giuseppe che della diocesi di Civitavecchia.

Il p. Lorenzo scrive il 1° gennaio del 1950 una bella circolare, la prima, ai fedeli sulla nuova parrocchia che "sogna e scapriccia nuove ma giuste conquiste".[52] Si toglie anche un'altra soddisfazione. Il 16 luglio del 1950, con una cerimonia molto solenne presieduta dal card. Tisserant, il Padre viene immesso nel reale possesso dell'ufficio parrocchiale in esecuzione della bolla del 30 ottobre 1949: "cerimonia imponente: gremita la chiesa: acconsentimento della popolazione: finalmente messa a posto questa questione tanto importante, non per il neo parroco, ma per la stessa parrocchia".[53]

La salute e le forze di p. Lorenzo cominciano a declinare. Ha dei dolori fortissimi nel 1959, tanto che deve ricorrere a dei medicamenti a base di oppio. Nel 1952 viene accusato di truffa e falsa testimonianza. Il Padre ne soffre moltissimo: "giorni ed anni di ansia e di angosce". Si è voluto macchiare la fama e l'onore di un povero sacerdote, "la cui colpa è di non essere astuto come serpente".[54] P. Lorenzo viene assolto. Ma esce dal processo fortemente accasciato. Il 30 settembre 1952 parte per Roma e lascia la parrocchia al nuovo parroco carmelitano. Nell'occasione avviene anche

---

[50] *Cron.* 20, 24, 28.

[51] *Cron.* 150.

[52] *Cron.* 155. Il titolo della 1ª Circolare era appunto *Nuova Parrocchia.*

[53] *Cron.* 167.

[54] *Cron.* 185.

il passaggio formale della parrocchia nelle mani dei carmelitani. È commovente la descrizione che lui stesso fa del suo stato fisico e anche morale: La robustezza fisica lo ha abbandonato. Dolori reumatici fortissimi, sudori straordinari, il cuore sbandato. Si aggiungeva a questo l'amarezza subita in conseguenza della guerra e dello stato d'animo totalmente mutato della popolazione: "tutto questo rendeva pesante il compito di parroco", di qui la decisione, non solo sua, di rinunciare all'incarico.[55]

Nel 1953 viene canonicamente eretta la casa e la comunità carmelitana. Il desiderio vivissimo del Padre di veder affidata la parrocchia ai carmelitani si è avverato. Il 25 luglio 1954, festa della Madonna del Carmine, viene insediato il nuovo parroco. P. Lorenzo termina in questa data anche la *Cronistoria*, con un saluto da cui traspare la commozione: "il sottoscritto, presente alla cerimonia, ringrazia la Vergine S. del Carmelo per la grazia ottenuta di un ottimo successore nel regime della parrocchia e chiudendo questo libro di *Cronistoria* augura in preghiera divine Benedizioni sull'eletto e sulle opere e sui suoi parrocchiani".[56]

3.2 *Attività parrocchiale*

L'attività parrocchiale di p. Lorenzo comincia a decollare in maniera decisa dopo il 1930, quando la chiesa della Vittoria diventa Vicaria. Non soltanto la chiesa, ma anche l'istituto delle suore carmelitane diventano sempre più punto di riferimento e centro di aggregazione della povera gente; ma il motore di iniziative è p. Lorenzo.[57] Nel 1934 viene eretta con decreto del card. Boggiani la "Pia Unione delle Figlie di Maria" e gli inizi furono promettenti: "Dal giorno dell'istituzione si è cercato sempre di convocare l'adunanza in una delle prime domeniche del mese oppure in una festa di Maria: le ragazze vengono regolarmente, non tutte, alla comunione mensile; ci vuole molta pazienza e molta carità non solamente per il sacerdote che le guida, ma molto più per le suore che ci devono combattere".[58] Nel gruppo si faceva inoltre attività di ricamo, si imparava a suonare il pianoforte, si facevano gite e attività teatrali per la gente della zona. Quando non erano in grado di far da sole si rivolgevano a p. Lorenzo.[59]

---

[55] *Cron.* 187.

[56] *Cron.* 191; vedi anche *Nella ricorrenza del 50° anno...*, p. 16.

[57] Vedi G. CONTI, *P. Lorenzo e il Carmelo*, in *Atti – Corsi Oasi*, Suore Carmelitane, S. Marinella 1998, p.119.

[58] *Cron.* 41.

[59] L. VAN DEN EERENBEEMT, *Pensieri e percorsi...*, p. 13.

L'azione pastorale di p. Lorenzo dava molta importanza e spazio alla catechesi dei bambini e degli adulti e alla preparazione alla comunione per l'esame di catechismo, che si sostenevano annualmente. Era il coronamento delle sue fatiche e gli procuravano tanta soddisfazione, ma anche qualche cruccio: i maschi "hanno lasciato a desiderare" e qualche classe "è riuscita male e con pochi bambini": "confortantissimo" è stato invece l'esame di due ragazze preparate dalle suore.[60]

Il 10 marzo 1937 il card. Boggiani, dietro richiesta di p. Lorenzo, istituisce la "Pia Unione della Madri cristiane", sotto il patrocinio della Vergine e di S. Monica. Il 19 novembre si svolse la prima adunanza dell'associazione; Il primo nucleo era composto da 21 aggregate. La funzione ha avuto luogo la sera dopo il rosario e p. Lorenzo si è soffermato sulla necessità di formare buone e sante famiglie.[61]

Il cruccio di p. Lorenzo è stato sempre il problema dei giovani e ne individua la causa nel degrado culturale e ambientale in cui vivono. "La parte maschile è ancora abbandonata dal Vicario curato, per mancanza di locali adatti e separati". Sarebbe necessaria la presenza di un sacerdote giovane e invita anche le suore ad occuparsi della gioventù maschile. "La gioventù maschile del paese di S. Marinella si trova in una condizione desolatissima". I maschi molto di rado vanno al catechismo, non frequentano la messa e ancor meno i sacramenti. Il Padre ne soffre molto e si sente impotente di fronte a "tale decadenza dello Spirito".[62]

Il problema dei giovani si ripresenta in un'occasione di grande importanza: l'istituzione dell'Azione Cattolica in diocesi dopo la guerra nel 1945, caldeggiata dal card. Tisserant, il quale però insistette sulla selezione e qualità degli iscritti. P. Lorenzo si attiva, non trova nessuna difficoltà per gli uomini, le donne, le ragazze, mentre la trova per i ragazzi. Aveva iniziato una sezione degli scouts, ma non andò a buon fine. Per gli uomini e le donne ha organizzato due incontri al mese, per i ragazzi cercherà in seguito qualche soluzione.[63] Tuttavia molte sono le testimonianze che attestano il particolare amore del Padre verso i "ragazzi della Pirgus", con la cura della formazione spirituale e intellettuale con conferenze,

---

[60] *Padre Lorenzo...*, p.27; *Cron.* 58.

[61] *Cron.* 54, 66. Vedi anche le molte informazioni in C. DEL GAUDIO, *Un cuore per Dio. Madre M. Crocifissa Curcio fondatrice*, S. Marinella 1986; M.R. DEL GENIO, *Come sigillo sul cuore*, San Paolo, Cinisello Balsamo 2003; *Madre M. Crocifissa Curcio. Un dono dello Spirito al Carmelo*. Atti del I° e II° Convegno di studi, a cura della Postulazione della Causa di Beatificazione, Roma 1991 e 1994.

[62] *Cron.* 48, 49.

[63] *Cron.* 137.

lezioni private, colloqui.[64] Quello del rapporto con le persone era uno dei punti al quale teneva molto. Nel periodo di acceso anticlericalismo anche lui è stata oggetto di attacchi, ma erano così isolati.[65]

La vita della parrocchia si svolgeva secondo il ritmo intenso impresso dal Padre. Alcune manifestazioni imponenti vengono a interrompere il fluire della vita parrocchiale. Un evento di tal genere è stata la "Peregrinatio Mariae" del febbraio 1950, anno santo. Il Padre scrive una lunga relazione inviata alla curia. Nella *Cronistoria* esprime un giudizio circa il comportamento del popolo in queste occasioni, con però una nota di pessimismo nei riguardi della pietà popolare e probabilmente con non troppa comprensione verso persone che ancora non si erano amalgamate come comunità parrocchiale: "Il popolo italiano ha bisogno di queste manifestazioni esteriori per scuotersi dal torpore dell'indifferenza e dell'apatia. Conseguenza: che passato quel momento di entusiasmo si rinchiude ben presto nella freddezza del suo animo servile, materiale: questa osservazione vale specialmente per gli uomini, perché altro è il devoto femmineo sesso".[66] Altra manifestazione è stato il pellegrinaggio sempre nell'anno santo con due "torpedoni" a Roma: gran confusione e litigi tra parrocchie. Il suo rapporto con la nuova associazione di Azione Cattolica ha dei confini ben delineati, secondo la sua opinione. Ha ancora fiducia e preferenza nell'efficacia delle antiche aggregazioni, come la Congregazione del SS. Sacramento.[67]

Non siamo entrati direttamente dentro la spiritualità di p. Lorenzo, perché è un discorso articolato, che merita una trattazione a parte.[68] Arrivato alla fine della sua esperienza pastorale il Padre si ritira in serenità accanto a M. Crocifissa e alle suore a pochi passi dalla sua chiesa e dal Carmelo, sui quali continua a vegliare con amore di padre.

3.3 *La predicazione di P. Lorenzo*

Molte testimonianze dei suoi uditori ripetono la stessa osservazione: uomo di grande cultura riusciva a usare un linguaggio dottrinale facilmente accessibile a tutti: "le sue prediche domenicali erano affabili

---

[64] L. VAN DEN EERENBEEMT, *Pensieri e percorsi...*, p. 21,23.

[65] *Padre Lorenzo...*, p.20.

[66] *Cron.* 158.

[67] *Cron.* 180: "Sono pienamente convinto che l'Azione Cattolica, se si fa per la massa e non per i prescelti, porta alla disorganizzazione parrocchiale. Meglio prima rassodare in tutti i modi le antiche aggregazione, sotto l'azione più vicina e diretta del parroco e da queste, col consenso del parroco, trarre e scegliere le persone più adatte per l'azione sociale cattolica".

[68] G. CONTI, *Padre Lorenzo e il Carmelo...*, p.124; vedi in questi *Atti*, G. GROSSO, *P. Lorenzo, uomo dello spirito*.

conversazioni con i fedeli".[69] Un' altra ricorda che più che predicare lui parlava, inseriva aneddoti e fatti di vita quotidiana e si faceva ascoltare volentieri da tutti".[70]

Di p. Lorenzo abbiamo molte conferenze, prediche, studi, anche se non completamente ordinate in rapporto alla qualità degli uditori, come già si è detto. Ci limitiamo solo a qualche esemplificazione per notare quali erano i contenuti della sua predicazione e la modalità scritta della sua predicazione.

Uno scritto che risponde pienamente alle osservazioni citate è la Bibbia in versi semplici e di facile accessibilità.71 Abbiamo una preziosa raccolta del "Catechismo al popolo" dal 1936 al 1945. Sono raccolti gli schemi della catechesi da lui fatta la domenica. È possibile quindi conoscere gli argomenti trattati, come i comandamenti, i sacramenti, norme morali o precetti della Chiesa.[72]

Per fare un esempio analizziamo il catechismo fatto al popolo nelle domeniche del mese di gennaio del 1936. Ebbene, sono tutte dedicate al precetto della Chiesa di udire la messa la domenica e le altre feste comandate. L'impostazione sembra essere a tesi: spiegazione dei termini, giustificazione dell'autorità della Chiesa, giustificazione della potestà della Chiesa, varie applicazioni del precetto, cause scusanti la non osservanza del precetto.

Nella prima domenica del 1936 si spiega: la distinzione tra comandamento e precetto, l'autorità della Chiesa d'imporre i precetti derivata da Gesù Cristo, la Chiesa rappresentata dal Papa e dai vescovi, la Chiesa non può mutare dogmi e comandamenti, ma può specificare ciò che non è determinato dai sacramenti.[73] Nella seconda domenica viene ripreso ciò che è stato detto nella prima e si va avanti con gli altri precetti della Chiesa. La terza domenica è dedicata all'assistenza alla S. Messa domenicale, all'attenzione esterna e interna dovuta. Il Padre si sofferma qui molto sulle cause scusanti l'obbligo dell'assistenza e ne fa un lungo elenco con una minuzia certosina: un semplice raffreddore non è causa scusante, una bronchite sì. Non sono motivi sufficienti avere da fare a casa o avere amici da Roma. Anche la semina del grano può essere una scusante quando non è possibile fare altrimenti.[74]

---

[69] *Nella "Pirgus" una luce*... p.25.

[70] L. VAN DEN EERENBEEMT, *Pensieri e percorsi...*, p. 15.

[71] AP, III. D., *Sacra Bibbia.*

[72] AP, III. C.1, *Catechismo al popolo dall'anno 1936 al 1945.*

[73] *Ibid, 1ª domenica dell'anno 1936 (5 gennaio).*

[74] *Ibid.* [p.2].

Oltre la S. Messa il fedele ha l'obbligo del riposo festivo. A questo tema è dedicata la predica della quarta domenica di gennaio. Anche qui c'è una lunga dissertazione tra opere servili e opere liberali e ciò che è permesso, come per esempio la raccolta delle messi in caso di pioggia. Queste prediche sono rese più piacevoli e anche più efficaci per l'uditorio con esempi e aneddoti che il Padre usava per alleggerire il discorso: S. Alfonso, S. Isidoro, l'imperatore Valente, un pescatore. Si può comunque notare che le prediche erano ben preparate e dottrinali, ma non mancavano di quella duttilità e familiarità che le testimonianze degli uditori hanno messo in rilievo, quando affermano che si faceva ascoltare volentieri da tutti.[75]

La domenica era dedicata anche alle "lezioni", probabilmente istruzioni di argomento etico, come il furto, la frode, l'usura, il dovere della restituzione, la bugia, i doveri verso i genitori e verso i figli, l'educazione dei figli, i doveri verso i padroni e verso i servi; inoltre la maldicenza e la calunnia e di nuovo i precetti della Chiesa.[76] C'erano poi vere lezioni, come "la Bibbia per i cattolici e non cattolici", in cui la preparazione scritturistica ed etimologica del Padre poteva dispiegarsi completamente.[77]

Venivano proposte poi le spiegazioni vere e proprie dei vangeli domenicali. Abbiamo anche in bella calligrafia per l'anno 1936, in analogia con il catechismo al popolo dello stesso periodo, le prediche ben sviluppate e non solo lo schema. Sono prediche dense, ma con sempre qualche esempio che svegliasse l'attenzione dell'uditorio.[78] Una predica o conferenza ricca e metodologicamente da analizzare è quella che ha per tema "Maria e la Famiglia cristiana".[79] Inizia contestualizzando il luogo di Maria, cioè Nazareth, poi la scena, la casa di Maria, S. Giuseppe, il rapporto con il Carmelo, l'unità della famiglia, la fuga in Egitto, i modelli. Si può notare come la predica-conferenza abbia una struttura pensata e organizzata per essere accettata dal popolo e nello stesso tempo per proporre verità sode, ancorate alla dottrina della Chiesa: questo è in realtà lo stile di P. Lorenzo. Questo campo di indagine, cioè la predicazione, è veramente vasto e ricco, e merita certamente di essere analizzato con cura.

---

[75] *Ibid.* [p.3].

[76] AP, III. C.1, *Lezioni, anno 27 agosto – 31 dicembre 1944.*

[77] AP, III. C. 22, *La Bibbia per i cattolici e non cattolici.*

[78] AP, III. B. 1, *Vangeli domenicali dall'anno 1936 all'anno 1938.*

[79] AP, III. B. 4. A, *Maria e la famiglia cristiana.*

3.4 *Testimonianze su P. Lorenzo*

Le testimonianze sulla sua attività e sulla sua figura sono tante, per cui ci limiteremo a qualche aspetto della personalità in rapporto all'attività parrocchiale.

Nei contatti con la gente, afferma un testimone, aveva tre caratteristiche: era la mitezza in persona e infondeva sempre serenità, era una persona semplice, con un linguaggio accessibile a tutti; una predisposizione innata alla carità, pronto ad aiutarti ad ogni costo; era persuasivo con i fatti, avendo una vita pastorale semplicissima. Politicamente rimase fuori da ogni bega, perché non strumentalizzò mai le sue prediche a fini politici e per questo fu portato ad esempio da molti.[80] Quest'ultima osservazione ricorre spesso nelle testimonianze dei suoi fedeli.

Un aspetto ci sembra significativo e degno di attenzione, tra i tanti che noi possiamo analizzare: è quello della "tolleranza". Mi ascoltava molto, confessa un testimone, e non mi impose mai le sue idee, rispettò sempre la mia libertà, mi consigliò, ma lasciò che decidessi io della mia vita.[81] Era un uomo che sapeva perdonare, non conosceva rancore e forse non era capace neanche di averlo.[82]

Un testimone, avviato alla carriera politica, riferisce di p. Lorenzo la grande fiducia nell'uomo e nelle sue possibilità ed una visione estremamente positiva della vita, mentre in quel tempo le ideologie incitavano alla conflittualità. P. Lorenzo invece invitava ad una sorta di euro dialogo; diceva che bisognava essere al di sopra di qualsiasi lotta. Alieno dai giudizi, sempre disposto a considerare con grande misericordia ogni bagaglio di sofferenza e di peccato, pur non essendo assolutamente permissivo: non era giudice, ma padre.[83] Non concepiva di poter essere nemico di un buddista o di un ebreo e questo era l'aspetto che più mi colpì in lui, afferma un testimone, e così aiutò anche me ad aprirmi e a pensare la religione come strumento di comunione tra i popoli.[84] Alcune famiglie ebree mantenevano i figli a ripetizione da lui perché erano sicuri del suo grande rispetto per le religioni.[85] Era un uomo giusto, più portato alla comprensione e al perdono che al giudizio freddo e alla condanna.[86]

---

[80] *Nella "Pirgus" una luce...* p.34.

[81] L. VAN DEN EERENBEEMT, *Pensieri e percorsi...*, p. 22.

[82] *Nella "Pirgus" una luce...* p.30.

[83] *Ibid.* p.33.

[84] *Ibid.* p.37.

[85] *Ibid.* p.42.

[86] *Ibid.* p.40.

L'altro aspetto che ci piace ricordare e che abbiamo già velocemente presentato è quello della sua capacità di dialogo con i fedeli. È stato efficacemente osservato che per dialogare con gli uomini e le donne del suo tempo ha frequentato le strade dove essi abitavano, è entrato nelle loro case, nella loro vita, assumendone miserie, gioie, problemi. Ha usato il linguaggio della sua gente. Uomo di grande cultura, si è fatto modellare dai suoi pescatori, agricoltori, operai, massaie. Le sue omelie, le catechesi al popolo, gli esercizi spirituali sono intessuti di immagini della vita reale quotidiana, comprensibili quindi a tutti. È riuscito a veicolare il messaggio evangelico, non certo semplice, usando il linguaggio della gente, per far arrivare anche agli ultimi la parola di Dio.[87]

[87] G. CONTI, *P. Lorenzo e il Carmelo a S. Marinella*, in *Inaugurazione del monumento a Padre Lorenzo*, S. Marinella 1999, pp. 18 – 19.

ALCUNI SCRITTI DI P. LORENZO

Sr Alice Rodrigues, CMST*

Chiamata a rendere noti gli scritti di P. Lorenzo, perché potessero essere utilizzati da studiosi, sono arrivata in Italia a novembre 2010. Subito ho cominciato il lavoro di ricerca di documenti, iniziando la scannerizzazione e trascrizione delle Circolari e di alcune lettere.

Le copie trascritte delle Circolari e di alcuni altri documenti sono state consegnate alla Commissione di preparazione alla Revisione delle Costituzioni e poi ai Relatori di questo Seminario per lo studio, e anche ad alcune religiose della Congregazione, impegnate nella ricerca sui documenti del Fondatore.

Gli scritti di P. Lorenzo e i suoi documenti sono stati sin dall'inizio ben conservati nella Segreteria Generale della Congregazione, ossia nell'Archivio Corrente.

Tuttavia la maggior parte degli originali della documentazione di P. Lorenzo era già nell'Archivio della Postulazione, ma ancora se ne dovevano cercare altri nei diversi Faldoni dell'Archivio Corrente Generale.

Per la ricerca degli scritti dei due Fondatori: Padre Lorenzo van den Eerenbeemt e Madre Maria Crocifissa Curcio, sono stati aperti 50 Faldoni, dove sono stati trovati diversi documenti.

I documenti finora scannerizzati e trascritti sono i seguenti:

- 109 Circolari alle Suore – dall'anno 1938 al 1972 di cui
  . 42 riportano la firma dei due Fondatori – negli anni 1945 – 1957
  . 08 firmate da P. Lorenzo e Madre Grazietta, negli anni 1957 –1959
  . 53 firmate solo da P. Lorenzo – negli anni 1938 – 1972
  . 6 Circolari senza data.

* Sr Alice Rodriguez è una Suora Carmelitana Missionaria STBG, che ha frequentato il corso di archivistica al Vaticano, è attualmente incaricata a curare l'archivio storico della Congregazione, e ci presenterà lo stato e le prospettive della ricerca con la proiezione di alcuni esemplari degli scritti di P. Lorenzo. Il suo contributo ci apre una finestra sull'instancabile attività di P. Lorenzo, sotto l'azione dello Spirito Santo

- Carteggio reciproco P. Lorenzo - Madre Crocifissa = 282 scannerizzate e trascritte dal 1924 al 1955
- Lettere personali alle Suore o ad alcune Comunità – sono state scannerizzate e trascritte 247 lettere scritte in italiano e in portoghese.
- Lettere a destinatari diversi - Dalle molteplici lettere di P. Lorenzo a destinatari diversi, in diverse lingue, poche sono state scannerizzate e trascritte.
- Relazione di P. Lorenzo al Cardinale Vico = 02
- Relazione di P. Lorenzo al Cardinale Boggiani = 02
- Circolari Parrocchiali = 02
- Cronistoria della Chiesa delle Vittorie, con notizie dagli anni 1919 - 1953 – scritti tra gli anni 1925 - 1954 già trascritta – ora è stata corretta, e trascritti i 18 allegati.
- Direttorio delle Missionarie Carmelitane = 3 quaderni
- Le Poesie di P. Lorenzo – un quadernetto e alcuni fogli avulsi

Nota: Alcune di queste trascrizioni sono state fatte o corrette anche da alcune persone laiche.

Questi scritti hanno grande valore storico e formativo per le Suore e per il popolo di Dio: un vero messaggio di fede e di amore, una vera miniera di spiritualità. Presento qui solo alcuni documenti tra i tantissimi che ci sono. Di questi alcuni sono già editi, come libri o come opuscoli.

STATO E PROSPETTIVE DELLE RICERCHE SU P. LORENZO

P. Emanuele Boaga, O.Carm.*

1. — Ancor vivo P. Lorenzo, negli anni tra il 1965 e il 1970 si iniziò nella Congregazione delle Suore Carmelitane Missionarie di S. Teresa di Gesù Bambino ad avvertire l'esigenza di una più adeguata e profonda conoscenza di Madre Maria Crocifissa Curcio, morta nel 1957 e di cui già negli anni 1960-1962 lo stesso P. Lorenzo ne aveva scritto una biografia con la storia della stessa Congregazione, in cui esprimeva il suo convincimento sulla santità di Madre Curcio. Ciò portò ad iniziare a raccogliere gli scritti della Madre e quando, dopo la morte anche di P. Lorenzo avvenuta nel 1977, con molteplici iniziative si arrivò ad aprirne la Causa di beatificazione si ebbe di conseguenza un'ampia ricerca di documentazione presso alcuni archivi oltre a quello della Curia generalizia delle Suore. Una ricerca che ovviamente riguardava documenti non solo sulla Madre Curcio, ma anche in modo notevole su P. Lorenzo, per il ruolo da

---

* Emanuele BOAGA, O.Carm., dottore in Storia Ecclesiastica. Nell'Ordine Carmelitano ha svolto vari uffici a livello nazionale e internazionale, tra i quali quello di segretario generale (1971-1983), di priore del Centro Internazionale Sant'Alberto in Roma (1984-1990), e membro di varie commissioni a livello nazionale e internazionale. Attualmente è direttore dell'Archivio Generale dell'Ordine Carmelitano in Roma; membro dell'Institutum (di cui è stato preside per 16 anni); professore incaricato di Storia della Chiesa nella Facoltà Teologica del "Marianum" in Roma; consultore della Congregazione delle Cause dei Santi; segretario e membro del Consiglio di Presidenza dell'Associazione Archivistica Ecclesiastica. È anche membro dell'Associazione Mariologica Interdisciplinare Italiana, dell'Associazione italiana dei professori di storia della Chiesa e della Consulta nazionale della Conferenza Episcopale Italiana per i beni culturali ecclesiastici e rappresentante della stessa C.E.I. nell'Osservatorio del Ministero Italiano dei beni e attività culturali. Ha diretto in varie parti d'Europa e fuori Europa, corsi di cultura religiosa, di storia e spiritualità. Autore di numerose pubblicazioni di storia, spiritualità, archivistica, collabora in campo scientifico anche a vari dizionari ed enciclopedie italiane ed estere.

lui avuto nella fondazione dell'Istituto e per l'amicizia spirituale che lo legò profondamente alla Madre Curcio.

2. — Si realizzò così dal 1989 in poi l'apposito archivio della Postulazione della Congregazione delle Suore. In esso vennero raccolti originali e copie autenticate di documenti e scritti, tra cui la nutrita corrispondenza tra Madre Curcio e P. Lorenzo, le circolari alle Suore firmate da ambedue, e la Cronistoria, redatta dallo stesso P. Lorenzo fino al 1953, della Chiesa di S. Maria delle Vittorie in S. Marinella. Inoltre nella documentazione raccolta dalla Postulazione e posta nel suo archivio vi erano anche altri documenti riguardanti P. Lorenzo: la corrispondenza ufficiale da lui curata, le Costituzioni della Congregazione, ed altri scritti e poesie.

3. — Dopo la beatificazione di Madre Curcio venne intrapreso un intenso lavoro per facilitare - attraverso una vasta ricerca archivistica e bibliografica - una più profonda conoscenza della personalità spirituale di P. Lorenzo anche in vista del possibile avvio del suo processo di beatificazione e canonizzazione.

4. — Dal 2009 in poi i principali passi sono stati i seguenti:

a) la revisione e la sistemazione della sezione «P. Lorenzo» dell'Archivio della Postulazione della Congregazione delle Suore.
b) l'acquisizione e l'ordinamento di altro materiale che si trova nell'Archivio della Curia Generalizia delle Suore a S. Marinella.
c) la ricerca presso l'archivio della Curia diocesana di Porto-Santa Rufina, l'Archivio Generale dei Carmelitani (con in particolare la sezione del Collegio Internazionale S. Alberto in cui visse P. Lorenzo negli anni 1912-1919 e 1920-1930). Sono stati anche consultati gli Archivi della Pontificia Università gregoriana e del Pontificio Istituto Biblico riguardo gli studi accademici ivi compiuti da P. Lorenzo. Inoltre sono state esaminate numerose riviste carmelitane e in alcune di esse sono stati trovati vari suoi articoli a cui si aggiungono quelli da lui pubblicati per le omelie dominicali e per gli incontri dei sacerdoti della Diocesi di Porto-Santa Rufina. Anche sono stati fatti contatti epistolari e telefonici con la Provincia Olandese per la ricerca dei familiari di P. Lorenzo.
d) Nel frattempo Sr Cecilia Tada ha compiuto un viaggio in Olanda per raccogliere informazioni sulla famiglia dei van den Eerenbeemt, sul padre di P. Lorenzo, e sui primi passi di P. Lorenzo come religioso carmelitano e sui suoi impegni di studio e insegnamento nella Provincia olandese e sulla corrispondenza da lui avuta per tutta la vita con i confratelli olandesi. A titolo di curiosità si può segnalare che tra i suoi corrispondenti vi era il beato martire Tito Brandsma.

5.— I risultati di tutta questa ricerca sono oggi sistemati in venti grossi faldoni conservati nell'archivio della Postulazione. In particolare l'organizzazione di tutta la documentazione raccolta è la seguente: I Documenti personali; II. Scritti editi; III. Manoscritti: a) Memorie personali e suoi scritti con riferimenti autobiografici. b) Omelie, Esercizi e Ritiri spirituali. c) Conferenze, Istruzioni religiose e spirituali. d) Appunti e minute di articoli di pubblicazioni a stampa. e) Appunti di lezioni e di studio. f) Poesie e preghiere. g) Corrispondenza: - lettere ricevute da PL - Lettere inviate da PL. - Circolari. IV. Traduzioni e trascrizioni di opere di vari autori. V. Parrocchia di S. Maria delle Vittorie e Diocesi di Porto-S. Rufina. VI. Tentativo di fondazione di un Terz'Ordine regolare maschile; VII. Bibliografia su P. Lorenzo: Elenco di pubblicazioni e relativi testi.

6. — La documentazione finora raccolta con la ricerca archivistica e bibliografica offre una buona e solida base storica non solo per redigere un'ampia e articolata biografia di P. Lorenzo, ma anche può alimentare varie prospettive di analisi della sua personalità umana e religiosa, della sua dedizione alla Chiesa e alle missioni, della sua spiritualità intensa seguendo i santi del Carmelo e in particolare Santa Teresa di Gesù Bambino, della sua tenera devozione alla Madonna, del suo essere uomo della Parola di Dio, del suo spirito sacerdotale e pastorale, della sua ansia di formatore della gioventù e infine per la sua passione carmelitana.

7.— Di queste prospettive già emergono alcuni frutti. Prima di tutto la recente tesi di dottorato di Sr Cecilia Tada presso l'Istituto di Teologia di Vita Consacrata affiliato all'Università Lateranense. Essa ha così ricostruito un ampio profilo biografico di P. Lorenzo, ha analizzato il suo ruolo nella Congregazione e infine ha proposto una rilettura del suo Carisma. Quest'opera di Sr Cecilia Tada, dal titolo "P. Lorenzo van den Eerenbeemt, fondatore e apostolo dell'amore" è pubblicata di recente dalle Edizione Carmelitane e verrà presentata proprio questa sera.

Altro frutto in campo accademico è un'altra tesi di licenza presentata da Sr Joanita Kamilembe circa un mese fa presso l'Istituto di Spiritualità dell'Università Gregoriana. Inoltre vi è ora il progetto sulla figura di P. Lorenzo che Sr Elisabetta Ribeiro sta portando avanti presso l'Istituto di Teologia della Vita Consacrata.

Oltre queste ricerche accademiche vi è anche un vivo desiderio di realizzare una serie di pubblicazioni con gli scritti di P. Lorenzo: le Circolari, le lettere, le catechesi al popolo, le omelie domenicali, i Catechismi da lui preparati alle religiose e le meditazioni per i ritiri spirituali. Si tratta certo di un impegno non indifferente e che richiede competenza nella edizione dei testi (con accurata loro trascrizione, adeguata presentazione e note esplicative se necessarie); oltre della competenza l'impegno di queste pubblicazioni ha bisogno di tempo, pazienza e soprattutto di molta passione.

PRESENTAZIONE DEL LIBRO DI SR CECILIA TADA

Don Giorgio Rossi, SdB

Con grande piacere mi trovo qui a porgere a Sr Cecilia Tada i più vivi rallegramenti per questo volume prezioso, atteso, scientificamente e contenutisticamente valido sotto vari aspetti, compreso quello tipografico.

Vorrei iniziare con due affermazioni che ritroviamo nella prefazione. La prima è del Priore Generale dei Carmelitani, P. Fernando Millán Romeral: "È per me un grande onore partecipare con questa prefazione a questo libro sulla vita e l'opera di P. Lorenzo che, accanto alla Madre Crocifissa Curcio, è il fondatore di questa cara Congregazione". La seconda è di Sr Maddalena Tada, Superiora Generale: "Si tratta di una prima ricerca scientifica per svelare P. Lorenzo, facendo emergere la figura del Fondatore, il suo carisma specifico ed il suo ruolo fondamentale nella storia della Congregazione".

Da queste due affermazioni possiamo rintracciare il filo conduttore dell'opera dell'autrice, il "tono" che permea tutto lo scritto, l'intento del grande lavoro di ricerca archivistica che ha reso possibile quest'opera.

Vorrei però approfondire questo aspetto: perché quest'opera? Perché Sr Cecilia ha dedicato energie, tempo, trepidazioni, scoraggiamenti, incertezze a scrivere questa vita di P. Lorenzo? Proviamo a cercarne i motivi!

Permettetemi allora di partire da lontano, da oltre venti anni fa. Mi sia lecito anche un coinvolgimento personale, che riguarda colui che scrive. Nel 1990 (proprio al Carmelo di Sassone nei giorni 31 ottobre – 3 novembre) leggevo la mia relazione al I Convegno su Madre Crocifissa Curcio: "Un dono dello Spirito al Carmelo"; scrivevo alla fine dell'intervento queste considerazioni:

"Il periodo di S. Marinella ci ha proposto come comprimario il ruolo di P. Lorenzo: "*Ma chi fu, chi è P. Lorenzo per la Congregazione?*", si chiede, e non solo lui, il Del Gaudio; e risponde: «*Non fu un semplice accompagnatore storico o assistente spirituale*» e neanche, si potrebbe aggiungere, solo una "*saggia guida*", come si esprimono le nuove Costituzioni. Abbiamo accennato come nel periodo di intensa attività e di particolare fervore del

1925-30 il Padre stesso si presenti come *"fondatore"* e tale viene anche ritenuto dall'autorità ecclesiastica. Mons. Cottafavi, vescovo di Civitavecchia e Amministratore Apostolico della diocesi di Porto e S. Rufina, nel 1929 visita l'Istituto di S. Marinella, parla quasi certamente con P. Lorenzo, con la Madre e con le altre suore, e poi scrive al card. Pompili, vicario di Roma, per informarlo sulla nuova Congregazione, che aveva fatto richiesta di aprire una casa a Roma. Mons. Cottafavi dice che visitò «*minutamente l'Istituto delle cosiddette Terziarie Carmelitane fondate e dirette dal Carmelitano P. Lorenzo Cristiano*». Sembra che dopo il 1930 ci sia un progressivo affievolimento del riconoscimento del ruolo svolto da P. Lorenzo. Può darsi che con il consolidamento della Congregazione aumentasse anche il peso della componente femminile e quindi la sempre maggior considerazione della figura della Curcio. Ma questo è da verificare e da approfondire. Così come è da analizzare la parte avuta da P. Lorenzo nella *"guida"* della Congregazione. Circolari, formulazione delle Costituzioni, aperture di nuove case: possiamo ritrovare l'impronta di P. Lorenzo e con quale incidenza? Come si può ben vedere, sono tanti gli interrogativi da risolvere e le lacune da riempire. È un fatto che P. Lorenzo, nella biografia da lui scritta sulla Madre, la qualifica come *"fondatrice"*. Ma nella considerazione di molti P. Lorenzo viene riconosciuto come fondatore sullo stesso piano della Curcio. In una sintesi di interviste viene riferito il giudizio di una persona che considera P. Lorenzo *"confondatore"* assieme alla Curcio dell'Istituto. Una persona vicina a P. Lorenzo si chiede giustamente come la Curcio «*avrebbe potuto superare certe difficoltà se non avesse avuto l'appoggio tecnico, legale, amministrativo, oltre che spirituale*» di quel sacerdote. Alla stessa conclusione arriva il biografo della Curcio: «*P. Lorenzo è da ritenersi confondatore, per la sua paternità, dando al termine il rigoroso significato storico di chi ha fatto nascere una Congregazione, l'ha accompagnata nella gestazione, nei primi passi e per lunghissimi anni della sua storia...*». Sulla tomba di P. Lorenzo ritroviamo la parola *"confondatore"*, da intendersi almeno come testimonianza di un'opinione che tanti o pochi avevano del ruolo svolto dal carmelitano all'interno della Congregazione.

Le considerazioni che abbiamo fin qui svolte evidenziano a chiare lettere la necessità di una riflessione critica soprattutto sul periodo delle origini della Congregazione. La ricerca storica deve tener sì conto della tradizione, ma deve accostarsi alle fonti scritte come documento privilegiato. È questo il momento adatto, a sessant'anni dall'approvazione delle prime Costituzioni, per una sistemazione organica di tutto il materiale reperibile, di modo che sia possibile rispondere, sempre nei limiti insiti in una ricerca storica, ai numerosi interrogativi, alle incertezze e, può darsi, alle errate interpretazioni, di cui la presente analisi potrebbe essere una concreta attestazione".

Dunque: questo è il motivo di quest'opera che finalmente viene a dipanare molti dubbi e incertezze. Non è certo il punto finale, perché la ricerca non è mai finita, però è un passo in avanti di notevole entità e qualità.

Il secondo motivo è costituito dal fatto che il lavoro di Sr Cecilia non è il risultato di una decisione strettamente personale, ma della risoluzione del Capitolo generale della Congregazione del 2009 che ha deliberato di favorire la conoscenza di P. Lorenzo, di preparare l'avvio per la causa di beatificazione di p. Lorenzo, di avviare uno studio scientifico sul Padre a livello di licenza e di dottorato. Di qui il risultato di questo lavoro scientifico di grande interesse storico per chi vuole approfondire la figura di P. Lorenzo e il carisma della Congregazione.

Il terzo motivo consiste nella costatazione che non esiste una biografia su P. Lorenzo e che quello che è stato scritto su di lui non è di molta entità. Infatti abbiamo pochi opuscoli, In 35 anni non c'è stata una biografia sulla falsariga di quella di Del Gaudio su M. Crocifissa. Esiste un opuscolo, prezioso, dell'anno della sua morte, 1977, con un breve profilo e con testimonianze soprattutto di sacerdoti e religiosi Quello che c'è di grande importante sono le testimonianze raccolte qui, *Nella "Pirgus" una luce,* in *Pensieri e percorsi formativi* e in altre fonti preziose. È il momento di approfittare delle persone ancore viventi che hanno conosciuto il Padre per raccogliere tante testimonianze ancora reperibili. Il libro di Cecilia è la prima "opera", la prima monografia di spessore su P. Lorenzo: questa segna una tappa che rimarrà come esempio e punto di riferimento per tanti anni.

Un discorso a sé merita la sezione dedicata alle fonti e alla bibliografia. Accenno solo a un filone per me fecondissimo: la predicazione e la corrispondenza. Sulla predicazione c'è molto, moltissimo da fare, così come per le lettere. I destinatari, lo stile, il contenuto, l'aspetto culturale scientifico e popolare, cioè la specificazione del genere letterario e del contenuto delle prediche e delle lettere. Avviare la raccolta di lettere e scritti ancora non catalogati, sistemazione, studio e infine pubblicazione.

Un'ultima riflessione scaturisce con facilità e naturalezza dalla lettura dell'opera di Sr Cecilia, ed è la grande utilità e il gran profitto che se ne ricava, per il fatto che abbiamo la fortuna di possedere una ricchissima "antologia" di scritti diretti di p. Lorenzo. Infatti almeno metà delle pagine della monografia riporta circolari, costituzioni, scambi di lettere con la Madre, esortazioni spirituali, catechesi, tratti biografici che collegano con un filo diretto il Padre con colui che legge, suscitando intense emozioni.

P. LORENZO VAN DEN EERENBEEMT, FONDATORE E APOSTOLO DELL'AMORE

Sr Cecilia Tada

Premessa

Ringrazio il Signore per avermi permesso di portare a termine questo lavoro e contemporaneamente rivolgo il mio grazie a tutti coloro che mi hanno ispirato e mi hanno aiutato. Posso dire che questo libro è stato costruito in "mutirão" come si direbbe in Portoghese, cioè tante persone si sono lasciate coinvolgere per rendere possibile quello che raccogliamo ora. Sono state donate ore e ore di servizio da diverse persone e P. Lorenzo deve darsi da fare per ricompensare tutti quanti!

La figura poliedrica, così preziosa, ricca, profonda e illuminata di P. Lorenzo meritava uno studio più profondo e altre persone avrebbero potuto fare ciò molto meglio di me. Ma io mi sono resa disponibile nella mia semplicità, cercando di dare il meglio di me stessa perché emergesse la figura di colui che in prima persona ha cercato di vivere quello che proponeva agli altri: ha cercato di essere santo quando era ancora in vita.

Vorrei sottolineare che questo lavoro segue ad una delle deliberazioni del tredicesimo Capitolo Generale della Congregazione avvenuto nel 2009 che ha deciso all'unanimità di avviare uno studio scientifico su padre Lorenzo e preparare il lavoro per la causa di beatificazione. Rappresenta pertanto il desiderio di tutti i membri della Congregazione.

Il libro

Un voluminoso archivio di scritti editi, manoscritti, documenti normativi, corrispondenze, circolari e testimonianze ci hanno permesso di viaggiare nel tempo e riscattare la figura di P. Lorenzo van den Eerenbeemt nell'intreccio della storia della Congregazione delle Suore Carmelitane Missionarie di S. Teresa del Bambino Gesù.

I cinque capitoli del testo ci introducono nel mondo di P. Lorenzo in un contesto socio-politico, economico e religioso dove egli si scopre una persona chiamata da Dio per una missione molto particolare a beneficio della Chiesa e dell'umanità e il libro comprova attraverso abbondanti documenti le risposte alla domanda di chi sia P. Lorenzo: carmelitano e fondatore del Carmelo missionario.

1. Carmelitano

P. Lorenzo van den Eerenbeemt, nasce a Roma il 3 maggio 1886, figlio di Pietro Cristiano van den Eerenbeemt, olandese, sposato con Giovanna Negri, romana, di agiatissima famiglia.

Pietro Cristiano era venuto a Roma il 1870 facendo parte della Legione Straniera Cattolica a difesa del Papa e là rimase costituendo la sua famiglia di undici figli, dei quali, P. Lorenzo è il quinto dei sei sopravvissuti. Tutti sono stati avviati allo studio presso la Scuola dei Fratelli Cristiani.

Di famiglia cattolica profondamente tradizionale, P. Lorenzo eredita i valori cristiani rinforzati dai rapporti che i genitori coltivano con i sacerdoti, missionari e missionarie, soprattutto tra i suoi parenti in Olanda, che incideranno nelle sue future scelte.

A causa dell'improvviso cambiamento della condizione economica dei genitori, vittime della truffa sofferta dal socio del padre, nuove esperienze e nuove ricerche per guadagnare la vita spalancano il mondo della famiglia fino allora chiusa nel proprio benessere ed intensa vita sociale.

P. Lorenzo ancora adolescente segue il fratello a Parigi e in Olanda per lavoro, e all'età di 19 anni scopre la sua vocazione e diventa sacerdote carmelitano a Boxmeer, il 1° giugno 1912. Consegue il dottorato in Teologia nel 1915 all'Università Gregoriana e nel 1919 la licenza in Sacra Scrittura presso l'Istituto Biblico a Roma. Occupa la cattedra di professore presso il Collegio Internazionale Santo Alberto e viene nominato esaminatore del Clero romano dal 1922 al 1930. Ama la fraternità carmelitana, si conforma perfettamente alla Regola del Carmelo, cercando di vivere la Parola e l'amore alla Madonna nel servizio dei poveri e dei piccoli.

2. Fondatore del Carmelo Missionario

Preso dallo zelo apostolico, P. Lorenzo viene ancor più spinto dalla missionarietà della Santa di Lisieux che viene canonizzata. Contemporaneamente i Carmelitani della Provincia Olandesi intraprendono la missione in Indonesia, a Giava e P. Lorenzo fa la domanda, ma la sua richiesta è respinta perché è professore. Il desiderio missionario viene in parte colmato da una grazia ricevuta che si trasforma nel voto di fondare un Terz'Ordine Carmelitano regolare femminile per le Missioni perché i suoi compagni chiedono rinforzi nelle Missioni. Comincia a intessere comunicazioni con le varie congregazioni tra le quali le Suore Carmelitane di Bologna e le Suore Carmelitane di Torino, chiedendo loro di collaborare nella formazione del primo gruppo delle Missionarie. Scrive a Vescovi e Cardinali e parla con gli amici per trovare qualche segno di collaborazione. Condivide il suo pensiero con P. Alberto Grammatico, carmelitano, che fu provinciale in Sicilia e conserva ancora la lettera di M. Crocifissa che chiede sostegno per il suo gruppo di Modica. Padre Lorenzo nutre grande speranza perché il gruppo, a quanto pare, ha bisogno del suo aiuto e d'altro canto anche egli ha bisogno dell'aiuto del gruppo.

Nella lettera a M. Crocifissa il 23 giugno 1924, Padre Lorenzo è molto chiaro:

- da molto nutro il desiderio di fondare un Terzo Ordine regolare femminile per le Missioni (per le missioni intendo anche i paesi di emigrazione);
- inserire nelle Costituzioni la possibilità delle Suore di essere inviate in missione;
- Nelle Costituzioni non limitare le opere delle suore ad una specifica attività come la scuola, ma a tutti i lavori a cui devono adeguarsi i missionari;
- Se lei unisse i suoi sforzi nobili ai miei, il suo desiderio verrebbe esaudito;
- La nuova istituzione è il desiderio missionario della piccola Santa Teresa;
- Nelle missioni è necessaria la presenza di anime sante;
- Quest'opera deve abbracciare il mondo intero, tutte le persone, anche gli indigeni;
- L'opera diventerà internazionale come internazionale è la Chiesa di Dio.

La risposta di M. Crocifissa a questa lettera di Padre Lorenzo apre un dialogo che finirà solo con la morte. Mantengono un carteggio molto intenso per raggiungere la realizzazione dell'ideale tanto di Padre Lorenzo come di M. Crocifissa. Il 28 giugno 1924 M. Crocifissa accetta la proposta di P. Lorenzo esprimendo grande gioia e commozione. Ripete il suo discorso per spiegare la situazione del gruppo, ponendosi in totale disponibilità: – "se lei si contenta di me, accetto sin da ora e rispondo: Ecco la serva del Signore".

Dal giugno 1924 a maggio 1925 sono elaborati le Costituzioni, il Direttorio, il libro di preghiere e definito il nome dell'Istituto. L'Istituto sarà chiamato "Santa Teresa di Gesù Bambino"[1]. A fine settembre 1924

[1] AP, L, PL a MC, Roma 13 aprile 1925.

c'è stato un tentativo di ottenere un edificio, all'"Arenella" - Napoli, per iniziare l'Istituto, occasione del primo incontro di P. Lorenzo e M. Crocifissa per conoscersi personalmente[2]. Non ottenendolo, Padre Lorenzo e M. Crocifissa si sono incontrati per la seconda volta a Roma per la canonizzazione di S. Teresa del Bambino Gesù, il 17 maggio 1925. Il 18 maggio, Padre Lorenzo e M. Crocifissa si recano a Santa Marinella, località balneare dove padre Lorenzo celebrava il fine settimana. Decidono di affittare un edificio per avviare il Terzo Ordine.

Il 3 luglio 1925 P. Lorenzo accoglie i due gruppi di Modica (M. Crocifissa Curcio, Maddalena Pisana e Rosa Giunta) e di Roma (Giulia Aroni, Giuseppina Scodina e Maria Musio) e prende tutti i provvedimenti per ricevere i permessi sia dal Superiore Generale dell'Ordine, come dal Cardinale Vico, Vescovo della Diocesi di Porto-S. Rufina. I primi sei mesi di esperienza missionaria di Padre Lorenzo con i due gruppi confermano le sue speranze in modo tale che egli inoltra una richiesta al Capitolo Generale dell'Ordine per il permesso di creare un ramo maschile del Terzo Ordine dei Carmelitani Missionari. Affitta una casa nel 1927 per accogliere coloro che sono chiamati a questa vocazione speciale a Santa Marinella, riunendo un vescovo emerito di Manaus, AM, Mons. Arsenio Costa, un giovane austriaco, Francesco Kastberg, un giovane di Danzica, Ludovico Potrykus e due giovani romani, che non si comportarono bene, furono poi rinviati alle loro famiglie. Tutti e sei parteciparono alla cerimonia religiosa di noviziato l'8 dicembre 1927. Non ottenendo il permesso del Superiore Generale e l'appoggio del Card. Vico, P. Lorenzo diresse i tre verso il noviziato dell'Ordine.

Le Suore Carmelitane che nel 1929 erano già presenti in altre Diocesi, corrono anche un grande rischio. La presenza di Padre Lorenzo a Santa Marinella, che non ha una comunità dell'Ordine Carmelitano, è messa in questione dal nuovo vescovo che succede al card. Vico. Padre Lorenzo attraversa grandi difficoltà. La responsabilità verso il gruppo di suore da lui voluto e coltivato, l'espansione dell'Istituto in altre diocesi lo mettono in angoscia per il futuro incerto del gruppo. Pensa di esclaustrarsi per due anni per riuscire a costituire giuridicamente il gruppo delle Suore a Santa Marinella e poi rientrare nell'Ordine. L'intento è disapprovato.

Poiché non vi è altra alternativa possibile la Congregazione dei Religiosi, per consiglio di Papa Pio XI, spinge Padre Lorenzo a fare richiesta di secolarizzazione e di essere incardinato nella Diocesi di Porto-S. Rufina. E così avviene, con dolore straziante da parte di Padre

---

[2] AP, L. PL a MC, Napoli 25 settembre 1924.

Lorenzo, il processo di secolarizzazione. I documenti degli archivi della Diocesi, della CIVCSVA e della Congregazione comprovano che senza questo sacrificio di Padre Lorenzo la Congregazione non avrebbe potuto né nascere, né svilupparsi, né tantomeno espandersi. Ci piace ribadire il termine "fondatore" perché egli ha ricevuto l'ispirazione di fondare il Carmelo Missionario delineandone la fisionomia e ordinando la vita e l'azione, come pure, ha avuto il coraggio di sacrificarsi per i cambiamenti come uomo di cultura e come studioso. La prova più tangibile che abbiamo trovato sono le cartoline postali del 1931 e 1941 indirizzate da M. Crocifissa a P. Lorenzo che lo qualifica il Fondatore e assistente ecclesiastico delle Missionarie Carmelitane comprovando così la consuetudine delle prime Suore che chiamavano P. Lorenzo il P. Fondatore.

Il 13 aprile 1930 la Congregazione ha ricevuto l'approvazione di diritto diocesano e il 10 luglio dello stesso anno sono approvate le Costituzioni delle Suore Carmelitane Missionarie di S. Teresa di Gesù Bambino.

Il Card. Tommaso Boggiani, Vescovo della Diocesi Suburbicaria di Porto-Santa Rufina, espone quanto segue alla S. C. dei Religiosi:

> Come ho già dichiarato, dichiaro di nuovo, che se P. Lorenzo ottiene la secolarizzazione, io sono disposto ad accettarlo ben volentieri e ad incardinarlo subito in questa mia diocesi, perché giudico legittimo e più che giusto il motivo che lo indusse a chiedere la secolarizzazione. Non accetto che egli, rimanendo religioso, si rechi solo periodicamente a S. Marinella per assistere delle Suore, come proporrebbe il P. Procuratore fr. Antonino Franco. [...]. Intanto io ho in diocesi una Congregazione religiosa di una quarantina di persone, 30 religiose e più di 20 bambine ricoverate, radunate per opera di P. Lorenzo, e da lui assistite e dirette per oltre 4 anni, con il permesso scritto del suo Superiore Generale, non ancora regolarmente sistemate, né quanto allo spirituale né quanto al temporale, e che non potranno certamente sistemarsi senza l'opera assidua di chi, col permesso del Superiore, le radunò, fondò la Congregazione e le diresse per 4 anni. [...]. Noto infine che P. Lorenzo è un ottimo religioso da tutti stimatissimo, e che quantunque il suo nome van den Eerenbeemt sia olandese, perché di padre olandese (venendo a Roma nel 1870 con la legione straniera a difesa del Papa), egli è però nato a Roma e battezzato in S. Giovanni dei Fiorentini[3].

---

[3] ACVPSR, Lt Card. Boggiani alla S. C. dei Religiosi, Roma 9 febbraio 1930.

3. Progetto di Vita Missionaria

In linea generale possiamo definire il progetto di vita missionaria proposto da P. Lorenzo in due parole: un progetto di vita missionaria trasparente e leggero.

1. Progetto di vita Trasparente perché le Suore missionarie devono allenarsi nel coltivare la vita interiore al punto di vivere dal tocco della grazia che permetta di plasmare la propria vita al Vangelo, allo Spirito di Gesù che si manifesterà nei suoi atteggiamenti, nei suoi rapporti e nel vissuto quotidiano. Secondo P. Lorenzo la missionaria deve spogliarsi totalmente dell'"IO" per essere Gesù in terra ad esempio di Santa Teresa del Bambino Gesù che nel sorriso, nella preghiera e nella vita di sacrificio è diventata la parola del Dio vivente. "Non sono io che vivo, ma Cristo vive in me".

   Nelle lettere, nelle circolari e nelle prediche P. Lorenzo non si stanca mai di insistere sulla centralità della persona di Gesù nella vita della missionaria, vissuta con fede nel rapporto con se stessa, con il Signore e soprattutto nell'Eucaristia quotidiana da cui attinge e mantiene acceso il "rogo dell'Oreb" che mai si spegne, nella carità che si traduce nella benevolenza alle consorelle e nel servizio generoso a tutti coloro che hanno bisogno. Fare il bene a tutti è la parola d'ordine.

2. Progetto di vita Leggero perché le Suore missionarie devono vivere dell'amore sponsale con il Signore che le rende libere per il servizio generoso e perseverante. Leggerezza acquisita dalla spiritualità del Servo proclamata nella lettera ai Filippesi[4], ad esempio del Maestro che si spogliò per rivestirsi della nostra povertà. P. Lorenzo ha vissuto con radicalità la via dello spogliamento necessario per vivere l'amore e ci lascia, da testimone della sequela di Cristo, l'eredità di come vivere la prima beatitudine: "Beati i poveri in spirito perché di essi è il Regno dei Cieli". Le Suore vivono dell'essenziale per facilitare l'itineranza missionaria, annunciando il Vangelo del regno di Dio nel servizio a tutti.

Tradotti nella pratica quotidiana del missionario, la comprensione del Progetto missionario significherebbe essere disposti ad alcuni principi:

A) Il primo è quello della disponibilità di andare ovunque la Missione ci chiama.

B) Il secondo è quello dell'*interculturalità* espletata nei gruppi internazionali. Nell'ideale missionario di P. Lorenzo per essere missionari,

[4] Cf Fil 2, 5-11.

cioè chiamati per vocazione a proclamare i valori evangelici, ed essere segno di unità e di riconciliazione nella molteplicità dei luoghi, razze, culture, bisogna conformarsi a un principio educativo fondamentale che è quello dell'unità nella diversità. Il processo dell'incarnazione viene fatto all'interno del gruppo multiculturale, dove ogni membro deve spogliarsi del proprio "IO", tradizione e cultura, per formare il "NOI" plurale nell'unità.

C) Il terzo presente nell'Istituto all'inizio è quello dell'*inserimento nell'ambiente e nella situazione missionaria* cioè solidarizzare con gli ultimi.

D) Il quarto è quello di non scindere nell'azione apostolica il sociale e il religioso cioè cercare di promuovere l'interazione tra fede e vita.

E) Il quinto è quello del *dialogo* soprattutto con le diverse confessioni religiose e la realtà laicizzata.

L'insistenza di P. Lorenzo si è fatta molto forte per avere vicino il modello proposto alle Suore dalla Chiesa - Santa Teresa di Gesù Bambino - e diceva: "Siete chiamate ad essere le apostole dell'amore, come ha fatto lei, amare Gesù e farlo amare da tutti".

MERCOLEDI 31 OTTOBRE

TERZA SESSIONE

Relazione P. Emanuele Boaga: *P. Lorenzo van den Eerenbeemt: una vita per il Carmelo, per la Chiesa e per le Missioni.*
Relazione P. Giovanni Grosso: *P. Lorenzo, uomo dello Spirito.*

QUARTA SESSIONE

Tavola rotonda Mons. Amleto Alfonsi: *P. Lorenzo, pastore nella diocesi e nella Vicaria.* P.Nazareno Mauri: *Il rapporto tra P. Lorenzo e Madre Crocifissa.*
Luciano Pranzetti: *P. Lorenzo, poeta, teologo e mistico.*

Presentazione del documentario: *"Un profeta per i nostri giorni"*.

P. LORENZO VAN DEN EERENBEEMT: UNA VITA PER IL CARMELO, PER LA CHIESA E PER LE MISSIONI

P. Emanuele Boaga, O.Carm.

Premessa

Riguardo al presente contributo, finalizzato a dare un profilo biografico di Padre Lorenzo, si rende opportuno fare una premessa. Molti degli aspetti fondamentali della sua personalità e attività sono oggetto di specifici interventi in questo convegno di studio. Pertanto senza «invadere» il campo degli altri relatori, nel mio contributo presento, contestualizzalizzandolo nei tempi in cui è vissuto Padre Lorenzo, un suo breve profilo biografico in modo da offrire una visione panoramica della sua vicenda umana, cristiana e religiosa come possa servire anche come introduzione alle relazioni dedicate all'analisi delle caratteristiche salienti emergenti dalla sua figura e dalle sue attività.

I tempi in cui visse Padre Lorenzo

Il percorso del pellegrinaggio terreno di Padre Lorenzo si inserisce in un mondo caratterizzato da continue trasformazioni.[1]

In particolare è correnti di pensiero e i principali eventi che hanno segnato il cammino dell'Europa alla fine del secolo XIX e per gran parte del secolo seguente. Nel campo politico-culturale si ha l'affermarsi e i contrasti tra il liberalismo economico, il socialismo di Proudhon e quello scientifico di Marx, gli assestamenti politici e civili con il passaggio dalle monarchie costituzionali alle varie repubbliche, e le ideologia dei regimi totalitari radicali e disumani, da quello di Mussolini in Italia, e di Hitler in Germania a Franco in Spagna e al non meno radicale e disumano regime di Stalin in Russia. Vi è inoltre, nei primi decenni del secolo XX il non

---

[1] Per un approfondimento di questa panoramica si rimanda a: M. SALVATORI, *Storia dell'età moderna e contemporanea 1815-1990*, Loescher ed., Torino, 1991; F. ROMERO, *Storia internazionale del Novecento*, Carocci, Roma, 2001; G. MONTRONI, *Scenari del mondo contemporaneo dal 1815 ad oggi*, Laterza, Roma, 2005; F. BARBAGALLO, *Storia contemporanea dal 1815 ad oggi*, Carocci, Roma, 2008; A. M. BANTI, *L'età contemporanea. Dalla grande guerra a oggi*, Laterza, Bari, 2009.

buon funzionamento della Società delle Nazioni, e il formarsi di blocchi di stati con la relativa tensione tra stati autoritari e liberistici.

Nel campo socio-economico si realizza, in un crescendo continuo, il miglioramento dell'agricoltura, il rapido ed enorme sviluppo industriale soprattutto in nuove sue forme, il cambiamento notevole dei mezzi di produzione e di quelli d'informazione e comunicazione, la diffusa alfabetizzazione per i ceti popolari, il diffondersi dell'economia capitalista con influsso nei rapporti sociali. D'altra parte nascono e si diffondono le problematiche dovute ai fenomeni dell'emigrazione e dell'immigrazione, dell'incremento demografico per gran parte del secolo XX, dell'urbanizzazione e della questione sociale posta dal mondo operaio e contadino e dalle relative organizzazione specifiche.

Vi è poi la rivoluzione nel campo scientifico e delle invenzioni, come ad esempio la scoperta della radioattività e dell'atomo, della telegrafia senza fili, della radio e televisione, e anche lo sviluppo dell'aeronautica dai dirigibili e dai primi aerei fino alle imprese spaziali e all'atterraggio dell'uomo sulla luna il 20 luglio 1969.

Vanno anche ricordati i devastanti disastri provocati dalle due guerre che hanno insanguinato l'Europa e altri continenti nella prima metà del secolo XX, e i conseguenti disagi economici, psicologici e politici, con modifica profonda degli equilibri delle forze mondiali con il tramonto dell'egemonia Europa e l'ascesi dell'America, il risveglio dell'Asia e l'affrancamento dal colonialismo e lo sviluppo delle nuove nazioni dell'Africa. E infine l'opposizione, dagli anni '50 al 1989, tra i due blocchi: occidentale (le potenze democratiche) e occidentale (i paesi del dominio comunista).

Anche la Chiesa,[2] in quest'era di trasformazione, ha affrontato tutta una serie di problematiche caratterizzate dall'ostilità della politica anticlericale seguita da vari stati, dal diffondersi del laicismo e dell'agnosticismo con la conseguente scristianizzazione delle masse popolari; dalle persecuzioni religiose ottocentesche a quelle, nel corso del secolo XX, in Messico, Spagna e Russia e nei paesi satelliti dell'Unione Sovietica; e anche dalla secolarizzazione eliminante ogni riferimento al sacro e a Dio nella vita umana e sociale. All'interno della Chiesa, si verifica l'affacciarsi del laicato nel campo sociale e lo sviluppo dell'associazionismo cattolico e di vari altri movimenti, e tra gli ultimi decenni dell'Ottocento e la prima metà del Novecento si sviluppa una fortissima

---

[2] Cf.: S. TRAMONTIN, *Un secolo di storia della Chiesa. Da Leone XIII al Concilio Vaticano II*, Ed. Studium, Roma, 1980, 2 voll.; G. MARTINA, *Storia della Chiesa da Lutero ai nostri giorni*, vol.4, *L'Età contemporanea*, Morcelliana ed., Brescia, 1980.

ripresa della coscienza missionaria e della conseguente attività nelle missioni «ad gentes» sostenuta pure dall'azione dei papi del Novecento, e ormai liberata dai legami con il colonialismo e il patronato regio spagnolo e portoghese.

Vi sono poi le vicende connesse alla lotta contro il modernismo, alla ripresa delle scienze sacre, all'origine e all'evolversi del movimento ecumenico, biblico e liturgico, nonché agli sviluppi e la diffusione della devozione eucaristica e mariana. Allo stesso tempo si sviluppa una rinnovata richiesta d'interiorità e di religiosità espressa dal sorgere di vari movimenti ecclesiali e nella nuova impostazione pastorale di fronte alla scristianizzazione e secolarizzazione delle masse popolari anche se non manca un certo immobilismo di fronte alla situazione che si sta creando, mentre l'esigenza del rinnovamento nel rapporto Chiesa-Mondo determina il grande evento del Concilio Ecumenico Vaticano II. E nelle decadi degli anni '60 e '70 Padre Lorenzo ha fatto in tempo a vedere il volto nascente della nuova civiltà occidentale europea, con la sua profonda crisi di valori e la rinuncia alle sue radici cristiane.

Moltissimi di noi siamo ormai abituati a vivere immersi in una continua trasformazione sociale, scientifica e religiosa, e non ci meravigliamo più di tanto di fronte alle novità. Risulta quindi difficile per noi immaginare cosa abbia costituito per una persona come Padre Lorenzo assistere nella sua vita a queste trasformazioni profonde del modo di vivere umano e i mutamenti avvenuti nella Chiesa. Per fare un esempio, è sufficiente pensare che quando egli, ancor giovane, si trovava a Parigi, erano rare le automobili che si potevano vedere in giro mentre numerosissime erano le carrozze tirate da cavalli. Possiamo quindi immaginare cosa provava quando egli seppe per la prima volta dell'esistenza degli aeroplani e li vide in volo sospesi in aria, e via via fino ai missili, alle sonde spaziali, alle esplorazioni del suolo lunare e alla missione che portò l'uomo a posare i suoi piedi sul satellite della terra.

Queste considerazioni ci pongono una domanda: come reagì Padre Lorenzo nel rapportarsi con le situazioni che andavano mutando e trasformandosi? Il suo fu un atteggiamento di chiusura o di apertura cercando di portare il proprio apporto per fare emergere sempre più gli aspetti positivi e diminuendo quelli negativi presentati dalle situazioni in cui visse? la risposta a questa e simili domande va pertanto cercata nel modo con cui egli, nella vita concreta e quotidiana, si è confrontato con tali situazioni e relative problematiche, e come con umile silenzio e secondo le possibilità abbia offerto il suo contributo nei luoghi ove ha vissuto.

Infanzia e prima giovinezza

Padre Lorenzo nacque a Roma il 3 maggio del 1886, undicesimo figlio dei coniugi Pietro Cristiano van den Eerenbeemt e Giovanna Negri, quarto dei sopravvissuti; ricevette il battesimo due giorni dopo nella chiesa di S. Giovanni dei Fiorentini con il nome di Ettore, come il suo padrino, il conte Ettore Genuini, seguito da quelli di Pio, Mariano e Luigi.[3]

Il padre, nato nel 1840 in Olanda da una famiglia cattolica di antiche origini, già da giovane si era recato a Roma come giornalista e aveva partecipato come volontario nel Battaglione degli Zuavi Pontifici alla difesa del Papa e di Roma nel 1870. Dopo la caduta dello Stato Pontificio, era rimasto nella città eterna svolgendo varie attività tra le quali la gestione di una tipografia, di una libreria musicale e, insieme ad alcuni soci, quella di una banca. Nel 1874 aveva sposato la nobil donna Giovanna Negri, di origine piemontese e di otto anni più giovane di lui.[4]

L'ambiente della famiglia presentava uno stato sociale di molta agiatezza o ricchezza, con terreni e case in varie località del Lazio, ed era caratterizzato in modo tipico dal suo inserimento nel ceto borghese-alto protagonista della vita e dello sviluppo di Roma capitale, e con un'ampia rete di rapporti sociali. Dal punto di vista religioso la famiglia, di fronte alle polemiche della «questione romana», era legata alla fedeltà verso il papato e le istituzioni ecclesiali e, notevolmente inserita nella comunità parrocchiale, viveva sinceramente la sua fede legata strettamente all'amore verso la Chiesa cattolica. Lo stesso Padre Lorenzo molti anni dopo ricorderà: «la mia famiglia mi ha dato l'esempio di religione».[5]

---

[3] Archivio della Postulazione della Congregazione Suore Carmelitane Missionarie di S. Teresa di Gesù Bambino in S Marinella, sezione Padre Lorenzo (= AP, sez. P. Lorenzo), Documenti personali, copia certificati di nascita e di battesimo. Per la vita e attività di P. Lorenzo, oltre al suo necrologio in «Analecta Ordinis Carmelitarum», 33 (1977), pp.374-375, indichiamo tra le sue più brevi biografie: *Padre Lorenzo van den Eerenbeemt, carmelitano: Roma, 3.5.1886 - S. Marinella 7.10.1977*, s. n.t. [ma S. Marinella, 1977]; R. VALABEK, *The life and work of Padre Lorenzo van den Eerenbeemt (1886-1977)*, in «Carmel in the World», 39 (2000), pp. 128-154; *Padre Lorenzo van den Eernbeemt: il sacerdote e il poeta*, Congregazione delle Suore Carmelitane Missionarie di Santa Teresa del Bambino Gesù, [S. Marinella, 2011], pp. 1-68. Molte notizie sulla vita di P. Lorenzo sono offerte da: C. TADA, *P. Lorenzo van den Eerenbeemt: fondatore e apostolo dell'amore*, Edizioni Carmelitane, [Roma, 2012].

[4] Notizie sui genitori e la famiglia di P. Lorenzo si trovano in AP, sez. P. Lorenzo, Documenti personali, Note sulla famiglia. Inoltre molte altre notizie sulla sua famiglia e sulla sua infanzia si trovano ib., Manoscritti di Padre Lorenzo, *Appunti della mia vita*, pp. 1-20. Da queste fonti si traggono le notizie riportate nel testo.

[5] AP, sez. P. Lorenzo, Manoscritti, *Appunti*, cit., p. 11.

Non potendo la madre allattare il piccolo Ettore, questi fu mandato presso una bàlia di Ceccano, ove rimase per alcun tempo oltre lo stretto periodo di allattamento. Tornò in famiglia quando già camminava e parlava, dando subito sfoggio del suo linguaggio «ciociaro» per manifestare una leggera indisposizione: «Me dole la panza!».[6]

La prima infanzia di Ettore, per varie cause, fu pertanto segnata dalla poca intimità del rapporto con i genitori. Nel ricordare ciò, Padre Lorenzo, ormai anziano, annoterà che ciò lo rendeva timido e riservato, tanto da apparire «un salsicciotto, poco gradevole per una buona compagnia» e «timidissimo, poco amante di giocare con gli altri».[7]

In età scolare frequentò gli studi elementari presso il Collegio S. Giuseppe de Merode dei Fratelli delle Scuole Cristiane, ove ricevette una formazione che ebbe un'importanza fondamentale nella sua vita, come sottolineará molti anni dopo lo stesso Padre Lorenzo ricordando con gratitudine quanto ricevuto in tale Collegio, ove anche, adeguatamente preparato, ricevette nel 1896 la prima Comunione e la Cresima. Al tempo stesso si apriva ai giochi con alcuni compagni, specialmente nel periodo delle vacanze.[8]

Negli anni '80 e '90 a Roma la furia edilizia si spense in parte, mentre la salita del prezzo delle aree, la saturazione del mercato, la caduta di nuove domande d'abitazione, la montagna di cambiali non onorate, le imposte sempre più pesanti, i prestiti imprudentemente concessi a molti palazzinari, provocarono la bancarotta non soltanto di imprenditori e banche minori, ma anche di alcune solidissime. Nel contesto di questa crisi anche la banca «van der Eerenbeemt-De Giovanni-Lapriére» fece fallimento, tra il 1895 e il 1896, soprattutto per un imbroglio di uno dei suoi soci con conseguente impossibilità di soddisfare gli oneri assunti con i clienti. Ne conseguì il tracollo finanziario della famiglia van der Eerenbeemt, anche con l'esproprio di tutti i beni posseduti. Con riferimento a quest'evento Padre Lorenzo annoterà nelle sue memorie le motivazioni e gli atteggiamenti di suo padre, che sopportò anche pazientemente le dure conseguenze del fallimento economico e seppe anche perdonare a quanti furono causa di esso.[9] Da altre fonti veniamo a conoscere che suo padre Pietro Cristiano, dinamico e intelligente, si adattò a fare anche umili lavori e che nel 1901 come capo-facchino diresse il trasporto e la

---

[6] Ibid., p. 1.

[7] Ibid., p. 2.

[8] Ibid., pp. 3, 4, 8.

[9] Ibid., pp. 8-9.

nuova sistemazione, con utilizzazione di un sistema di segnature da lui creato, dell'Archivio del Santo Uffizio presso la Santa Sede.[10]

L'avere sperimentato da ragazzo le ristrettezze economiche subite dalla famiglia l'aiutò a comprendere e a distinguere l'essenziale della vita da ciò che non lo è e che spesso ingombra creando false necessità. Interessante è notare come dalla sua biografia risulta essere sempre un uomo molto sobrio riguardo alle proprie necessità, mentre si dimostrava sempre generoso verso gli altri, dando quanto poteva secondo le possibilità del momento e seguendo l'esempio della generosità di suo padre verso i bisognosi, i poveri e gli orfani.

Compiuti gli studi elementari, l'adolescente Ettore venne spinto dal padre, che desiderava un figlio sacerdote, ad entrare nella Scuola Apostolica Valentini, dove frequentò le prime tre classi ginnasiali a Ceccano, Pratica e poi Roma, e da alunno esterno presso l'Apollinare il quarto anno ginnasiale, senza però completarlo.[11]

A Parigi e in Olanda

Poiché Ettore si scopriva particolarmente versato per l'arte, la letteratura e gli studi in genere, mostrando delle qualità eccezionali, pensò di non essere votato al sacerdozio. Con questi dubbi sulla scelta di vita, manifestò il desiderio di recarsi da suo fratello Ubaldo, allora a Parigi.[12] Vinte le resistenze del padre si trasferì, quindicenne, presso questo fratello, venendo così a contatto con la situazione politico-sociale creatasi dopo l'avvento della Terza Repubblica, e con quella culturale segnata dal superamento del romanticismo di Flaubert e dai fermenti letterari e artistici tra conservatorismo e rinnovamento, nonché dal mondo della «belle epoque» ormai quasi al tramonto.[13]

A Parigi Ettore trovò un lavoro preso una rappresentanza di stoffe inglesi e francesi, e nel tempo libero visitava la città o, insieme al fratello Ubaldo, frequentava un circolo per ex-allievi delle Scuole Cristiane, ove si tenevano anche spettacoli teatrali.[14]

Nel 1902, sempre con il fratello Ubaldo, decise di recarsi in Olanda a conoscere alcuni parenti e il paese delle radici familiari.[15] Fu così che

---

[10] Cf. *L'apertura degli archivi del S. Uffizio Romano*, Città del Vaticano, 1998, p. 77; «Rivista di storia e letteratura religiosa», 37 (2001), p. 53.

[11] AP, sez. P. Lorenzo, Manoscritti, *Appunti*, cit., pp. 11-19.

[12] Ibid., p. 20.

[13] Cf. bibliografia alla nota 1.

[14] AP, sez. P. Lorenzo, Manoscritti, *Appunti*, cit., p. 21.

[15] Ibid., p. 22, 26.

si immerse nella tipica cultura delle origini assumendone alcuni tratti essenziali. Erano i tempi in cui in Olanda, l'imperatrice Guglielmina, da poco ascesa al trono, aveva instaurato un lungo periodo di pace e di tranquillità sociale e la vita della Chiesa cattolica, segnata da un'assoluta fedeltà al papato romano, presentava non poche caratteristiche di vitalità fervente, tra cui vi era la promozione degli studi teologici, il potenziamento dei seminari diocesani e gli istituti religiosi, l'intensa vita pastorale e soprattutto un vigoroso sviluppo della sensibilità e azione missionaria.[16]

In Olanda Padre Lorenzo, dopo un breve periodo di lavoro presso uno studio fotografico, fu assunto con l'aiuto di uno zio come impiegato nella grande drogheria che suo cugino Franz van den Eerenbeemt aveva in s' Hertogenbosch.

Fu proprio qui, in Olanda, che il Signore gli fece sentire il suo pressante invito a seguirlo nella castità, povertà e obbedienza, e lo conquistò totalmente a Sé. Quindi, maturata, pure nelle prevedibili e inevitabili difficoltà, la vocazione alla vita religiosa e sacerdotale, fece vari tentativi di entrare prima dai Benedettini e poi dai Gesuiti. Infine decise, tra lo stupore dei parenti e amici, di entrare nell'Ordine Carmelitano, ove fu accolto ben volentieri.[17]

Fatta la vestizione il 27 settembre 1906,[18] ebbe Lorenzo come nome religioso, e compì nel noviziato di Boxmeer l'anno di prova insieme ad altri sette giovani, sotto la guida e direzione di Padre Gaetano van Hengstum. Superate le prove della vita austera con l'aiuto della grazia divina e della sua ferrea volontà, professò con gioia i voti semplici il 30 settembre 1907, alla presenza di suo padre, venuto appositamente da Roma, dei parenti olandesi e circondato dai suoi confratelli religiosi.[19]

Sempre in Olanda, fra' Lorenzo compiva gli studi filosofici dal 1907 al 1909 a Zenderen, e quelli teologici a Oss dal 1909 al 1912. Nel frattempo emetteva la professione solenne il 15 ottobre 1910, mentre veniva poi ordinato presbitero il 1° giugno 1912 nella cattedrale di s' Hertogenbosch. Celebrò la sua prima Messa solenne il 6 giugno a s' Hertogenbosch e il 16 dello stesso mese a Roma.[20]

---

[16] Cf. bibliografia alle note 1 e 2.

[17] AP, sez. P. Lorenzo, Manoscritti, *Appunti*, cit., pp. 29-31.

[18] Ibid., Documenti personali, Atto di vestizione. Altre date, che purtroppo ancora circolano in scritti e articoli su P. Lorenzo, sono errate.

[19] Per notizie sulla consistenza della comunità di Boxmeer quando padre Lorenzo vi fece il noviziato, sull'orario e relativi impegni di formazione del noviziato si rimanda al mio appunto su *P. Lorenzo carmelitano in Olanda*, presso l' AP, sez. P. Lorenzo.

[20] Per le materie di studio, orari, professori e altre attività fino all'ordinazione

Gli studi accademici a Roma e il priorato del Collegio Internazionale S. Alberto

Considerati i notevoli e lusinghieri risultati di Padre Lorenzo negli studi, i suoi Superiori lo destinarono a Roma per conseguire i gradi accademici di Teologia e di S. Scrittura. Fu così che il 7 giugno 1912 Padre Lorenzo, insieme ad un confratello, partiva da Oss e giungeva in breve tempo nella città eterna.[21]

Negli anni 1912-1915 frequentò i corsi di Teologia presso la Pontificia Università Gregoriana (allora con sede nel Collegio Romano), e al termine di essi conseguì il dottorato in Teologia, con il voto di «probatus».[22] È da sottolineare che in quegli anni, a livello culturale e teologico nelle facoltà ecclesiastiche e nelle scuole dei seminari - dopo la condanna del movimento detto «modernismo», sorto tra la fine dell'Ottocento e i primi del Novecento e i cui principali esponenti italiani erano Romolo Murri ed Ernesto Bonaniuti - si stava facendo strada una buona divulgazione della teologia e una ripresa e sviluppo delle discipline sacre, anche se a volte con timidi ed incerti passi verso specializzazioni specifiche; e allo stesso tempo il movimento liturgico iniziava a portare i primi frutti con i messalini e i rinnovo degli aspetti dell'arte sacra per coinvolgere i laici nella partecipazione alle celebrazioni eucaristiche e con gli sviluppi della devozione eucaristica.[23]

Nel 1916 Padre Lorenzo, iscritto ai corsi del Pontificio Istituto Biblico, passava alla comunità di S. Maria in Traspontina come vice-parroco e per circa sei mesi lavorava anche come aiutante d'archivio nella Segreteria di Stato in Vaticano.[24]

Il 7 luglio dell'anno seguente fu nominato priore del Collegio Internazionale S. Alberto, e nello stesso tempo continuava a frequentare il Pontificio Istituto Biblico, conseguendo poi nel 1919 la licenza in Sacra Scrittura, con il voto di «probatus». Ebbe come maestri alcuni degli esperti biblici più eminenti di quel tempo e la sua tesi, di cui furono censori E. Power e L. Murillo, fu un saggio storico-esegetico sul capitolo XIV della Genesi.[25]

---

presbiterale (1907-1912), si rimanda al suindicato appunto e ai Documenti personali in AP, sez. P. Lorenzo.

[21] AP, sez. P. Lorenzo, *P. Lorenzo carmelitano in Olanda*, cit., p. 3.

[22] Ibid., Documenti personali, Attestati accademici 1913-1915; e appunto sulle materie frequentate ed esami di P. Lorenzo presso la Pontificia Università Gregoriana.

[23] Cf. bibliografia della nota 2.

[24] AP, sez. P. Lorenzo, Documenti personali, Lettera in data 5 febbraio 1918 della Segreteria di Stato con ringraziamento per il lavoro svolto come aiutante d'archivio.

[25] *Ibid.*, Attestati accademici 1916-1919, e note sugli studi accademici.

Interessante è notare come la formazione di Padre Lorenzo in Teologia e in Sacra Scrittura risulti agganciata in modo profondo al ricordato rinnovamento delle scienze sacre in quel tempo in atto e in particolare come egli appartenga ad una delle prime leve di studenti frequentanti il Pontificio Istituto Biblico, uno dei punti di riferimento del movimento biblico in quel tempo.

Essendo stato destinato dai Superiori per insegnare nella facoltà teologica di Oss, in Olanda, Padre Lorenzo lasciò l'incarico di priore del Collegio Internazionale. Tra parentesi, piace ricordare che mentre era priore ebbe carissimo il Padre Carmelo Moyano Linares, che sarà uno dei martiri della persecuzione religiosa e della guerra civile in Spagna.[26]

L'insegnamento ad Oss, in Olanda

Rientrato in Olanda prima del 30 ottobre 1919 Padre Lorenzo si recò subito a Oss, ove nella comunità di professori e studenti viveva allora il beato Tito Brandsma, con cui strinse un sincera e fraterna amicizia. Nella comunità vi erano altre figure di spicco della Provincia Germanica-Olandese, con le quali Padre Lorenzo ebbe un fraterno rapporto continuato nel tempo anche dopo avere lasciato il convento di Oss.[27]

Nella facoltà teologica di Oss gli venne affidato l'insegnamento della Sacra Scrittura e della lingua ebraica. Per le sue lezioni sulla Bibbia scelse come manuale quello di Vigouroux-Brassac, allora molto diffuso nelle scuole teologiche, e da lui usato già negli studi romani. Dava le lezioni parlando in parte olandese e in parte latino. A proposito di questo manuale è bene ricordare che il suo autore Gregoire Fulcran Vigouroux (1837-1915) - insegnante di S. Scrittura al Seminario di S. Sulpizio e poi all'Institut Catholique de Paris e dal 1903 al 1912 segretario della Pontificia Commissione Biblica - lo aveva pubblicato ad uso dei Seminari nel 1878, riscuotendo un notevole successo. Il manuale venne poi aggiornato nel 1909 dal sulpiziano Brassac e adottato da molti seminari di tutta Europa. Dopo la morte di Fulcran Vigouroux (1915) Brassac, con il collaboratore Duchet, curava altre riedizioni del manuale. La dodicesima e quattordicesima edizione (1917) incontrarono però l'opposizione di un gruppo di vescovi francesi che chiese la condanna di Brassac da parte della Santa Sede. La condanna di Brassac e l'iscrizione del manuale, dalla quattordicesima edizione in poi, nell'Indice da parte della S. Sede

[26] Informazione fornita molti anni fa allo scrivente da alcuni carmelitani che insieme a Padre Lorenzo erano stati al Collegio Internazionale S. Alberto.

[27] AP, sez. P. Lorenzo, *P. Lorenzo carmelitano in Olanda*, cit., pp. 3-5.

giunsero nel dicembre del 1923. Dalla condanna però era escluso Fulcran Vigouroux, le cui edizioni del manuale continuavano ad avere consenso.[28] Nel frattempo però Padre Lorenzo non insegnava più in Olanda, ma si trovava a Roma.

Infatti, nel 1920 il Priore generale Elia Magennis, per la migliorata situazione dell'Ordine dopo la prima guerra mondiale e per il suo orientamento riguardo agli studi nel Collegio Internazionale, conseguiva ripristinare lo *Studium generale* dell'Ordine in Roma. Allo scopo chiamò come docenti i migliori soggetti esistenti nelle Province.[29] Si rivolse anche al Priore provinciale della Provincia Germanica-Olandese per avere a Roma Padre Tito Brandsma. Il Provinciale, Padre Lamberto Smeets, rispose al Priore generale lodando l'iniziativa della riapertura del glorioso *Studium* romano, ma faceva presente le difficoltà per il trasferimento in esso di Padre Brandsma come professore, e proponeva come contributo della sua Provincia di chiamare in sua vece Padre Lorenzo, notando due cose: l'essere egli senza dubbio un ottimo professore, e il suo non abituarsi al freddo clima di Olanda, mentre aggiungeva anche: «sempre desidera di ritornare a Roma. Credo che in Italia lavorerà con più successo che qui».[30] Fu così che Padre Lorenzo tornò a Roma, ove giunse alla fine del settembre, o al massimo nei primi di ottobre, del 1920 in modo da iniziare subito l'insegnamento affidatogli per all'anno accademico 1920-1921.[31]

L'insegnamento nello studio generale dell'Ordine

Nel ripristinato *Studium generale* dell'Ordine, Padre Lorenzo ebbe l'incarico di insegnare varie materie. Dai cataloghi annuali dello stesso *Studium* risulta che fu professore di teologia sacramentaria e di ecclesiologia negli anni accademici 1920-1925, mentre negli anni 1920-1930 insegnava anche Sacra Scrittura, con particolare attenzione alle introduzioni generali e ai libri del Vecchio Testamento, all'esegesi dei Salmi, ai Vangeli sinottici e alle lettere paoline. Curò pure, negli anni 1922-1926

---

[28] E. Fouilloux, *Un regain d'antimodernisme?*, in *Intellectuels chrétiens et esprit des années 1920*, Paris, 1997, pp. 83-114; Ch. Schmidt, s.v., in *Biographisch-bibliographisches Kirkenlexicon*, vol. 12, Herzberg, 1997, pp. 1391-1394.

[29] E. Boaga, *Il Collegio Internazionale S. Alberto di Roma: 100 anni di storia e di servizio*, in «Analecta Ordinis Carmelitarum», 50 (1999), pp. 253-254.

[30] Archivio Generale dell'Ordine Carmelitano (= AGOC), II Neerlandia, Epistulae 1900-1935, Lettera del priore provinciale Smeets in data 19 settembre 1920.

[31] Ciò risulta chiaramente dai cataloghi annuali dello Studio generale romano (cf. nota 32) e pertanto è errata l'indicazione dell'anno 1922 come quello del rientro a Roma di Padre Lorenzo, data che viene riportata in alcuni suoi brevi cenni biografici.

l'insegnamento della lingua ebraica. Inoltre il 4 luglio del 1922 Padre Lorenzo venne nominato dal Cardinale Vicario di Roma esaminatore del clero romano, incarico che egli svolse fino al 1930.[32]

All'intensa attività d'insegnamento univa anche l'approfondimento delle materie bibliche e continuava a coltivare la sua passione per le lingue soprattutto quelle antiche e orientali, arrivando a possederne ben dodici. Uno dei frutti di questo ulteriore impegno sono il suo studio con le tavole dei caratteri del codice di Hammurabi, pubblicato nel 1932 a cura del Pontificio Istituto Biblico.[33]

L'insegnamento svolto in Olanda e a Roma nello *Studium generale* dell'Ordine, lo convinceva come senza un'intensa spiritualità e una adeguata cultura non era possibile sviluppare una efficace azione pastorale verso il mondo e nella Chiesa. Convinzione che lo porterà a curare sempre le sue figlie spirituali, le Carmelitane Missionarie, promuovendone la formazione culturale, insieme a quella spirituale. E lo stesso Padre Lorenzo provvederà, nella casa madre della Congregazione delle Suore Carmelitane Missionarie, a formare lungo il corso degli anni una biblioteca ben nutrita di testi scelti della spiritualità cristiana, delle varie materie sacre, e i fondamentali testi scolastici sulle più disparate materie. Una biblioteca intesa non solo a servizio delle Suore, ma anche di altri. Lo stesso convincimento risulterà anche nell'azione pastorale e formativa che per molti anni svolse in Santa Marinella e nella Diocesi di Porto-Santa Rufina.[34]

L'ansia missionaria

Nel farsi religioso carmelitano in Olanda Padre Lorenzo entrava in contatto con una realtà ecclesiale assai vivace in quel tempo, molto attenta anche agli aspetti missionari della Chiesa, alimentando vocazioni specifiche e sostenendo un'infinità di progetti concreti per le popolazioni verso cui si rivolgeva l'azione dei missionari non solo d'Olanda. E in questa realtà missionaria della Chiesa olandese e anche assai viva nella Provincia carmelitana in cui Padre Lorenzo era entrato affondano

---

[32] AGOC, II Studium generale S. Alberti de Urbe, 1-10; Boaga, *Il Collegio Internazionale S. Alberto di Roma,* cit., p. 267; «Analecta Ordinis Carmelitarum», 4 (1917-1922), p. 372.

[33] *Codex Hammurabi: tabulae signorum collectae a Dom. Laurentius van den Eeerenbeemt,* Pontificio Instituto Biblico, Romae, 1932, 40 pp. (Scripta Pontifici Instituti Biblici).

[34] Su questa convinzione e azione formativa di P. Lorenzo si trovano numerosi riscontri in deposizioni rilasciate da numerosi testi dopo la sua morte e conservate in AP, sez. P. Lorenzo, Testimonianze a futura memoria.

le radici dell'ideale missionario che ha alimentato il suo cuore e che lo ha portato, insieme a Madre Maria Crocifissa, a fondare l'Istituto delle Carmelitane Missionarie e a contribuire, con alcuni tentativi precursori e non compresi sul momento, a far crescere lo spirito missionario nel suo amato Ordine del Carmelo. Altro nutrimento e sostegno di questa sua ansia missionaria fu il diffondersi dello spirito missionario nell'Ordine del Carmelo e le relative iniziative non solo in Olanda, ma anche in Spagna e Italia. È sintomatico poi il fatto che una delle prime cose fatte da lui appena rientrato a Roma, sia stata l'iscrizione il 19 novembre 1920 alla Pia Unione Missionaria del Clero.[35]

Nel 1923, con l'apertura delle missioni a Giava (Indonesia), Padre Lorenzo chiedeva ai Superiori di esservi inviato, ma essi ritennero più necessario che egli continuasse il suo impegno nell'insegnamento dello *Studium generale* romano. Circa un anno dopo, uno dei confratelli missionari, tornando in Olanda dalle missioni di Giava e passando al Collegio S. Alberto in Roma, lo esortava a pensare ad una fondazione femminile di carmelitane missionarie tanto necessarie in quelle missioni. Padre Lorenzo tentò un aggancio con le Carmelitane Scalze di Torino e con le Carmelitane delle Grazie di Bologna. Le risposte furono negative, non avendo queste suore ancora la possibilità di aprirsi ad attività nelle missioni. Inoltre per realizzare il suo ideale missionario a favore degli emigranti Padre Lorenzo chiedeva anche un incoraggiamento al Cardinale Giovanni Battista Nasalli Rocca.[36]

Nel 1925, in occasione della partecipazione dell'Ordine alla Mostra Missionaria Vaticana, lo stesso Padre Lorenzo, che dal 1922 era a servizio anche della Curia generalizia dell'Ordine come segretario delle missioni, collaborava nell'organizzazione della sezione propria concessa ai carmelitani.[37] Il 30 settembre dello stesso anno 1925 Padre Lorenzo scriveva una lettera ai Padri gremiali del capitolo generale dell'Ordine, da celebrarsi a Roma nel seguente mese di ottobre, per illustrare un progetto di creazione di un centro missionario dell'Ordine stesso.[38] Non si sa se e come la proposta di Padre Lorenzo sia stata accettata e discussa nel capitolo generale; però quasi certamente da essa venne la decisione presa in seguito nello stesso anno dalla nuova Curia generalizia di istituire la procura o meglio il delegato generale per le missioni. La scelta del tito-

[35] Cf. TADA, *P. Lorenzo van den Eerenbeemt*,cit., pp. 99-107.

[36] Ibid., pp. 109-115.

[37] L. VAN DEN EERENBEEMT, *I Carmelitani dell'Antica Osservanza*, in «Rivista illustrata della Esposizione Missionaria Vaticana», n. 7, Città del Vaticano, 1925, pp. 213-217:

[38] Testo della lettera in TADA, *P. Lorenzo van den Eerenbeemt*, cit., pp. 386-387.

lare di tale ufficio fu nella persona di P. Hubert Driessen, molto amico dello stesso Padre Lorenzo.[39]

Insieme a Madre Maria Crocifissa

L'ideale nutrito da Padre Lorenzo per una Congregazione carmelitana missionaria, le cui Suore affiancassero i confratelli nelle missioni, si realizzò quando incontrò Madre Maria Crocifissa.

Questa, che nel secolo si chiamava Rosa Curcio, dopo una breve esperienza presso le Suore Domenicane fondate dal domenicano P. Longo, aveva iniziato nel 1908-1909 insieme ad alcune compagne una forma di vita comune nella casa paterna. Il gruppetto della Curcio era poi passato a Modica nel 1911, affidato dal vescovo di Noto mons. Blandini all'assistenza e alla cura del canonico Vincenzo Romano. Semplici laiche terziarie carmelitane con voti privati desideravano ardentemente essere religiose e di facevano chiamare suore e indossavano l'abito delle terziarie carmelitane. Il loro desiderio di divenire religiose per varie cause non trovava soluzione e, dopo la morte di mons. Blandini il suo successore, mons. Vizzini, non era disposto di riconoscerle come tali, per cui rimase irrisolta la loro posizione giuridica. Rimanevano così semplici laiche terziarie carmelitane con voti privati.[40]

---

[39] Cf. «Analecta Ordinis Carmelitarum», 5 (1923-1926), p. 550.

[40] Sulle origini e la storia della Congregazione delle Suore Carmelitane Missionarie di S. Teresa del Bambino Gesù si rimanda a: *Portuen. Sanctae Rufinae beatificationis et canonizationis servae Dei Mariae Crucufixae Curcio Positio super vita, virtutibu et fama sanctitatis,* Tip. Guerra, Roma, 1994, *Informatio*, pp. 9-100; L. van den Eerenbeemt, *Cenni di storia della Congregazione*, in AP. sez. P. Lorenzo, Manoscritti; G. Rossi, *Territorio e Congregazioni religiose, S. Marinella e lo sviluppo della Congregazione delle Suore Carmelitane Missionarie di S. Teresa del Bambino Gesù*, in *Madre Maria Crocifissa Curcio, un dono dello Spirito al Carmelo*, Atti del convegno organizzato nel 60° anno di approvazione diocesana della Congregazione, Sassone RM, 32 ott.-3 nov. 1990, Suore Carmelitane Missionarie di S. Teresa del Bambino Gesù, S. Marinella, 1991; G. Conti, *I fondatori e la storia della Congregazione*, dispense ad uso interno, S. Marinella, 2005-2006; C. Tada, *«Così vennero riuniti i due ideali della missione e dell'educazione della gioventù». Genesi e storia della Congregazione delle Suore Carmelitane Missionarie di Santa Teresa del Bambino Gesù*, S. Marinella, 2012. Tra le difficoltà per l'approvazione diocesana del gruppo della Curcio oltre a quelle indicate in questi studi è opportuno ricordare che dall'epistolario di Mons. Blandini conservato nell'archivio della Curia Vescovile di Noto risultano praticamente dominanti la «grande fretta» con cui Madre Crocifissa spingeva per vestire l'abito religioso e ottenere l'approvazione diocesana, nonostante la poca preparazione al riguardo da parte sua e del suo gruppetto, inoltre vi erano alcuni suoi atteggiamenti poco graditi dal Vescovo Blandini. Il caso della Gradanti passata al gruppo della Curcio nonostante il divieto della S. Sede dell'ammissione in altri istituti di un membro uscito da un ordine o congregazione religiosa, e soprattutto il fatto che in quel tempo la S. Sede aveva inviato ai Vescovi alcuni

Nel continuare i tentativi per realizzare il desiderio di essere religiose la Madre Crocifissa nel 1924, tramite il carmelitano Padre Alberto Grammatico, ebbe modo di conoscere Padre Lorenzo e subito si sintonizzarono nell'ideale di un istituto carmelitano missionario. Con il permesso del Priore generale, Elia Magennis, Padre Lorenzo iniziava così ad occuparsi di questa nascente fondazione. Nel luglio dello stesso anno 1924 Padre Lorenzo e Madre Crocifissa si recarono all'Arenella (Napoli) ove si era presentata l'occasione di erigere una casa. Ma, nonostante i seguenti contatti curati da Padre Lorenzo nel marzo-aprile del 1925, la fondazione non ebbe luogo. Ugualmente non si realizzò il progetto di una fondazione affiancandosi a un'opera del governo, con la cura amministrativa e morale di essa.[41]

Finalmente, il 18 maggio 1925 Madre Maria Crocifissa con alcune sue compagne che avevano partecipato il giorno prima a Roma alla canonizzazione di Teresa di Gesù Bambino, si recarono insieme a Padre Lorenzo a S. Marinella, luogo che egli conosceva già da quasi due anni. Considerata ottima la possibilità di fondare l'Istituto proprio in questa cittadina, visitarono insieme la zona di Capo Linaro e decisero di fissare la prima temporanea dimora nel villino Persichetti. Quindi Padre Lorenzo si occupò di svolgere le trattative necessarie con l'Ordinario della Diocesi suburbicaria di Porto-Santa Rufina, il Cardinale Antonio Vico, e il 3 luglio dello stesso anno Madre Maria Crocifissa e le sue due compagne di Modica insieme alle tre terziarie del gruppo di Roma si stabilirono a Santa Marinella, dando inizio ufficiale al nuovo Istituto. Il 16 dello stesso mese ricevettero l'affiliazione all'Ordine Carmelitano. Padre Lorenzo, in vista di questa nuova Congregazione carmelitana, ebbe il permesso dai Superiori di trasferirsi a S. Marinella, pur continuando a Roma il suo impegno di professore ed esaminatore del clero.

Con l'ingresso di nuove vocazioni ben presto l'incipiente fondazione iniziava a diffondersi: si ebbero così l'apertura nel 1926 della casa di Nocera Umbra, con direzione di un orfanatrofio e relativo laboratorio per le giovani; presenza però terminata nel 1928. Nel 1927 veniva aperta una nuova comunità a Capodacqua, poco distante da Nocera Umbra; ma anche questa venne chiusa l'anno seguente. Sempre nel 1027 si ebbe

---

orientamenti sull'istituzione e approvazione diocesana di nuove Congregazioni. In modo particolare, in questi ordinamenti, determinante era, per la formazione previa alla fondazione di una Congregazione, la necessaria preparazione e formazione con la istituzione del postulantato e del noviziato e l'aiuto da parte di religiose di una congregazione similare. Su tutto ciò sarebbe desiderabile un maggior approfondimento, evitando così di continuare a riportarne una visione parziale.

[41] Per queste e le seguenti notizie sulla storia della Congregazione si rimanda agli studi indicati nella nota 40.

poi, con l'autorizzazione dell'Ordinario del luogo l'apertura di una casa a Carinola (Caserta) con scuola materna e laboratorio per ragazze. Infine, sempre nel 1927, entrava nell'incipiente Congregazione la prima diplomata che rendeva così possibile l'apertura a S. Marinella di una scuola elementare gratuita per i figli del popolo. Nel frattempo Padre Lorenzo continuava i suoi tentativi presso il Cardinale Vico per la concessione alla pia istituzione delle Carmelitane, se non la definitiva approvazione, almeno di una dilazione dell'esperimento concesso precedentemente.

Il tentativo di fondazione di una Congregazione maschile missionaria

Poco tempo dopo l'avvio della pia istituzione delle Carmelitane Missionarie a S. Marinella, Padre Lorenzo iniziava a nutrire anche il desiderio di raccogliere alcune vocazioni maschili, e fondare una nuova congregazione con il fine di diffonderla nelle diocesi, specialmente in quelle dove vi era penuria di sacerdoti ed essere così utile con missioni, predicazioni e vita apostolica.[42]

Era il tempo in cui egli faceva la spola tra il Collegio Internazionale S. Alberto di Roma, in cui insegnava S. Scrittura, e S. Marinella per l'aiuto alle Suore e per il servizio che assicurava alla chiesetta di S. Maria delle Vittorie, da quando, dal 4 luglio 1925, era stata aperta al pubblico quotidianamente. Non avendo ancora tale chiesetta una annessa seppure modesta abitazione per abitarvi, Padre Lorenzo era costretto di essere ospite di casa in casa.[43]

Giunse però il momento che poté affittare un villino situato tra quello di Regnani e la casa Romanelli. In questo villino, all'inizio del 1927, iniziò ad ospitare un camaldolese, Padre Arsenio Costa, che per motivi di salute, soffrendo d'asma, aveva ottenuto il permesso dai suoi superiori di trasferirsi temporaneamente dall'eremo di Napoli a S. Marinella.[44] Questo camaldolese era in realtà un vescovo: il brasiliano mons. Federico Costa de Sousa, che aveva rinunciato alla sede di Manaus e per un voto da lui fatto era passato tra i Camaldolesi di Napoli.[45]

[42] Cf. *Cronistoria della Chiesa di Nostra Signora delle Vittorie*, anno 1927, scritta da P. Lorenzo van den Eerenbeemt, nell'archivio della Parrocchia di N. S. delle Vittorie, ora N. Signora del Monte Carmelo (si cita in seguito: *Cronistoria*).

[43] Cf. Ibidem.

[44] Archivio Curia Vescovile di Porto S. Rufina, Corrispondenza, Lettera di Mons. Antonio Vico a Don Costa, 31 dicembre 1927, in cui si accenna «al lungo tempo da che Ella si trova a S.ta Marinella».

[45] cf: Necrologio di Fr. Fredericus Costa de Sousa, in «Vinculum Ordinis Carmelitarum», 1 (1948-49), p. 48.

Ben presto, nello stesso anno 1927 e con il permesso del Card. Antonio Vico, Padre Lorenzo ebbe la gioia di riunire nel villino alcune giovani vocazioni: un austriaco (Francesco Kastberger), un polacco (Ludovico Potrykus), e altri quattro giovanetti romani. Nell'avviare così la sognata fondazione della Congregazione maschile di missionari aveva trovato, come per la fondazione delle Suore, il forte incoraggiamento del vicario generale di quel tempo, che era Mons. Antonio Capettini, già vescovo in Cina e uomo di venerando aspetto e virtù.[46]

Il gruppo dei giovani veniva avviato a prepararsi in vista di iniziare la sognata fondazione della Congregazione maschile di missionari. Nel generoso impegno della formazione di questi giovani Padre Lorenzo trovava un valido aiuto in mons. Costa, che dava loro lezioni di spiritualità, di latino e delle cerimonie liturgiche. La grande speranza che sosteneva Padre Lorenzo in questo lavoro di preparazione, anche se non mancava chi nel paese non vedesse di buon occhio questa comunità maschile, era il grande vantaggio che sarebbe risultato in tempi brevi per la diocesi. Finalmente l'8 dicembre del 1927, festa dell'Immacolata, ebbe luogo la vestizione dei 6 giovani.[47]

Avviata così l'incipiente fondazione, P. Lorenzo pensò anche a porre in iscritto la sua regola. Così, molto facilmente nei primi mesi 1928, tracciò un abbozzo non completo di essa, da lui stesso intitolata: *Regola del 3° Ordine Regolare della B. V. Maria del Monte Carmelo e della B. Teresa di Gesù Infante* e il cui testo ancora si conserva tra i suoi scritti.[48]

In questo abbozzo, oltre a delineare il carattere di questa congregazione religiosa *de jure dioecesani* e «pregando il Signore che voglia concederci il titolo di *religio juris pontificii*», Padre Lorenzo si concentra nel delineare la natura della consacrazione dei religiosi (che emetteranno solamente i voti semplici), il modo di erigere e sopprimere le case e le province, i titoli spettanti ai vari membri, le elezioni ai vari uffici (con speciale attenzione per il servizio del Moderatore supremo); la scelta del Cardinale Protettore nella persona di quello cui è affidata la diocesi di Porto-S. Rufina, o in mancanza di lui quello della Congregazione di Propaganda Fide.

Interessante è notare il forte legame posto da P. Lorenzo con l'Ordine Carmelitano: il titolo mariano dato alla Congregazione a cui si aggiunge quello della B. Teresa di Lisieux, «che come protettrice delle Mis-

---

[46] Cf. *Cronistoria*, cit., anno 1927.

[47] Cf. Archivio Curia Vescovile di Porto S. Rufina, Corrispondenza, Lettera di P. Lorenzo van den Eerenbeemt all'Ordinario Portuense, 22 dicembre 1927.

[48] AP, sez. P. Lorenzo, Tentativo di fondazione di un Terz'Ordine Regolare maschile.

sioni sarà la Patrona delle nostre missioni»; il domandare l'aggregazione al Primo Ordine, nei benefici, nelle indulgenze, etc., ma con piena e assoluta autonomia; la condizione che il primo Moderatore supremo sia scelto dall'Ordine Carmelitano per infondere nella nascente Congregazione «l'affetto alla Madre del Carmelo, l'amore alla meditazione e alla vita interna spirituale che deve essere la base della vita apostolica»; la richiesta al Priore Generale dei Carmelitani di poter indossare l'abito carmelitano completo all'interno delle case, e fuori di esse «col collare bianco, con la tonaca, collo scapolare e con la greca». Inoltre «finché la Congregazione non si sarà estesa fuori [della diocesi di Porto-S. Rufina, a Roma il Procuratore Generale sarà quello dell'Ordine Carmelitano».

E infine, nel ricordare l'obbligo di tutti i sacerdoti membri della Congregazione di dilatare il Terz'Ordine Regolare Carmelitano con umiltà e guidati «ad una vera perfezione religiosa» da direttori di spirito pieni di zelo, e quello di tenere «una volta l'anno una Messa solenne funebre per tutte le consorelle del Terz'Ordine Regolare».

Nel cuore di Padre Lorenzo risuonava così l'amore al Carmelo e la fratellanza delle due Congregazioni che in quei mesi stava vedendo nascere in S. Marinella.

Purtroppo le speranze di vedere realizzato il sogno di questa fondazione legata al Carmelo durò poco. Già prima del maggio del 1928 il diffondersi di «voci» create da male lingue invidiose di ogni bene e il non buon comportamento di alcuni del gruppo dei chierici costrinsero il Padre Lorenzo a mandar via i due giovanetti romani che si erano comportati male, e a raccomandare al priore generale dei Carmelitani gli altri giovani e lo stesso Mons. Costa, che incontrava difficoltà con il Cardinale in quanto non lo voleva più in diocesi ritenendolo disobbediente ai suoi superiori camaldolesi.[49]

Dei due seminaristi romani di questo gruppo presentato al Priore Generale P. Elia Magennis non si ha notizia, mentre si sa che altri due, insieme a Mons. Costa, si fecero carmelitani compiendo il loro noviziato dal luglio 1928 al luglio 1929, sotto la guida del maestro dei novizi, il maltese P. Ilarione Spiteri, che allora era il vicario priore del Collegio Internazionale S. Alberto.[50]

---

[49] Cf. *Cronistoria*, cit., anno 1928; Arch. Curia Vescovile Porto S. Rufina, Corrispondenza, Lettera del Card. Vico a Don Arsenio Costa, 31 dicembre 1927.

[50] Cf. E. Boaga, *Il Collegio Internazionale S. Alberto di Roma*, cit., p. 264, 350. Su Francesco Kastberger: Iib., pp. 315-316; su Ludovico Potrykus: Ibid., p. 340 e A. Isacsson, *A Biographical Dictionary of the New York Province*, Boca Raton Florida, 1985, s.v.; su Mons. Costa si rimanda al necrologio indicato alla nota 45.

La secolarizzazione di Padre Lorenzo

Mentre la Congregazione delle Suore aveva iniziato a diffondersi, si ebbero una serie di vicende che portarono nel 1930 alla secolarizzazione di Padre Lorenzo e alla sua incardinazione nella Diocesi di Porto-Santa Rufina.

Si tratta di una vicenda il cui ricordo che viene tramandato spesso non presenta la sua complessità, tutti i personaggi coinvolti, e si sofferma invece solo su alcuni suoi aspetti, o riflette una visione parziale forse diffusa quasi ad arte. Qui di seguito, avendo come base l'analisi attenta e critica della relativa documentazione oggi nota, si ricostruiscono i tratti fondamentali e i passaggi più rilevanti di questa vicenda, che fece tanto soffrire Padre Lorenzo, senza però lasciare in lui qualsiasi malanimo o rancore verso l'Ordine da lui sempre amato.[51]

Il fallimento del ricordato tentativo di una congregazione religiosa maschile missionaria, lo scandalo da due dei seminaristi raccolti da Padre Lorenzo, e la chiusura della casa di Nocera Umbra alimentavano a S. Marinella non poche critiche negative nei confronti di Padre Lorenzo da parte sia di laici sia di alcuni preti. Critiche serpeggianti già in precedenza. Si aggiungeva poi la lotta di Don Ernesto Corte, cappellano della Colonia Jolanda, che con un gruppo di persone pretendeva fare parrocchia la chiesetta del Rosario, contro il parroco Mons. Augusto Ranieri di S. Marinella e contro Padre Lorenzo che lo aiutava. Lo stesso Don Corte e altre persone misero Padre Lorenzo in cattiva vista presso la Curia della Diocesi, sia presso il Card. Vico e anche presso il Vicario di Sua Santità, il Card. Basilio Pompili, il quale così non permise la continuazione dell'avviata fondazione di una casa delle Suore a Roma nonostante le ingenti spese già incontrate per la sistemazione dell'edificio ove dimorare.[52]

Nel mese di marzo del 1929 morì il Card. Vico. Il suo successore, il Card. Tommaso Pio Boggiani, sull'eco di queste critiche e sulla pressione di Don Corte e di altre persone (che continuavano a tentare la chiusura della chiesa della Vittoria e distruggere anche l'Istituto delle Suore) volle verificare la posizione di Padre Lorenzo. Più volte quest'ultimo diceva al Cardinale di avere consegnato a suo tempo, e anche nel 1928, i documenti dei permessi ricevuti dai Superiori e anche le autorizzazioni del

---

[51] I documenti originali o in copia (provenienti dall'Archivio della Congregazione dei Religiosi, dall'Archivio Vescovile di Porto S. Rufina e dall'Archivio del Procuratore Generale dei Carmelitani) riguardanti la secolarizzazione si trovano in AP, sez. P. Lorenzo, Documenti personali. Salva altra indicazione, su questi documenti si basa quanto riportato nel testo.

[52] Cf. *Cronistoria*, cit., anno 1929.

Card. Vico per svolgere la sua opera e che quindi legittimavano la sua permanenza a S. Marinella fuori della sua comunità religiosa. Tale documentazione però non fu trovata nell'archivio diocesano e il Cardinale volle chiarire questa situazione da lui ritenuta irregolare. La scomparsa dei documenti, come si intuisce dalle fonti che ne parlano, sarebbe da attribuire a persone della Curia Vescovile contrarie a Padre Lorenzo.[53]

In un colloquio, avvenuto il 3 agosto 1929, tra il Cardinale Boggiani e il Priore generale P. Elia Magennis si convenne di cercare in un altro incontro il modo di regolarizzare la situazione di P. Lorenzo. il giorno seguente però il Priore generale richiamava Padre Lorenzo a Roma, e il 7 agosto lo stesso Priore generale informava il Cardinale del ritiro di Padre Lorenzo da S. Marinella; Padre Lorenzo chiese una proroga di alcuni giorni per motivi pastorali e il 9 agosto rientra nel Collegio Internazionale di Roma. Il fatto urtò profondamente il Cardinale, che si sentiva offeso dal tono della lettera e per la decisione presa non conforme a quanto convenuto nell'incontro avuto con col Priore Generale. Fu così che, reagendo, tolse a Padre Lorenzo ogni facoltà di esercitare il ministero nella sua diocesi.[54] Tra la fine di agosto e i primi di settembre, anche per intervento

---

[53] Invece nella deposizione di un teste al processo di beatificazione della Madre Crocifissa si accenna erroneamente che i documenti sarebbero stati nascosti dai superiori carmelitani (cf. *Portuen. Sanctae Rufinae ... servae Dei Mariae Crucifixae Curcio Positio*, cit., *Summarium*, Teste XLIV, p. 383). Non si riesce a capire come i suddetti Superiori avrebbero potuto entrare «liberamente» nel deposito dell'Archivio della Curia Vescovile di Porto-S. Rufina, a meno che, come in un romanzo giallo, essi vi fossero entrati furtivamente di notte!

[54] Al processo di beatificazione per Madre Crocifissa, la teste XXXVII, Suor Virginia Murtinu entrata tra le Suore 7 anni dopo questi fatti, ricorda una confidenza ricevuta da una delle Suore della comunità di quel tempo, ossia che i Superiori dell'Ordine proibissero a Padre Lorenzo di andare a S. Marinella per causa delle calunnie che si dicevano su di lui in relazione alla Madre Crocifissa; che il Priore Generale abbia posto a Padre Lorenzo l'interdetto, che il caso di Padre Lorenzo fosse esagerato anche dalla gelosia e invidia dei suoi confratelli e infine che dopo l'interdetto «furono mandati a S. Marinella alcuni suoi confratelli a cercare il Padre e condurlo via da S. Marinella, ma questi si nascose sotto il letto di una suora che era dislocato in corridoio» (*Portuen. Sanctae Rufinae ... servae Dei Mariae Crucifixae Curcio Positio*, cit., *Summarium*, Teste XXXVII, pp. 239-240). Si tratta di una confidenza infarcita di errori e fraintendimenti di fatti, nonché di particolari fantasiosi, come il nascondersi sotto il letto di una suora e l'interdetto dato dal Priore generale, ampiamente smentiti da ciò che risulta dalla vera ricostruzione degli avvenimenti, come indicato sopra nel testo sulla base delle fonti di cui alla nota 51. Inoltre appare evidente che nella testimonianza ricordata si confondino i fatti riferiti in essa con quanto invece, mentre ormai Padre Lorenzo si trovava a Roma, avvenne con l'ispezione da parte di due sacerdoti diocesani e il ritiro da loro fatto della chiave del SS.mo della cappella della casa delle cuore e della chiesa (cf. AP, sez. P. Lorenzo, Comunicazione sullo stato della chiesa di S. Maria delle Vittorie datta da don Ernesto Corte all'ordinario Portuense, e la Comunicazione di don Giuseppe Pasetto, sullo stato della chiesa di S. Maria delle Vittorie all'Ordinario Portuense, anno 1929).

di autorità civili e della Federazione Fascista dell'Urbe, ritirò o almeno sospese temporaneamente il provvedimento da lui preso nei riguardi di Padre Lorenzo.

Inoltre nel frattempo erano risultate vane le richieste fatte da Padre Lorenzo per una fondazione di una comunità carmelitana maschile a S. Marinella, e anche le suppliche che, se non da lui ma almeno da un altro religioso, non venisse abbandonato il servizio e l'aiuto alla nuova Congregazione delle Suore da parte dell'Ordine.

Verso la metà di settembre, con il ritiro del ricordato divieto fatto dal Cardinale a Padre Lorenzo, il Priore generale – anche se particolarmente dopo la chiusura delle case nel 1928 riteneva non fattibile la fondazione delle Suore e svantaggiosa la proposta di aprire una casa dell'Ordine a S. Marinella - concesse allo stesso Padre Lorenzo il permesso di visitare le Suore due volte alla settimana, rientrando la sera a Roma. Permesso dato anche per evitare ogni possibile sospetto su Padre Lorenzo e salvaguardare l'onore delle Suore. Però lo spargersi di pesanti rilievi e anche calunnie nei confronti di questa presenza di Padre Lorenzo in S. Marinella, divideva la popolazione e il Vicario generale della Diocesi, Mons. Luigi Martinelli, fece opera di pacificazione e sostenne quanto Padre Lorenzo faceva per le Suore.

Seguirono vari incontri tra il Cardinale Boggiani e i Superiori dell'Ordine. Non mancarono da ambedue le parti equivoci, fraintendimenti, incomprensioni e prese di posizione contrastanti. Inoltre la Congregazione dei religiosi si dichiarava contraria a concedere un permesso di extraclaustra. Alla fine dell'autunno del 1929 i numerosi colloqui tra Padre Lorenzo e il Cardinale Boggiani riguardo alle Suore e alla sua presenza in S. Marinella, e i successivi incontri e scontri tra lo stesso Cardinale e i Superiori dell'Ordine portarono a una scelta molto amara per Padre Lorenzo: la richiesta della secolarizzazione e incardinazione alla Diocesi. Per il Cardinale era questa l'unica soluzione del caso di Padre Lorenzo, e rifiutava invece quanto proposto dai Superiori dell'Ordine, contrari alla secolarizzazione di Padre Lorenzo, necessario per l'insegnamento allo *Studium generale* romano, di inviarlo due o tre volte alla settimana a S. Marinella a prestare il suo servizio alle Suore e alla popolazione, se lo stesso Cardinale lo permettesse. Fu così che il 18 febbraio 1930 la Congregazione dei Religiosi emise l'indulto di secolarizzazione per Padre Lorenzo e il 21 dello stesso mese il Cardinale Boggiani emanò il decreto esecutorio di questo indulto e incardinò Padre Lorenzo nella Diocesi.

Lasciare ufficialmente l'Ordine causò molto sofferenza a Padre Lorenzo anche se egli continuò a portarne gli ideali nel cuore, a ritenere il suo nome di religioso, e a mantenere frequenti contatti e amicizia con i confratelli da lui conosciuti in Olanda e a Roma. Spesso alcuni dei confratelli da Roma «andavano a trovarlo amichevolmente, con una certa frequenza».[55]

Su alcuni particolari di questa vicenda vanno fatte alcune precisioni.

Nella *Positio* per la beatificazione di Madre Maria Crocifissa in alcune testimonianze si accenna ad un incontro di Padre Lorenzo con il Papa Pio XI e al consiglio datogli dal Papa stesso di secolarizzarsi e incardinarsi nella Diocesi per continuare la sua opera verso la Congregazione delle Suore, oppure si ricorda che il Cardinale espose il suo caso allo stesso Sommo Pontefice ricevendo tale suggerimento.[56] In realtà in tutta la documentazione che riguarda la questione della secolarizzazione di Padre Lorenzo non appare mai che si sia verificato l'incontro di Padre Lorenzo con il Papa. Inoltre lo stesso Padre Lorenzo, nel ricordare dettagliatamente le vicende, mai riferisce di avere incontrato personalmente Pio XI (cosa che sarebbe assai rilevante e fondamentale nel suo caso). Il fatto poi che la richiesta fatta da Padre Lorenzo per la secolarizzazione sia rivolta al Santo Padre rientra nella normale modulistica delle pratiche svolte dalle competenti Congregazioni della Santa Sede fino alla loro decisione definitiva con le facoltà e competenze concesse a norma del diritto canonico. E pertanto da ciò non si può arguire un rapporto diretto di Padre Lorenzo con il Papa.

Invece lo stesso Padre Lorenzo accenna all'incontro del Cardinale con il Pontefice, con esposizione del suo caso e del consiglio ricevuto dal Papa.[57] Tale incontro sembra sia avvenuto, sempre stando all'indicazione fornita da Padre Lorenzo, dopo il 21 dicembre 1929, quando ormai i colloqui del Cardinale Boggiani con i Superiori dell'Ordine erano terminati e continuava ad essere sostenuta dal Cardinale la soluzione della secolarizzazione di P. Lorenzo. Pertanto il consiglio da lui ricevuto dal Papa sarebbe piuttosto una conferma di quanto intendeva il Cardinale stesso nei riguardi di P. Lorenzo. Comunque risulta strano che lo stesso Cardinale non abbia mai fatto cenno a quest'incontro con Pio XI nel carteggio seguente con la Congregazione dei Religiosi sulla richiesta di secolarizzazione di Padre Lorenzo e della sua incardinazione nella diocesi portuense.

---

[55] *Portuen. Sanctae Rufinae ... servae Dei Mariae Crucifixae Curcio Positio*, cit., *Summarium*, Teste XLVI, p. 291.

[56] Si veda ad es. Ibid., *Summarium*, Teste XXXVI, p. 240.

[57] Cf. Foglio con appunto di P. Lorenzo in AP, sez. P. Lorenzo, Documenti Personali, Secolarizzazione.

Sempre nella suindicata *Positio* si ricordano le parole dette dal Cardinale Boggiani in un incontro con i Superiori dell'Ordine: «Meritereste di essere deposti per quanto avete fatto soffrire quest'uomo [cioè Padre Lorenzo] ...».[58] Certamente è vero che Padre Lorenzo abbia sofferto nel vedere frustrati i suoi tentativi per una fondazione di un convento carmelitano a S. Marinella e per alcuni atteggiamenti assunti da alcuni dei suoi Superiori. Però è anche vero, come risulta dalla documentazione, che causa di molte e forse più forti sofferenze fu il modo di comportarsi di varie persone, non esclusi alcuni preti della Diocesi.

Inoltre è interessante notare che la documentazione non trovata dal Card. Boggiani nell'archivio diocesano, vi fece ritorno poco dopo, molto probabilmente prima della fine dell'anno 1929. Infatti quando la Congregazione dei Religiosi stava trattando la pratica di secolarizzazione di Padre Lorenzo, lo stesso Card. Boggiani dichiarava ad essa di essere in possesso del documento originale con cui nel 1925 il Priore generale Elia Magennis dava il permesso a Padre Lorenzo di occuparsi della fondazione delle Suore Carmelitane Missionarie e anche di avere un'altro permesso dello stesso Priore generale riguardante il soggiorno di Padre Lorenzo a S. Marinella per il periodo da luglio a novembre dello stesso anno 1925. Il Cardinale aveva quindi in mano le prove della legittimità della situazione di Padre Lorenzo da lui messa in discussione (anche se in seguito lo definiva «buon religioso») e che fu portata fino alla secolarizzazione e incardinazione nella Diocesi di Porto-Santa Rufina. Pertanto risulta evidente che, già prima della richiesta di secolarizzazione di Padre Lorenzo il Cardinale aveva in mano in mano le prove della sua legittima situazione come religioso, e quindi la secolarizzazione e incardinazione nella Diocesi non sembra dovuta solo alla posizione assunta dai Superiori dell'Ordine, non condivisa dal Cardinale stesso, come ricordato.

Riconoscimento diocesano e sviluppi della Congregazione delle Suore

Negli anni che seguirono al passaggio di Padre Lorenzo dall'Ordine alla Diocesi, egli continuò l'assistenza spirituale e materiale delle Suore, ottenendo il 13 aprile 1930 l'approvazione diocesana della loro Congregazione e il 10 luglio successivo quella delle Costituzioni. Le Suore, crescendo di numero, si espandevano in Italia, con 13 aperture di nuove

---

[58] *Portuen. Sanctae Rufinae ... servae Dei Mariae Crucifixae Curcio Positio*, cit., *Summarium*, Teste LXIV, p. 363.

case dal 1931 al 1957, e nel 1945 e 1952 furono celebrati i primi capitoli generali della Congregazione.

Padre Lorenzo, oltre che per questa fioritura, gioì immensamente quando, nonostante la chiusura delle due case in Belgio e in Francia, nel 1947 si ebbe la prima fondazione missionaria a Paracatú in Brasile, cosa da lui sognata a lungo perché le Suore lavorassero per quanto possibile accanto ai confratelli Carmelitani missionari. Nel 1957 seguivano l'apertura di una casa a Malta, mentre continuavano altre aperture in Brasile e in Canada.[59]

Se da una parte ciò ricompensava Padre Lorenzo per le fatiche e prove sostenute per sostenere la fondazione e gli sviluppi della Congregazione delle sue Suore, non mancarono anche altri momenti difficili, tra cui quelli vissuti a causa dell'impresa di costruzione «Dello Russo» per la ristrutturazione della piccola casa di Roma. Padre Lorenzo infatti venne accusato insieme alla ditta edile di truffa ai danni di una signora per il mancato rimborso nei tempi dovuti di una ingente somma da questa prestata per sostenere i lavori di ristrutturazione della casa di Roma. Il procedimento penale, avviato nel 1952, fu complesso e laborioso e si svolse presso la 5ª sezione penale del Tribunale di Roma. Finalmente con sentenza del 9 aprile 1954 Padre Lorenzo era assolto con formula piena dalle accuse di truffa, e veniva riconosciuta la totale sua innocenza.[60]

Apostolato e servizio alla Diocesi

Nel suo vivere a S. Marinella Padre Lorenzo operava sempre pronto e instancabile anche per la popolazione di S. Marinella, nella zona Pirgus.[61]

È da ricordare che Padre Lorenzo già nel 1923-1924 aveva iniziato a S. Marinella un saltuario impegno pastorale con la celebrazione della Messa domenicale, impegno divenuto stabile poi nel gennaio o febbraio del 1925, quando su richiesta del Card. Vico di avere un sacerdote carmelitano per la celebrazione della Messa nella chiesa di S. Maria delle Vittorie le domeniche e le altre feste di precetto, il Priore generale concesse a Padre Lorenzo di trasferirsi a S. Marinella per prestare la richiesta assistenza religiosa della popolazione e anche per aiutare, insieme a Madre

---

[59] Si rimanda alla bibliografia indicata nella nota 40.

[60] Per una più ampia informazione: Tada, *P. Lorenzo van den Eerenbeemt*, cit., pp. 324-325, 423-424.

[61] Cf. *Nella «Pirgus» una luce*, Suore Carmelitane Missionarie di S. Teresa del B. Gesù e Comitato «P. Lorenzo», [S. Marinella, 1998].

Maria Crocifissa, la fondazione e i primi sviluppi della Congregazione delle Suore. Dal 1929 Padre Lorenzo abiterà in una casa vicino alla chiesa di S. Maria delle Vittorie.[62]

Allora a S. Marinella si viveva in un ambiente emblematico e segnato dai contrasti tra il perdurare dell'immobilismo tipico del mondo contadino e le novità e gli sviluppi a livello ideologico e attuattivo con i quali il regime fascista costruiva quel «consenso» che crebbe fino a divenire generale e normale tra la popolazione e anche tra i vescovi e il clero specialmente dopo il Concordato tra lo Stato e la S. Sede nel 1929.[63] Questo «consenso» sembra apparire anche in Padre Lorenzo, dato che in una poesia scritta in quegli anni egli lodava Mussolini.[64] Per giudicare pienamente l'atteggiamento di Padre Lorenzo verso il fascismo, andrebbe verificata l'occasione in cui la poesia venne scritta, probabilmente per qualche circostanza speciale della Colonia Marina di cui lo stesso Padre Lorenzo curava l'assistenza spirituale e inoltre si dovrebbe analizzare più attentamente i rapporti da lui avuti con rappresentanti del regime se avvenissero solo per la collaborazione prestata dalle sue Suore alle colonie per i ragazzi da loro organizzate.

Quando Padre Lorenzo giunse a S. Marinella, la situazione di questa città e del suo territorio presentava il centro cittadino, realizzato con il piano di lotizzazione del 1887, e alcune ville sparse qua là, tra le quali quella dei Sacchetti (che sarà legata qualche anno dopo alla presenza di Guglielmo Marconi), quella della famiglia Pacelli (ove il piccolo Eugenio, che diverrà cardinale e poi Papa Pio XII, trascorse la sue vacanze) e la villa della famiglia reale dei Savoia. Nella periferia cittadina e verso l'agro romano distanziate tra loro le case dei coloni, mentre lungo la riva del mare quelle dei pescatori.

L'ambiente sociale della città, che nel 1921 contava 1.619 abitanti, presentava non pochi problemi tra cui la diffusa povertà, la necessità dell'alfabetizzazione di gran parte dei giovani e degli adulti, la sicurezza del lavoro, il diffuso tradizionalismo religioso. Dopo la seconda guerra mondiale si ebbero la riforma agraria dell'agro romano e le questioni poste dal crescente sviluppo della città (basta pensare al numero della popolazione, che nel 1931 era di 2.941 abitanti, per passare poi a 5.171 nel 1951, a 6.247 nel 1961 e attualmente a più di 18.000). Si aggiungeva-

[62] Cf. *Cronistoria*, cit., anni 1925-1929.

[63] Cf. C. BANDINELLI, *Santa Marinella nel caleidoscopio del tempo*, Ed. Mediterranee, Roma, 2002; A. BIANCHI e I. GIACOMELLI, *Santa Marinella. La memoria del tempo*, Etruria Arti Grafiche, Civitavecchia, 2003.

[64] Testo in AP, sez. P. Lorenzo, Manoscritti, f) Poesie.

no anche le lotte tra i partiti politici, il boom economico degli anni '50-'60 con i suoi contrastanti caratteri ed effetti, la necessità nella cura pastorale dei fedeli di altre strutture parrocchiali e metodi adatti, e così via con le trasformazioni sociali, demografiche e religiose fino ai nosti giorni.

Nella zona Pirgus Padre Lorenzo assistette non passivo a tutti questi problemi e sviluppi urbanistici, economici e sociali nonché religiosi improntando il suo ministero di servizio ai più alti valori del Vangelo, e richiamando a questi valori attraverso una predicazione fatta con profondità di contenuti espressi in una forma facilmente accessibile a tutti, e con l'esempio della sua vita modesta, semplice ed umile.[65] Sintomatico è l'episodio quando, invitato da lui il sacerdote Mario Nasalli Rocca, oratore allora assai noto e stimato, per la predicazione di una novena nella parrocchia, dopo il primo sermone da questi tenuto con un forbito e ricercato linguaggio, Padre Lorenzo, prendendolo fraternamente per mano lo condusse attraverso le vie di Capo Linaro mostrandogli la realtà del posto. Il predicatore comprese la lezione e nel continuare la sua predicazione l'adattò in una forma più semplice e maggiormente comprensibile.[66]

Sempre in questa sua linea pastorale una delle azioni più fruttuose fu il modo come egli affrontò il problema dell'istruzione e della formazione dei giovani della contrada, «i suoi ragazzi», aiutandoli con lezioni, ripassi e in altri modi. Sono molti gli episodi che si possono ricordare per sottolineare, in relazione a situazioni concrete, i gesti di attenzione, apertura e coraggio; in una parola un servizio fatto con amore, verso tutti, senza esclusioni.[67] Tra questi gesti piace ricordare come nelle vicende del secondo conflitto mondiale, dopo il bombardamento di S. Marinella avvenuto il 7 settembre 1943, Padre Lorenzo si recò subito sul luogo del disastro per amministrare i sacramenti ai moribondi e confortare i superstiti e anche quando, sfollato con le Suore nella frazione di Castel Giuliano, egli abbia svolto un ruolo di mediazione fra la popolazione e i soldati tedeschi ivi presenti, e che, contrariamente alla sua consueta mitezza, non abbia mancato di coraggio ad intervenire nel rimproverare con forti parole un ufficiale per il suo atteggiamento poco corretto verso un suo militare.[68]

---

[65] Su ciò sono numerose le testimonianze conservate in AP, sez. P. Lorenzo, Testimonianze a futura memoria, e anche a quanto riportato nell'opuscolo *Nella «Pirgus» una luce*, cit., pp. 28-48.

[66] Cf. *Cronistoria*, cit., anno 1935.

[67] Le testimonianze a futura memoria, conservate in AP sez. Padre Lorenzo, sono molto concordi nel sottolineare quest'aspetto pastorale e formativo di Padre Lorenzo.

[68] *Cronistoria*, cit., anno 1934; AP. sez. P. Lorenzo, Testimonianze a futura memoria (Ferruccio Alfani).

Stimato e ben voluto, ricoprì in Diocesi vari e importanti uffici, tra cui: vicario e poi primo parroco dal 1949 al 1953 della parrocchia di S. Maria delle Vittorie, canonico della Collegiata di Castel Nuovo di Porto, convisitatore della visita pastorale diocesana del 1939-41 e del 1948, vicario foraneo di S. Marinella, canonico teologo, censore dei casi morali, esaminatore prosinodale, membro di vari uffici diocesani e consigliere e segretario dell'ufficio catechistico, membro del Consiglio di Vigilanza e di quello dell'Amministrazione diocesana, e infine giudice sinodale. Fu onorato delle nomine di cameriere segreto soprannumerario nel 1942 da Pio XII, e nel 1959 di prelato domestico da Giovanni XXIII.[69]

Gli ultimi anni

A partire dalla morte di Madre Maria Crocifissa (1957), dopo circa dieci anni ancora di sostegno e assistenza alla Suore, con incoraggiamento a pregare in modo particolare la santa Vergine Madre di Dio e la prediletta Santa Teresa di Gesù Bambino per superare varie difficoltà, Padre Lorenzo scompariva lentamente e silenziosamente dalla guida della Congregazione, sereno anche perché l'Istituto aveva ricevuto dalla Santa Sede il decreto di lode il 3 ottobre 1963.

Quando ormai, nel 1968, tutto l'indirizzo della Congregazione, diffusa in varie nazioni, era in mano alle Suore, egli desiderò di essere reintegrato nell'Ordine del Carmelo. A questo riguardo è da ricordare che già nel 1932, cioé due anni dopo la secolarizzazione, P. Alberto Grammatico, che nutriva una profonda e sincera amicia con Padre Lorenzo, aveva parlato al Priore generale P. Ilario Doswald della sua richiesta di riammissione all'Ordine. Il Priore generale si mostrò a ciò favorevole, ma varie difficoltà impedirono la realizzazione di questo ardente desiderio. Terminato il secondo conflitto mondiale Padre Lorenzo di nuovo fece la sua richiesta, e il Priore generale, che era a ciò favorevole, gli suggerì nell'aprile del 1946 di continuare ancora per un po' di tempo nel suo stato di sacerdote diocesano. Ancora Padre Lorenzo nell'agosto del 1947 esponeva al nuovo Priore generale, P. Kiliano Lynch, il desiderio di rientrare nell'Ordine per prepararsi meglio, «lontano dal mondo, alla grande chiamata del Padre». Alla realizzazione della risposta benevolmente favorevole si opposero varie difficoltà, soprattutto dovute al lavoro che Padre Lorenzo svolgeva in Diocesi.[70]

---

[69] Ibid., Documenti personali.

[70] AP, sez. P. Lorenzo, Riammissione nell'Ordine Carmelitano.

Finalmente nel settembre del 1968 il suo desiderio iniziò a concretizzarsi, soprattutto per l'aiuto fraterno dei padri Jacob Melsen e Claudio Catena, in quel tempo assistenti generali, e del procuratore generale P. Carmelo Luisi. Con il benestare del Priore Generale P. Kiliano Healy con il suo Consiglio la pratica venne avviata presso l'organismo competente della S. Sede e ottenuto il necessario «nihil obstat» dall'Ordinario di Porto-Santa Rufina si ebbe il conseguente rescritto della Congregazione dei Religiosi. Così il 5 ottobre del 1969 Padre Lorenzo venne riammesso nell'Ordine Carmelitano e nel corso di una solenne e gioiosa celebrazione emise di nuovo la professione religiosa nelle mani dello stesso Priore generale. Questi concedeva poi a Padre Lorenzo il permesso di rimanere presso le Suore a S. Marinella.[71]

In un clima di serenità Padre Lorenzo trascorse così gli ultimi anni del suo pellegrinaggio terreno. Nel silenzio della sua camera era costante nella preghiera e nella meditazione della Parola di Dio e nel coltivare gli studi prediletti, rimanendo sempre disponibile a chiunque lo cercasse per una parola di conforto o di consiglio o per un aiuto. Tutta la sua persona, affabile, mite e paterna, era un richiamo vivo per il cielo.[72]

Il 7 ottobre 1977, alle ore 13,15 passava serenamente con i conforti religiosi alla casa del Padre.[73] Di lui ha scritto un suo confratello: «L'ho sempre considerato tra gli uomini migliori del nostro Ordine e godo che la sua devozione alla Madonna sia stata coronata dall'incontro col Padre celeste, proprio nel giorno liturgico del S. Rosario».[74]

Come emerge dal percorso della sua vita, Padre Lorenzo - pur nei limiti di ogni esistenza umana - ha risposto alle sfide dei suoi giorni senza fare solenni e verbosi proclami, ma con l'azione attenta nella quotidianità attraverso le possibilità concrete, piccole o grandi che fossero, per superare le difficoltà e aiutare gli altri, sacrificando anche le proprie aspirazioni di uomo di profonda cultura, sbriciolandola invece e condividendola con i più piccoli e gli umili, e dando la testimonianza di una presenza luminosa che guarda oltre il tempo e di una esistenza spesa solo per gli altri.

---

[71] Ibidem, e informazioni ricevute dallo scrivente negli anni '70 dai confratelli che aiutarono Padre Lorenzo a rientrare nell'Ordine.

[72] AP, sez. P. Lorenzo, Testimonianze a futura memoria (Luisa Venturini, Rosario Alario, Marinella Mei, Ugo Ceccherini, Franco Leone Squaglia, ecc.).

[73] Ibid., Documenti personali, Funerale e trigesimo di P. Lorenzo.

[74] Ibid., Testimonianze a futura memoria (p. Dionisio De Ciantis).

P. LORENZO VAN DEN EERENBEEMT, UOMO DELLO SPIRITO

P. Giovanni Grosso, O.Carm.*

Il titolo di questo intervento appare di per sé molto chiaro, ma può anche risultare equivoco o fuorviante. Cerchiamo di chiarire le idee. Che cosa significa "uomo dello Spirito"?

Con questa espressione non intendo accreditare in maniera pregiudiziale, e perciò semplicistica, l'idea che p. Lorenzo sia stato un uomo diverso dagli altri, con un contatto speciale con lo Spirito Santo. Solo lo

* P. Giovanni GROSSO, O.Carm., nato a Roma il 27 marzo 1958. Dopo aver conseguito la Maturità classica, presso il Liceo-Ginnasio "Terenzio Mamiani", si è iscritto alla Facoltà di Scienze Politiche dell'Università degli Studi "La Sapienza" di Roma, conseguendovi la Laurea. Nel 1983 è entrato nell'Ordine Carmelitano; ha emesso la professione il 10 ottobre 1984 ed è stato ordinato presbitero il 29 giugno 1989. Al termine degli studi filosofico-teologici presso la Pontificia Università Gregoriana, ha conseguito il Dottorato in Storia Ecclesiastica nella medesima Università. Ha ricoperto vari uffici nella Provincia Italiana dei Carmelitani: priore di diverse comunità (Pisa, Roma Traspontina, Roma Mostacciano), è stato vicario parrocchiale in varie parrocchie; per un triennio è stato responsabile della formazione degli studenti professi; per più mandati è stato membro del consiglio provinciale come consigliere, assistente e vice priore provinciale. È stato assistente provinciale del Terz'Ordine Carmelitano e ha lavorato molto per la formazione spirituale e culturale dei laici. È stato membro della commissione generale per la formazione che ha elaborato la seconda edizione della *Ratio institutionis* (Roma 2000), ha collaborato alla redazione della *Ratio institutionis* per le Suore claustrali (Roma 2007); è stato ed è membro della commissione internazionale per i laici. Docente di Spiritualità del Sacerdozio presso l'Istituto di Spiritualità della Pontificia Facoltà Teologica "Teresianum", Storia della Chiesa e Teologia della Vita Consacrata presso la Pontificia Facoltà Teologica "Marianum". Oltre alla tesi di dottorato – *Il B. Jean Soreth (1394-1471). Priore generale, riformatore e maestro spirituale dell'Ordine Carmelitano*, Edizioni Carmelitane, Roma 2007 – ha pubblicato un libro di *lectio divina* su brani mariani – *Con Maria figlia di Sion in ascolto della Parola*, Messaggero, Padova 2002 – e numerosi articoli scientifici e divulgativi su diverse riviste. Dal novembre 2007 è Postulatore generale dell'Ordine e Preside dell'*Institutum Carmelitanum*, oltre che Direttore di *Carmelus* e vice priore della comunità della Curia Generalizia.

studio della sua personalità e delle sue vicende potrà permettere di individuare gli eventuali doni spirituali che gli hanno permesso di attuare opere di particolare valore spirituale. Neppure intendo riferirmi – come peraltro fa Sr Cecilia Tada nella sua tesi dottorale[1] – all'ormai famosa (e spesso abusata) definizione proposta da Fabio Ciardi in un libro che ha fatto storia: *I fondatori uomini dello Spirito*.[2] Se, infatti, è vero che di solito, anche se non sempre, i fondatori degli istituti religiosi hanno agito in risposta a ispirazioni e doni dello Spirito, non sarebbe corretto far derivare dalla loro opera fondazionale la loro spiritualità più profonda e, a mio parere, ancor meno la loro santità.

L'espressione invece parte dalla considerazione che anche p. Lorenzo è stato un cristiano, un religioso, un sacerdote, che ha vissuto la "vita nello Spirito" di cui parla san Paolo nella lettera ai Romani nel capitolo 8 (cfr anche *Gal* 5,16-26). P. Lorenzo ha accolto e fatto proprio il dono battesimale, si è lasciato condurre dallo Spirito ed ha risposto alle sue sollecitazioni, vivendo la propria esistenza come vocazione e come dono al Signore, ai fratelli e alle sorelle incontrati nel cammino. Questa corrispondenza, per quanto generosa e attiva, porta alla santità, nel senso comune del compimento pieno di una vita umana, animata dallo Spirito appunto, guarita, sostenuta e orientata dalla grazia. Un compimento che è volontà di Dio,[3] ma che non necessariamente deve essere riconosciuto ufficialmente dalla Chiesa e indicato come modello ai cristiani.

Intendo inoltre porre l'accento sulla particolare capacità di adattamento e di accoglienza anche nei momenti difficili e delle prove, vissuti sempre con disponibile apertura agli imprevedibili sviluppi che lo Spirito stesso operava o permetteva. Come anche sulla piena e umile disponibilità a servire la Chiesa, nel servizio pastorale e nei primi passi dell'Istituto missionario fondato con Madre Crocifissa.

La vita nello Spirito

Per iniziare mi piace tornare alle parole di san Paolo: «Quelli infatti che vivono secondo la carne, tendono verso ciò che è carnale; quelli invece che vivono secondo lo Spirito, tendono verso ciò che è spirituale» (*Rm* 8,5). Tutto il capitolo ottavo della lettera ai Romani parla dello

---

[1] C. Tada, *P. Lorenzo van den Eerenbeemt, fondatore e apostolo dell'amore*, Edizioni Carmelitane, Roma 2012. Su questo punto cfr le pp. 290-292.

[2] F. Ciardi, *I fondatori uomini dello spirito. Per una teologia del carisma del fondatore*, Città Nuova, Roma 1982.

[3] «Siate santi» (*Lv*, 11,44; 19,2; 20,7); «Dio vuole che tutti gli uomini siano salvati» (*1Tm* 2,4).

Spirito e della sua presenza attiva, trasformante e unificante nella vita delle persone. Lo Spirito d'amore che è stato «riversato nei nostri cuori» (*Rm* 5,5), ci dona «in abbondanza» (*Rm* 5,15) la grazia, cioè la capacità di vivere aperti all'azione di Dio, tesi alla ricerca di Lui che è vita, disponibili a lasciarci trasformare fino alla piena conformazione a Lui e a lasciarci unire nell'abbraccio pieno di amore, per il quale siamo stati voluti e creati.

La vita nello Spirito è precisamente tutto questo: significa diventare consapevoli di essere creati per amore e chiamati alla piena comunione con la Trinità. Significa, dunque, che siamo invitati a prendere coscienza del dono dello Spirito, ricevuto nel battesimo e nella confermazione, che ci trasforma gradualmente e rende possibile la piena conformazione della nostra persona a Cristo. Significa ancora lasciare che sia lo Spirito a illuminare i sentimenti, le idee, i giudizi e le decisioni, lui a orientare la nostra volontà e a dare forza per attuarla. Vita nello Spirito vuol dire infine essere totalmente aperti all'azione di Dio e pienamente disponibili a lasciarci condurre da lui e prendere nel vortice della vita trinitaria.

Per avere un'immagine del profilo spirituale di una persona e poterne comprendere i tratti essenziali e il percorso globale, occorre studiare a fondo non solo la biografia – date e dati, eventi più o meno qualificanti, vicende e rapporti – ma anche gli scritti, con un esame critico appropriato, e l'opera alla luce delle testimonianze giunte fino a noi (ricordi vagliati e verificati, tracce materiali, istituzionali, scritte, ecc.). Non sarà possibile dunque in questa sede e nel poco tempo che ci viene concesso illustrare nei dettagli e in modo analitico tutti gli aspetti della vita spirituale di p. Lorenzo, ma possiamo tentare almeno un primo approccio alla sua figura spirituale, indicando piste da approfondire in successivi studi.

Per questo quanto dirò è solo un primo abbozzo, quasi uno schizzo a matita, non un ritratto definito nei particolari. E questo per due ragioni; una di carattere semplicemente funzionale, la seconda invece è sostanziale. La prima: durante il convegno, altre conferenze e comunicazioni illustreranno aspetti particolari della vita spirituale di p. Lorenzo. La seconda invece riguarda la necessità di poter studiare direttamente e in modo più completo e critico gli scritti di p. Lorenzo e di leggere le testimonianze fin qui raccolte di persone che l'hanno conosciuto. Senza un'edizione, possibilmente critica, di tutti i suoi scritti, con i rispettivi dati cronologici e archivistici necessari, sarà difficile uscire da una raffigurazione solo generica e, forse, non del tutto precisa della fisionomia spirituale di quest'uomo, che ora cercherò di delineare in modo generale, indicandone i tratti e le caratteristiche salienti, senza però scendere in un'illustrazione puntuale e specifica di ognuno di essi.

Uomo aperto all'azione di Dio

P. Lorenzo è ricordato come "uomo di Dio". Diversi testimoni lo ricordano così (alcuni li ascolteremo anche in questi giorni): i suoi "ragazzi", le suore, i parrocchiani del Carmelo di Santa Marinella, ma anche alcuni sacerdoti diocesani di Porto-Santa Rufina e diversi carmelitani. Coloro che, avendolo conosciuto, ne hanno apprezzato la semplicità e la bonomia, illuminate dalla sapienza interiore, non solo umana, che nasce appunto dall'incontro e dalla frequentazione di Dio, ripetono che fu uomo di Dio.

P. Lorenzo imparò sin da bambino a coltivare la vita interiore e seppe essere docile alle ispirazioni dello Spirito, senza per questo far venir meno la propria libertà interiore. Il dialogo intimo con il Signore gli permise di crescere nella capacità di ascolto della sua voce profonda e sottile – come quella «voce di un sottile silenzio» (*1Re* 19,12) udita da Elia sull'Horeb –, ma anche di quella, spesso frastornante e confusa, del mondo moderno.

La vicenda umana di p. Lorenzo taglia trasversalmente alcuni dei momenti più interessanti della storia del '900 europeo. Come abbiamo ascoltato dalle parole di p. Emanuele Boaga, si va dalla fine della Roma papalina alla *Belle époque*, dalle due guerre mondiali ai regimi totalitari, dalla grande crisi del '29 al *boom* economico degli anni '60, dalla crisi modernista al Concilio Vaticano II, dall'esplosione missionaria ai primi segni della cosiddetta "crisi" postconciliare. In questi contesti umani, culturali, politici, ecclesiali, p. Lorenzo crebbe e maturò la propria scelta radicale di seguire Dio e di servire la sua Chiesa nelle persone concrete, che le vicende gli fanno incontrare. Mi pare, questo, un atteggiamento profondamente spirituale; non si tratta di un semplice spirito di adattamento e di aggiustamento al mutare delle situazioni. Possiamo anche riconoscervi la capacità profetica, dono battesimale riconosciuto e accolto, di un uomo che ha vissuto cosciente della propria vocazione e della necessità di rispondere alle domande sempre nuove del momento e delle persone incontrate.

Solo come esempio di questo atteggiamento rileggiamo alcune parole tratte dalla lettera del giugno 1912 (giusto cento anni fa!) inviata ai familiari in occasione della prima messa:

> Da parte mia senza alcun merito Gesù ha eletto la mia anima per essere suo Sposo. Cinque anni fa, Lui concluse con me un'alleanza eterna e nel giorno della mia professione, diventai Suo Sposo per l'eternità. Ma incoraggiato dall'Amore di Dio, chiedevo a Gesù un privilegio ancora più grande; dal giorno in cui pronunciai i 3 voti, non ho sognato allora altra felicità che essere unto a sacerdote del

> mio Dio. E ora, è sceso in me Gesù, lo Spirito Santo, e Lui ha impresso nella mia anima il segno del sacerdozio e alla mia parola ha comunicato la sua creativa onnipotenza.[4]

Queste parole esprimono un elemento essenziale della spiritualità di p. Lorenzo: il profondo convincimento, confermato e verificato nel corso della vita, di essere unito al Signore Gesù, e in lui alla Trinità, con un vincolo che nasce da Dio stesso: è Cristo che stabilisce «un'alleanza eterna» e la fa crescere grazie alla risposta quotidiana e fedele del giovane frate, poi sacerdote, fino al compimento dei suoi giorni.

P. Lorenzo sa bene di essere uno strumento attivo nelle mani del Signore, un suo collaboratore e coprotagonista nell'opera di evangelizzazione: «alla mia parola ha comunicato la sua creativa onnipotenza».

La chiara consapevolezza della propria vocazione torna più volte negli scritti di p. Lorenzo, si veda in proposito la circolare alle suore del febbraio 1943, in cui scriveva: «Abbiamo avuto una vocazione, cioè una vera chiamata del Signore? Il vostro Assistente ricorda la sua: fu talmente chiara, impellente che di essa non può dubitarne»[5].

Qual è il fondamento di questa relazione che, senza timore di esagerare o di sbagliare, possiamo chiamare di innamoramento riconosciuto, accolto e fatto crescere nella fedeltà del quotidiano? Senza dubbio la consapevolezza che Dio è Amore, che crea, chiama, accoglie, perdona e riaccoglie le creature che lo accettano con umile fiducia. Così scriveva in una lettera circolare alle suore in occasione della Pasqua del 1960:

> Mistero di fede! Mistero di Amore, amore, amore soprannaturale, che penetra nel profondo del cuore, nelle anime di coloro che sinceramente desiderano seguire Gesù nella vita misteriosa dello Spirito. L'amore spirituale p come un'ardente fiaccola che dà calore, vita e speranza di poter un giorno dissetarci nell'Oceano dell'amore infinito che è Dio. O mie buone Suore, abbiamo indossato il sacro abito religioso per entrare nella piccola, ma ascendente via dell'amore.[6]

Non è difficile avvertire anche in queste parole l'influenza di santa Teresa di Gesù Bambino, amata e studiata da p. Lorenzo con passione per tutta la vita. Dalla frequentazione degli scritti della Santa il nostro

---

[4] S. Marinella, Archivio Postulazione, L. VAN DEN EERENBEEMT, *Lettera ai familiari* (6 giugno 1912), in C. TADA, *P. Lorenzo van den Eerenbeemt...*, 370 (trascrivo, in questo caso con qualche correzione).

[5] S. Marinella, Archivio Postulazione, Circolare febbraio 1943, in *ibid.*, 396-403: 397.

[6] S. Marinella, Archivio Postulazione, Circolare Pasqua 1960, in *ibid.*, 430-431: 431. Si veda anche la circolare dell'aprile 1949, sul tema della "Carità" (in *ibid.*, 428-430).

sacerdote carmelitano trasse anche motivo di conferma per la visione antropologica equilibrata e ottimista ed il conseguente rifiuto di quella rigorista e pessimista ancora assai diffusa negli ambienti religiosi ed ecclesiali della prima metà del XX secolo.

Un'ulteriore specificazione, del tutto in linea con la spiritualità del tempo, di tale amore divino è data dalla devozione al Sacro Cuore di Gesù, compreso come il centro attivo della misericordia che si fa accoglienza libera e sanante della miseria umana per risuscitarla a vita nuova.[7] In modo analogo si può dire della considerazione sacrificale e profondamente misterica dell'Eucaristia, da adorare certamente, ma soprattutto di cui essere nutriti ogni giorno, anche se non emerge più di tanto la dimensione comunitaria della celebrazione.

Impegno e servizio per le sorelle e i fratelli

«Comunicare ai credenti il grande dono del Signore è la specifica missione del sacerdote»;[8] questa la convinzione profonda della propria vocazione sacerdotale a servizio della Chiesa e di ogni persona. P. Lorenzo tornò a parlarne con altre parole negli appunti personali, parlando del lazzarista p. Filippo Valentini, di cui era stato allievo nel seminario di Patrica: «A che servono i preti se non hanno lo zelo apostolico? Insensibilmente fin dalla giovinezza mi si è infiltrata nella mente la grandezza e la sublimità del sacerdozio».[9] D'altra parte la coscienza della vocazione ricevuta e accolta restò sempre viva in lui, benché maturata e mutata con il trascorrere degli anni: «Credo nel mio sacerdozio. Ricordo il profondissimo movimento nella mia anima il giorno, o meglio i giorni della mia ordinazione sacerdotale, giorni di gioia intima che non ritornano più...».[10]

Per circa trent'anni, p. Lorenzo è stato impegnato in prima fila nel servizio pastorale come vicario curato della chiesa di Santa Maria delle Vittorie e poi, dal 1949 fino al 1953 come parroco della stessa dedicata ormai a Santa Maria del Carmelo. Il suo servizio non si limitò però al servizio parrocchiale; egli fu anche formatore di carmelitani e di suore accanto a Madre Crocifissa, fu direttore spirituale di presbiteri e chierici,

---

[7] Cfr S. Marinella, Archivio della Postulazione, Circolare senza data, in *ibid.*, 403-405.

[8] S. Marinella, Archivio della Postulazione, Circolare 15 ottobre 1968, in *ibid.*, 426-427: 426.

[9] S. Marinella, Archivio della Postulazione, L. VAN DEN EERENBEEMT, *Appunti della mia vita*, 18, in *ibid.*, 103.

[10] S. Marinella, Archivio della Postulazione, L. VAN DEN EERENBEEMT, *Appunti intimi, strettamente privato*, 24, in *ibid.*, 85.

di laici e di giovani accompagnati nel discernimento vocazionale. Percepì l'impegno pastorale come mezzo essenziale per rispondere alla chiamata e collaborare in prima persona a edificare la comunità cristiana.

La formazione ricevuta nei Paesi Bassi aveva fatto maturare in lui l'ansia e l'apertura all'esigenza missionaria, che l'incontro e la frequentazione degli scritti di santa Teresa di Gesù Bambino contribuirono a confermare e accrescere. Il desiderio di partire verso popoli lontani in attesa di ricevere l'annuncio evangelico, benché sempre frustrato da diverse circostanze, non lo abbandonò mai. Tanto che al termine della vita affermava:

> Colui che scrive ora queste righe, in quel tempo segretario delle Missioni del Carmelo, aveva nel suo animo una pena per non poter anche lui sorpassare l'oceano, e andare con tanti suoi confratelli, nelle Indie Olandesi dove un miscuglio di popoli asiatici di molteplici favelle, aspettavano l'aiuto degli operai della grande Vigna Divina. Non gli fu dato di poter partire, ma quando sentiva i lamenti dei Missionari che non trovavano Suore adatte per i loro lavori missionari, Suore che comprendessero le loro necessità spirituali ed anche materiali, fu assillato da un pensiero che non gli dette più pace: bisognava trovare un terz'Ordine che fosse missionario.[11]

L'ansia missionaria si tradusse in numerosi altri modi: dalla fondazione stessa delle suore carmelitane al tentativo di creare un ramo maschile della congregazione, dal sostegno alle missioni con conferenze, raccolte di fondi e mostre fino alla corrispondenza mantenuta con missionari carmelitani e diocesani.

È interessante anche la lettera inviata da p. Lorenzo al capitolo generale dei carmelitani nel 1925, nella quale proponeva di organizzare i futuri sforzi missionari dell'ordine, formando personale idoneo in un convento apposito diretto da un Delegato per le missioni; inoltre pensava anche alla possibile collaborazione con le suore appena fondate.[12]

La cura pastorale dei fedeli si tradusse anche in servizio al loro progresso umano e spirituale. È una costante delle testimonianze su p. Lorenzo il racconto della sua cura amorevole per la formazione culturale dei giovani e delle ragazze, nonché delle stesse suore. Un'attenzione umile e attenta, capace di guidare con delicata fermezza le persone alla scoperta dei doni ricevuti e della loro applicazione. La preparazione

---

[11] S. Marinella, Archivio Postulazione, Circolare luglio 1947, in *ibid.*, 411-413: 412.

[12] Cfr. S. Marinella, Archivio Postulazione, Lettera al Capitolo Generale (Roma, 30 settembre 1925), in *ibid.*, 386-387.

culturale ricevuta e acquisita nel tempo, soprattutto nel campo biblico, linguistico, teologico e spirituale non divenne per lui una torre d'avorio inaccessibile, ma la fonte di un'intelligente azione di promozione umana, i cui effetti si sentono a Santa Marinella in pratica ancor oggi. L'umiltà e la disponibilità per gli altri, la sensibilità e la capacità di leggere la realtà e i segni del tempo lo hanno sostenuto e guidato nel discernimento e nella pedagogia, facendone un maestro di vita prima ancora che un comunicatore di contenuti.

Tutto questo non toglie che si potrebbe discutere sulla capacità di leggere con precisione fatti e persone: alcuni episodi o momenti della sua vita inducono a pensare a possibili ingenuità di fronte a collaboratori o a personaggi poi rivelatisi inaffidabili,[13] oppure a prospettive politiche non del tutto evangeliche,[14] o ancora a facili speranze poi manifestatesi senza fondamento.[15] D'altra parte essere uomini dello Spirito non vuol dire essere perfetti o immuni da limiti ed errori.

Le fonti della sua vita spirituale

Fermiamoci invece a domandarci da dove gli veniva tutto ciò? In quale terreno affondavano le radici i suoi sentimenti e il suo cammino spirituale? Elenchiamo rapidamente le fonti principali di tale vissuto.

A) *Parola di Dio.* P. Lorenzo aveva conseguito il dottorato in Teologia presso la Pontificia Università Gregoriana e proseguito gli studi presso il Pontificio Istituto Biblico, fino a ricevere la Licenza in Sacra Scrittura. L'ottima preparazione, però, non si fermò a un livello puramente accademico. La frequentazione, anche critica e scientifica, della Sacra Pagina, dei testi dei Padri, dei teologi e del Magistero divennero nutrimento per la vita e contenuto della predicazione e dell'annuncio. L'attenzione alla catechesi e alla

[13] Si pensi al caro Dello Russo (cfr. S. Marinella, Archivio della Postulazione, L. VAN DEN EERENBEEMT, *Appunti intimi*, 13; 17-19 e *Lettera di P. Lorenzo all'avvocato Antonio Carbone*, in C. TADA, *P. Lorenzo...*, 423-424).

[14] A tal proposito va discusso l'appoggio incondizionato ed entusiasta di p. Lorenzo al Fascismo, testimoniato in vari punti dei suoi scritti, oppure l'atteggiamento critico nei confronti del risultato delle elezioni amministrative del 1952 (cfr S. Marinella, Archivio della Postulazione, L. VAN DEN EERENBEEMT, *Appunti intimi*, 14-15).

[15] In particolare mi riferisco all'aspirazione, evidentemente mai abbandonata nonostante le ripetute ovvie smentite ricevute dai fatti, di essere nominato vescovo se non addirittura di essere eletto papa, stando a una presunta indicazione di Madre Crocifissa in tal senso (cfr S. Marinella, Archivio della Postulazione, L. VAN DEN EERENBEEMT, *Appunti intimi*, passim). Un esempio inequivocabile di percezione distorta, o perlomeno illusoria della realtà.

predicazione, sia in chiesa che alle suore, la formazione e l'accompagnamento spirituale dei giovani trovarono nella conoscenza e nell'"esperienza" della Parola di Dio il fondamento essenziale e irrinunciabile. Un lavoro possibile sarebbe quello di rintracciare tutte le citazioni dirette o indirette, le allusioni e le reminiscenze bibliche negli scritti, per non parlare delle traduzioni di alcuni libri sacri intraprese nel corso degli anni.

B) *Preghiera*. La vita interiore di p. Lorenzo si nutriva di meditazione e lettura della Bibbia non meno che della preghiera liturgica e della celebrazione dell'Eucaristia. Fu altrettanto affezionato alle devozioni, come il Rosario o il Sacro Cuore. Diverse testimonianze lo ricordano immerso nella recita del breviario o concentrato sulla Bibbia. Nella migliore tradizione carmelitana, la preghiera era per lui un rapporto intimo, una relazione amichevole e filiale con il Signore. Non mancano in tal senso richiami agli insegnamenti provenienti dalla Riforma di Touraine, abbastanza ovvi in considerazione della formazione ricevuta in Olanda e della grande influenza esercitata dai maestri spirituali di quella riforma sull'ordine carmelitano della fine del XIX e la prima metà del XX secolo, impegnato nella ricostruzione delle proprie strutture, nell'espansione missionaria e principalmente nella formazione spirituale delle giovani generazioni.[16]

C) *Marianità*. La devozione a Maria accompagnò p. Lorenzo per l'intera esistenza e fu letto come un segno anche la coincidenza del giorno della morte, il 7 ottobre 1977, con la festa della Madonna del Rosario. P. Lorenzo vedeva in Maria la donna evangelica, umile e aperta alla parola/volontà di Dio. La formazione biblica lo rese assai aperto a considerare la Vergine così come ce la presenta il Nuovo Testamento, benché non fosse alieno dall'utilizzare lo stile di predicazione allora comune, più attento ai privilegi e alle peculiarità mariane. Da un primo esame dei testi pubblicati sembrano emergere soprattutto il legame con Cristo, più ancora che con la Chiesa, e l'enfasi sullo Scapolare, compreso però anche come mezzo di evangelizzazione. L'amore per Maria emerge anche dalle composizioni poetiche. Quattro sono di tema espressamente mariano: *L'Annunciazione* del 22 novembre 1936,[17] *Im-*

---

[16] Basti pensare che nel 1940 vedeva la luce il *Directorium Carmelitanum vitae spiritualis*, del p. Giovanni della Croce Brenninger, vera summa di quanto derivato dagli insegnamenti della tradizione rielaborata e nuovamente espressa nel corso degli ultimi decenni.

[17] Cfr C. TADA (a cura di), *P. Lorenzo, il sacerdote e il poeta*, Congregazione delle

macolata! dell'8 dicembre dello stesso anno,[18] i sonetti *Maria!* del 12 settembre 1958[19] e *Sole di Maggio* del maggio 1959[20]. Inoltre in varie altre composizioni ci sono strofe e versi con riferimenti mariani. Dall'esame di queste poesie emergono alcuni aspetti interessanti per la spiritualità mariana di p. Lorenzo. Innanzitutto la preferenza per alcune tematiche care alla tradizione carmelitana, come l'Annunciazione che rinvia all'ascolto accogliente, libero e verginale della Parola di Dio, l'Immacolata, altro nome della Vergine purissima, la bellezza di Maria che attrae e guida a cercare, incontrare e unirsi alla Bellezza divina, la protezione e la compagnia della Madre e Sorella. Troviamo una testimonianza di tale prossimità nella poesia *Il miracolo della Vergine de los Reyes*,[21] a Maria viene attribuita la vittoria sui "Rossi" a Siviglia nell'agosto 1936. In questo caso siamo anche di fronte a un chiaro esempio delle simpatie politiche di p. Lorenzo, di certo non critico nei confronti del fascismo, ma non per questo disattento ai problemi sociali e delle persone più disagiate. Va infine ricordato che p. Lorenzo compose anche la musica per il *Flos Carmeli*.

D) *Carmelo*. Abbiamo già più volte accennato alle radici carmelitane di p. Lorenzo. Di certo egli fu e rimase sempre carmelitano, anche durante i lunghi anni di esclaustrazione e secolarizzazione, accettata per giustizia nei confronti delle suore.[22] A riprova di ciò resta la ricca corrispondenza mantenuta da p. Lorenzo con diversi confratelli della Curia generale e di varie province.[23] Egli inoltre si adoperò perché la parrocchia del Carmelo fosse affidata ai Carmelitani e fu grande la sua gioia quando, nel 1950, poté passare le consegne al nuovo parroco, p. Nazareno Mauri. Pertanto, quando nel settembre 1968 il Priore generale, p. Kilian Healy, con il con-

---

Suore Carmelitane Missionarie di Santa Teresa del Bambino Gesù, Santa Marinella 2011, 75-79: «Pia meditazione, in quartine in endecasillabi a rima ABAB».

[18] Cfr. *ibid.*, 80-85: «Inno sacro a strofe settimine a versi settenari con rima abcbdde con l'ultimo verso tronco».

[19] Cfr. *ibid.*, 86: «Sonetto libero a rima ABAB CDCD EFE FEF».

[20] Cfr. *ibid.*, 87: «Sonetto libero a rima ABAB ABAB CDC DCD».

[21] Cfr. *ibid.*, 71-74, fu scritta il 16 novembre del 1936 e con questa nota: «cfr *la Voce d'Italia*, Torino, 7 settembre 1936. Ode lunga in endecasillabi con strofe polistiche».

[22] Cfr S. Marinella, Archivio Postulazione, L. VAN DEN EERENBEEMT, Lettera al Priore generale p. Ilario Doswald, 1 agosto 1946, cit. in *ibid.*, 328.

[23] A tal proposito è interessante anche scorrere il registro, nel quale p. Lorenzo annotava tutta la propria corrispondenza, talvolta copiandone per intero il contenuto delle lettere.

senso unanime del suo Consiglio lo riammise nell'ordine ricevendone la professione l'anno successivo, il 5 ottobre 1969, p. Lorenzo visse uno dei momenti di maggiore gioia della sua vita. Lo spirito carmelitano emerge in più momenti dagli scritti come dalle testimonianze e quasi sempre è posto da p. Lorenzo in forte connessione con la dimensione missionaria. Ancora una volta va sottolineato il legame, spirituale ancor più che di semplice studio, con la santa di Lisieux: Teresa di Gesù Bambino fu per p. Lorenzo un fermo e continuo punto di riferimento teologico e spirituale; abbiamo già accennato all'antropologia teologica ottimista che si apre alla crescita personale interiore fino alla piena unione con Dio. Sarebbe da approfondire in maniera analitica e critica l'opera scritta di p. Lorenzo per riconoscervi i punti di contatto, i riferimenti diretti o indiretti, le ispirazioni derivati dalla conoscenza dell'opera teresiana. Per lui non c'era contrasto tra la dimensione orante e interiore e quella apostolica, missionaria: l'una dava sostanza all'altra e la seconda si alimentava della prima.

Conclusione

Per terminare, vorrei tornare a sottolineare ancora due aspetti: il nascondimento umile e consapevole della propria funzione di pastore e di padre spirituale, caratteristica del suo sacerdozio e in cui si può collocare anche la partecipazione alla fondazione delle Suore Carmelitane Missionarie di Santa Teresa di Gesù Bambino.

Inoltre, mi sembra importante la disponibilità generosa, al punto di lasciar da parte anche possibili e legittimi interessi personali, per dedicarsi alla realizzazione di un progetto che gli appariva come voluto da Dio. Anche i possibili errori di valutazione e di scelta, o certe ingenuità in alcune situazioni, possono essere compresi in questa prospettiva di apertura disponibile al disegno divino.

P. Lorenzo ci appare come una bella figura di carmelitano del XX secolo; invito caldamente le suore a offrirci una pubblicazione con tutti i suoi scritti, perché possiamo studiarli in dettaglio e con il loro aiuto ricevere un quadro più completo del profilo spirituale di p. Lorenzo, sacerdote carmelitano, animo missionario e padre spirituale.

PADRE LORENZO VAN DEN EERENBEEMT, PASTORE NELLA DIOCESI E NELLA VICARIA

Mons. Amleto Alfonsi*

Oltre all'invito, di cui ringrazio, il motivo della mia partecipazione a questo spazio a più voci nel contesto del I Convegno di studio - Un dono dello Spirito al Carmelo e alla chiesa trova ragione nel vincolo della comune appartenenza con Padre Lorenzo van den Eereebeemt al presbiterio di Porto-Santa Rufina.

Gli ultimi venti anni della sua vita quasi centenaria, hanno infatti coinciso con il primo ventennio del mio servizio diocesano. Circostanza per me gratificante e viva nella memoria, alla quale affido l'apporto che mi accingo a dare sul tema - "Padre Lorenzo, pastore nella diocesi di Porto-Santa Rufina e nella vicaria foranea di Santa Marinella".

Mi muoverò, pertanto, sulla traccia di ricordi personali, e su quanto di Padre Lorenzo è acquisito ormai nella storia della Diocesi; luogo teologico della sua multiforme fecondità di religioso carmelitano, di presbitero diocesano e, nuovamente religioso carmelitano. Ideale, quello del Carmelo, cui traendone alimento e sostegno, l'insieme di tutte le sue opere innestate nel tronco antico, temprato e rifiorito della chiesa portuense, e consegnate a noi in preziosa eredità.

---

* Mons. Amleto ALFONSI, nato Roma nel 1932, è stato ordinato sacerdote a La Storta nel 1958. Prelato d'Onore di Sua Santità dal 30 aprile 1990, è Canonico del Capitolo della Cattedrale, Economo Diocesano, Presidente Commissione Arte Sacra e Edilizia di Culto. È stato inoltre Cancelliere della Diocesi di Porto e S. Rufina per 20 anni (quando ormai P. Lorenzo aveva lasciato tutti gli incarichi nella Diocesi). Da settembre 2011 ricopre l'incarico di Canonico teologo nel Capitolo della Cattedrale delle diocesi portuense (ruolo vacante dal 1968: l'ultimo a ricoprirlo è stato il padre Lorenzo van den Eerenbeemt).

Incontrai per la prima volta Padre Lorenzo van den Eerenbeemt nei giorni del Sinodo Diocesano di Ostia, Porto e Santa Rufina, celebrato nella chiesa Cattedrale dei Sacri Cuori di Gesù e Maria a La Storta di Roma nei giorni 2-3-4 agosto del 1957. Potei assistervi, benché non ancora prete, per le marginali collaborazioni (trascrizione in dattilografia di testi, correzione di bozze, contatti con la tipografia...) prestate al Vicario, Generale, Mons. Tito Mancini, nella sua funzione di Promotore del Sinodo, e per eventuali piccoli servizi di ordine logistico che si fossero resi utili.

Visto da vicino

Fu lo stesso Vicario Generale presentarmi a Padre Lorenzo. Un incontro breve; solo un saluto, bastante tuttavia per raccogliere di lui l'impressione dell'uomo buono. Ricordo il suo sguardo che, sembrava posarsi, sostando sull'interlocutore. Sguardo, carico di attesa e di ascolto, e come venato di meraviglia e di stupore. Era il modo tutto suo, calmo, accogliente ed aperto nell'approccio con le persone, come avrei poi riscontrato negli anni successivi.

Notai, anche, la riverenza e la simpatia di cui era fatto oggetto in quel contesto - l'Assise, Sinodale -, e non solo dai confratelli partecipanti. Una scena, inizio anni sessanta, negli Uffici di Curia diocesana, che allora aveva sede nel Palazzo Apostolico della Dataria, in Roma, divenne in certo senso emblematica. Padre Lorenzo, dopo essersi intrattenuto con i sacerdoti presenti, si avviò con passo lento e un poco appesantito (l'età e qualche acciacco) verso la stanza del Cardinale Eugenio Tisserant.

Fu doppia meraviglia assistere a quell'incontro: l'inconsueta accoglienza dell'Eminentissimo Cardinale Vescovo, che gli si muoveva incontro, e la reciproca, trasparente gioia del ritrovarsi insieme. Al di la dei ruoli gerarchici e dell'essere coetanei (classe 1864), li sapevamo 'amici' e legati da consonanze sul piano della cultura di vastità enciclopedica, liberamente aperta all'alta visione del mondo, e dalla robusta spiritualità, nutrita del sentire universale della missione della Chiesa: il Prefetto della Sacra Congregazione per le Chiese Orientali, e il Missionario che ramifica la sua presenza nelle desiderate terre lontane attraverso la Congregazione delle Suore Carmelitane Missionarie di S.Teresa del Bambino Gesù, da lui promossa ed animata.

Nell'elenco ufficiale dei partecipanti a quella Assise figurava, per titoli e competenza, al terzo posto, dopo Mons. Pietro Villa, Vescovo Ausiliare e Arcidiacono del Capitolo della Cattedrale, e Mons. Tito Mancini, Vicario Generale, Promotore del Sinodo.

Era infatti membro del Capitolo del Canonici, al'interno del quale deteneva il prestigioso ufficio di Canonico teologo, Esaminatore prosinodale, Censore dei casi morali, Membro Segretario dell'Ufficio Catechistico diocesano fin dalla istituzione. Fu Convisitatore nella Visita pastorale indetta dall'Amministratore Apostolico, Mons. Luigi Martinelli, e, ancora, nella prima Visita Pastorale del Card. Tisserant, attestazioni queste, per la delicatezza del compito, di particolarissima fiducia, confermata dallo stesso eminentissimo Cardinale, che lo costituì Vicario della Forania di Santa Marinella.

Né mancò al suo *cursus honorum*, quale segno del superiore beneplacito, il titolo onorifico di Prelato domestico di Sua Santità.

Tra i protagonisti

La convocazione a Sinodo intendeva segnare una tappa di riflessione della chiesa portuense sul cammino ecclesiale nei 110 anni, trascorsi dall'ultimo Sinodo celebrato nel 1848 dal Cardinale Vescovo Vincenzo Macchi nella chiesa cattedrale di Civitavecchia, allora unita a Porto-Santa Rufina.

La scelta di quella sede non fu una semplice opzione, ma una obbiettiva necessità e il segno provato della situazione pesantemente penalizzante della chiesa portuense. "La più disagiata tra le diocesi suburbicarie", come ebbe ad annotare in una sua lettera pastorale il Cardinale Tisserant, priva come era dell'Episcopio e della stessa Cattedrale, con diffuse criticità sul piano organizzativo generale, oltre che nel numero e qualità delle strutture di culto e pastorale, rispetto alla configurazione del vasto territorio, per la gran parte in regime di latifondo.

Di quel cammino i richiamati 110 anni Padre Lorenzo, assieme ad altri dei 54 partecipanti, fu Protagonista per un lungo tratto: ben 34 anni, a partire da data di nomina a 'Vicario di N.S. delle Vittorie in Santa Marinella, che diventano 41 se si considera il servizio domenicale e festivo regolarmente officiato fin dal 1923, durante il periodo estivo nella stessa chiesetta di N.S. delle Vittorie.

Parroco

II suo primo approccio con la Diocesi di Porto-Santa Rufina — casuale per circostanze, ma doverosamente riferibile al misterioso operare della Provvidenza - risale dunque al 15 luglio 1923. Vestiva allora l'abito carmelitano e insegnava nel Collegio Internazionale 'S. Alberto' in Roma. Nonostante gli impegni della docenza, aveva assunto, su invito del Cardinale Vescovo Vincenzo Vannutelli e il permesso dei Superiori, l'incarico della Messa festiva in Santa Marinella, località Pirgus e Capolinaro.

La sua azione pastorale si rivela subito incisiva, fiorisce e porta frutto. La *'chiesina'* di Santa Maria delle Vittorie, ormai riferimento naturale "per le celebrazioni di culto e per l'assistenza spirituale, viene eretta in Vicaria Curata. Ne assume la cura Padre Lorenzo; la cui nomina a Curato è preceduta dal Decreto vescovile di incardinazione con la formula *pure et simpliciter* tra clero della Diocesi. Il nuovo stato giuridico del Vicario assicurava, sia la stabilita del servizio pastorale,' Che l'obbligo della residenza, configurando e precisando l'avvenuta *'Implantatio eclesiae'*. Era il 1930.

La nuova comunità cresceva con l'entusiasmo dei pionieri sotto la guida sapiente, dotta e semplice del pastore zelante. La conoscenza personale dei fedeli, delle loro famiglie, del contesto ambientale e civico; fa ricercata collaborazione delle *sue* Suore, preziosa nella pastorale per il mondo femminile e per la catechesi del fanciulli; la capacità nel saper coinvolgere i fedeli; l'accoglimento puntuale delle indicazioni del Governo diocesano, furono i segreti del suo metodo pastorale.

Nel 1949, migliorato l'assetto organizzativo della comunità, e quello logistico e funzionale con l'ampliamento della chiesa, la provvista della casa canonica e di un minimo di strutture, la Vicaria venne elevata a Parrocchia sotto il titolo della Beata Vergine del Carmelo dal Cardinale Eugenio Tisserant affidandone la cura allo stesso Padre Lorenzo, che la tenne fino al 1953.

Con i confratelli sacerdoti

In una lettura attenta della storia diocesana sembra di poter cogliere gli inizi degli anni 30 come punto di svolta del suo salire nel tempo e del suo aprirsi a prospettive della fioritura, che perdura nell'oggi non priva di problemi tra orizzonti di speranza.

Sono gli anni del grande impegno per la catechesi, delle associazioni maschili e femminili, delle confraternite, delle missioni popolari, della nascita di nuove parrocchie e di centri di assistenza spirituale e di culto, con strutture minime ma efficienti, disseminate a presidio del vastissimo territorio diocesano. Tanta vitalità, di cui anche padre Lorenzo - si è detto - fu tra i protagonista, troverà il suo culmine e centro nella costruzione della Chiesa Cattedrale a La Storta di Roma, evento di significato storico munifico lascito del Cardinale Tisserant, che la volle ornata del Capitolo dei canonici. In seno al quale Padre Lorenzo, per la riconosciuta competenza nelle scienze teologiche e bibliche, ebbe l'*Ufficio di Canonico Teologo.*

In quella veste, oltre al servizio della predicazione in determinati tempi e ricorrenze nella chiesa Cattedrale, assolse magistralmente la funzione di moderatore - epitomatore nella soluzione dei cosiddetti casi morali in occasione delle Conferenze generali del Clero, presso la Cattedrale. Si trattava in realtà di piccole tesi {dogmatica, morale, liturgia - e/o - diritto, sacra scrittura) impegnative per, le tematiche proposte, da sviluppare alla presenza- del Cardinale e del presbiterio al completo.

Chi lo vide gestire quegli incontri ricorda la delicatezza degli interventi di Padre Lorenzo nel chiosare le singole esposizioni, nel rilevarne con vero compiacimento i passaggi e le argomentazioni più significative, traendone spunto, nel suggerire sull'argomento, considerazioni, ed aperture sempre stimolanti. Dove però, dava il meglio della sua ricca umanità, era quando la dissertazione trasbordava le righe. Non dava il senso di voter correggere, ma ricostruiva con fine metodo didattico in una parvenza di ampliamento tematico la correttezza dell'esposizione. Anche per questo era nella massima stima del clero.

Di non minore importanza fu l'aiuto dato ai Confratelli Sacerdoti nell'assolvimento dell'Ufficio di *Vicario foraneo* di Santa Marinella, protrattosi dal 1948 at 1966. Era suo compito vigilare sull'andamento sereno della vita delle parrocchie ricadenti nel territorio di competenza, sulla collaborazione tra sacerdoti della Vicaria, sugli incontri mensili di spiritualità e di aggiornamento, su iniziative interparrocchiali. Per competenza specifica era chiamato ad intervenire, con l'autorità vescovile delegata all'Ufficio, in particolari casi, anche eventualmente attinenti la disciplina. Non si è mai avuta eco di interventi o di mediazioni che l'abbiano impegnato nell'autorevolezza della sua funzione di Vicario. Si sapeva, invece, del suo farsi vicino ai sacerdoti, come fratello a fratello, raccogliendo spesso le confessioni, rendendosi disponibile nel consiglio e nella direzione spirituale. Lo si riconosceva per quello che effettivamente era, uomo buono, guida sapiente.

Congedo

II mio ultimo ricordo di Padre Lorenzo è racchiuso nell'insieme dei sentimenti provati in occasione di una visita, l'ultima, che potei rendergli non molto tempo prima che si consumassero i suoi giorni. Visita da lui forse non avvertita, ma che io rivissi, carica di emozione, nell'apprendere la notizia della sua morte e, poi, durante i funerali. Rivedo, ancora oggi, Padre Lorenzo, nella accentuata penombra della sua stanza, che in un quasi contrasto artificioso di luci, lasciava solo visibili i segni affaticati del suo volto.

Sembrava assopito. Più verosimilmente, era immerso in pensieri ed orizzonti di 'altrove' - il Carmelo, la Santa Montagna -, o forse assorto in preghiera. Una preghiera, quale sapeva essere la sua. Non rimasi sorpreso, quando, nella Omelia dell'Acivescovo-Vescovo diocesano, Mons. Andrea Pangrazio, riecheggiarono le parole *contemplazione e mistica,* quali tratti della spiritualità di Padre Lorenzo.

Era quella la preghiera, cui avevo assistito e in qualche modo partecipato. Mentre nei brevi momenti di quella visita ripercorrevo mentalmente i segmentati tratti della sua lineare e ricca esistenza: la preziosa operosità ministeriale in cura d'anime e tra il clero diocesano; la sua elevata cultura, l'enciclopedica erudizione e il tratto umano, tutto premura ed accoglienza; la Congregazione delle Suore Carmelitane Missionarie di Santa Teresa del Bambino Gesù, lascito prezioso del suo animo missionario. E finalmente e definitivamente l'abito carmelitano, corona e sigillo della sua generosa donazione a Dio e alle anime.

IL RAPPORTO TRA P. LORENZO E LA BEATA MARIA CROCIFISSA

P. Nazareno Maria Mauri, O.Carm.*

Padre Lorenzo van den Eerenbeemt è stato il Fondatore della Congregazione delle Suore Carmelitane Missionarie di S. Teresa del Bambino Gesù, insieme alla Beata Maria Crocifissa Curcio. Egli è stato anche il pioniere spirituale e culturale della Zona Pirgus e di Capo Linaro di Santa Marinella, come anche primo Parroco della Parrocchia della B.V. Maria del Monte Carmelo in Santa Marinella.

È stato un Missionario nello spirito, non avendo potuto esserlo nella realtà, come avrebbe voluto quando la sua Provincia Olandese iniziò la fiorente Missione d'Indonesia nel 1922.

In compenso Padre Lorenzo, essendo un uomo di fede, con la sua preghiera, pazienza e perseveranza è riuscito a fondare un Istituto Missionario: la "Congregazione delle Suore Carmelitane Missionarie di S. Teresa del Bambino Gesù", Patrona delle Missioni insieme a S.

[1*] P. Nazareno Maria MAURI, O.Carm., (al secolo Michele) è nato a Vallecorsa (FR) l'8 Aprile 1920. È entrato nel Carmelo nell'Ottobre 1932, emettendo la Professione Semplice il 1° Ottobre 1936 e la Professione Solenne il 22 Aprile 1942. È stato ordinato Sacerdote il 10 aprile 1943. Non pochi incarichi ricoperti, sono stati gli stessi che ha avuto padre Lorenzo. Padre Nazareno è stato Vice Parroco a S. Maria in Traspontina negli anni 1946-1949 e 1967-1970. Parroco alla B. Maria V. del Monte Carmelo a S. Marinella dal 1954 al 1961 e a S. Maria Regina Mundi in Roma dal 1970 al 1974. È stato Priore del Collegio Internazionale S. Alberto in Roma dal 1961 al 1965. Ha lavorato come aiutante nell'Ufficio Corrispondenza del Santo Padre nella Segreteria di Stato del Vaticano dal 1967 al 1970. È stato Missionario nel Congo (ex Congo Belga) dal 1975 al 2003 e nel Camerun dal 2003 al 2007. Ha conseguito la Licenza in Teologia alla Pontificia Università Gregoriana nel 1944 e la Licenza in Sacra Scrittura al Pontificio Istituto Biblico in Roma nel 1947. Ha insegnato Sacra Scrittura e Lingue Bibliche al Collegio Internazionale Sant'Alberto dal 1959 al 1966 e nei Seminari Maggiori di Bunia e di Butembo (Congo-Kinshasa) dal 1980 al 2003. Attualmente è Rettore della Chiesa del Carmine a Forlì (FC).

Francesco Saverio a partire dal 3 luglio 1925. Per la realizzazione di questo suo ideale, tramite Padre Alberto Grammatico ex-Priore Provinciale della Sicilia, poi Professore al Collegio Internazionale S. Alberto in Roma, Padre Lorenzo poté incontrare la B. Maria Crocifissa Curcio, la quale aspirava alla fondazione di una Congregazione di Terziarie Carmelitane Regolari per l'educazione e l'assistenza di giovinette povere. Così, dopo un nutrito carteggio dalla metà del 1924, iniziò una stretta e diretta collaborazione, a partire dalla Canonizzazione di S. Teresa del Bambino Gesù nel maggio 1925, che portò alla fondazione della Congregazione delle Suore Carmelitane Missionarie di S. Teresa del Bambino Gesù.

Questa collaborazione profondamente sentita del fondatore Padre Lorenzo e della confondatrice Suor Maria Crocifissa ha portato a dare alla Congregazione delle Suore Carmelitane Missionarie di S. Teresa del Bambino Gesù un carisma missionario e caritativo permeato dalla spiritualità carmelitana.

La fondazione di Padre Lorenzo e di Sr Maria Crocifissa ricevette l'approvazione diocesana il 13 aprile 1930 dal Card. Tommaso Pio Boggiani, Vescovo di Porto-S. Rufina e l'approvazione pontificia nel 1963.

Questa sommaria presentazione della fondazione della Congregazione delle Suore Carmelitane Missionarie di S. Teresa del Bambino Gesù vuole essere il fondamento storico e spirituale del mio intervento, caratterizzato soprattutto dalla mia esperienza spirituale, maturata nella mia presenza a Santa Marinella dal 19 Ottobre 1952 al 7 Ottobre 1961.

Ho incontrato per la prima volta P. Lorenzo a S. Maria in Traspontina, ove ero Vice-Parroco, nella primavera del 1949. Era venuto per parlare con P. Provinciale del progetto di affidare alla Provincia Romana dei Padri Carmelitani la nascente Parrocchia della B. V. Maria del Monte Carmelo in S. Marinella, di cui lui è stato il primo Parroco. Io lo ascoltavo, ma con un certo distacco, pensando che non sarei stato certamente io il Parroco, in quanto, conseguita la Licenza in Sacra Scrittura al Biblico e iniziata qualche ricerca sulla tesi di Laurea, sognavo una vita di ricerca e di insegnamento. Ma il Signore aveva altri disegni. Invece dell'insegnamento di Sacra Scrittura eventualmente al Sant'Alberto, fui trasferito al Marianato di Jesi per insegnare Italiano e Greco. E, dopo 3 anni, fui destinato proprio io alla erigenda Comunità Carmelitana di S. Marinella, come Parroco successore di P. Lorenzo.

Poco dopo il primo incontro, con P. Lorenzo in S. Maria in Traspontina, ebbi l'occasione di venire per una breve visita a S. Marinella e fui accolto da P. Lorenzo e dalla B. Maria Crocifissa, pranzando insieme a P. Lorenzo, mentre la Beata Madre ci faceva compagnia.

Lasciato il Marianato di Jesi, mi trasferii a S. Marinella la sera del 19 Ottobre 1952, nella casetta parrocchiale vicina alla Chiesa ove, per motivi di salute, viveva già il compianto P. Anastasio Lucangeli.

La Comunità Carmelitana maschile fu istituita ufficialmente l'11 Febbraio 1953, con l'aggiunta dei compianti P. Serafino Lorenzoni, che, anche lui, vi era stato qualche tempo prima per motivi di salute, e di Fra Valentino Fiasco, umile e laborioso Fratello Converso, che vi è rimasto fino alla morte, il 2 Giugno 2004.

Fino alla costituzione della Comunità, per i pasti P. Anastasio e io eravamo ospiti delle Suore Carmelitane e di P. Lorenzo nella loro Casa Madre.

Quando la B. Maria Crocifissa, allora Madre Generale, era nella Casa Madre, Ella, che già aveva consumato il suo frugale pasto, veniva a farci compagnia durante il pranzo. La Madre ci spronava a mangiare e si intratteneva con noi parlando generalmente dei problemi della piccola Parrocchia, che contava allora circa 600 anime, e degli avvenimenti della Chiesa. La Beata Madre esprimeva i suoi giudizi con molta schiettezza e semplicità, rivelando una spontaneità tipicamente femminile e un grande amore per la Chiesa.

Anche prima del mio insediamento ufficiale come Parroco, Padre Lorenzo mi lasciò svolgere interamente e liberamente l'attività parrocchiale. Mi consigliava, mi incoraggiava, complimentandosi di qualche buon risultato e dell' accoglienza affettuosa della popolazione. Da parte mia non mancavo di chiedergli dei consigli e spesso mi confessavo da lui.

Dal 1956 fino al mio trasferimento al Collegio Internazionale di S. Alberto in Roma, il 7 Ottobre 1961, fui Confessore delle Novizie. Mi recavo nella Cappella delle Suore una volta alla settimana per le confessioni alle 2,30 del pomeriggio. Molto spesso vi trovavo la venerata Madre Maria Crocifissa in adorazione al SS.mo Sacramento, che usciva dalla cappella al mio arrivo. Insieme alla sua grande devozione alla SS.ma Eucaristia, la Madre mostrava una filiale devozione alla Madonna e a San Giuseppe e soprattutto una grande devozione a Gesù Crocifisso, come dimostra anche il nome di Religiosa e il fervore e la gioia nel giorno del suo Onomastico, il 3 Maggio, in cui allora si celebrava la Festa della Esaltazione della Santa Croce, mentre il 14 Settembre si celebrava il Ritrovamento della Santa Croce.

Anche la B. Maria Crocifissa, nel suo spirito di fede e di perseveranza, è riuscita nel suo grande ideale, nonostante le numerose e grandi difficoltà, di diventare Religiosa Carmelitana e di vedere realizzata la fondazione della Congregazione delle Suore Carmelitane Missionarie di Santa Teresa del Bambino Gesù.

P. Lorenzo è stato la guida spirituale della Beata e della Congregazione. Partendo dalla Canonizzazione di S. Teresa del Bambino Gesù e dalla scelta di Santa Marinella come luogo della fondazione, tutta la vita della Beata e della Congregazione ha beneficiato della sapiente ed efficace guida di Padre Lorenzo. L'affiliazione al Carmelo, la redazione delle Costituzioni, l'approvazione diocesana (1930) e pontificia (1963), la direzione spirituale e la formazione religiosa e culturale delle Religiose e delle giovani Postulanti, Novizie e Neo-Professe portano tutte l'impronta spirituale di Padre Lorenzo.

La collaborazione della Beata Maria Crocifissa con il fondatore Padre Lorenzo è stata caratterizzata da una grande comunione di intenti e di spirito nell'infondere nella Congregazione la spiritualità evangelica e carmelitana e lo slancio missionario, che hanno portato alla meravigliosa espansione della nascente e fiorente Congregazione.

In base alla mia esperienza personale io configurerei questa collaborazione, diciamo pure questa amicizia spirituale, fatte le debite proporzioni, con quella, modello, di San Francesco di Sales e di S. Giovanna Francesca de Chantal. Ho sempre constatato una grande ammirevole sintonia d'intenti, una stima e fiducia reciproca un comportamento reciproco affettuoso, rispettoso, dignitoso, distaccato, esemplare. Per Padre Lorenzo la Beata era la Madre Generale; per la Beata Madre Padre Lorenzo era il fondatore, l'ispiratore e Padre spirituale. La commozione di Padre Lorenzo alla morte della Beata Maria Crocifissa è una testimonianza molto significativa di questa amicizia spirituale.

Ovviamente anche io ero presente al pio transito e al funerale della Beata Maria Crocifissa e potei vedere l'affetto e il compianto generale verso la Venerata Madre.

La necessaria, costante presenza di Padre Lorenzo a fianco della B. Maria Crocifissa e l'intenso e indefesso impegno di Padre Lorenzo per la Congregazione delle Suore Carmelitane di S. Teresa del Bambino Gesù fin dal 1925, dapprima accordata sia dai Superiori Religiosi sia dai Superiori Ecclesiastici, doveva inevitabilmente creare un caso canonico, quello dell'impossibilità, per il Padre, di poter restare ulteriormente fuori dal Convento, per cui egli si è trovato di fronte al dilemma o di uscire dall'Ordine, a cui era tanto affezionato, o di abbandonare la Congregazione, alla quale egli era ugualmente tanto legato e che soprattutto, oltre ad esserne il Fondatore, aveva ancora tanto bisogno di lui. Così, anche consigliato dall'Eminentissimo Vescovo di Porto-S. Rufina e dal Padre Generale dei Carmelitani, fu costretto, con suo profondo sincero rammarico, all'esclaustrazione, sicuro che non sarebbe stata definitiva, come fu in effetti con la riammissione nell'Ordine Carmelitano il 5 Ottobre 1969.

Però, senza pericolo di retorica possiamo dire che in Padre Lorenzo, sotto la sottana del Prete e il rocchetto del Monsignore, permaneva il Carmelitano.

L'esclaustrazione fu per Padre Lorenzo un vero trauma. Con chiunque parlava esprimeva il suo rammarico e la speranza di poter rientrare nell'Ordine. Me ne parlava spesso e me ne diceva la giustificazione, quella della necessità ineludibile che la Beata Confondatrice e la nascente Congregazione delle Suore avevano della sua presenza, soprattutto per l'assistenza spirituale e la sua competente consulenza nei momenti determinanti della Congregazione. Un altro profondo rammarico, anche se minore del precedente, lo affliggeva e me ne parlava spesso, quello dell'ingratitudine (non per motivo materiale, ma spirituale) di alcune persone, che lui aveva beneficato anche economicamente.

Questo breve accenno alla generosità di Padre Lorenzo si richiama al precetto evangelico della carità.

Considerando la vita di Padre Lorenzo viene spontaneo attribuirgli le parole di Gesù: «Il buon pastore dà la propria vita per le pecore» (Gv 10,11) e quelle con cui S. Pietro sintetizza il ministero pubblico di Gesù nella casa del centurione Cornelio a Cesarea: «Il quale (Gesù Cristo) passò beneficando» (At 10,38).

Questo accostamento del discepolo (Padre Lorenzo) al Maestro (Gesù Cristo) è doveroso farlo, quando si pensa al sacrificio che Padre Lorenzo doveva fare quando a digiuno per quasi l'intera giornata veniva da Ladispoli a Santa Marinella per celebrare la S. Messa nella Chiesa di Nostra Signora delle Vittorie, poi denominata della B. V. Maria del Monte Carmelo, per il vivo desiderio e l'interessamento di Padre Lorenzo. Quando si pensa alla sua dedizione per la Congregazione delle Suore Carmelitane Missionarie di S. Teresa del Bambino Gesù e per la popolazione di S. Marinella, quando si pensa al bene fatto a tanti ragazzi e a tanti giovani per la loro formazione intellettuale e la riuscita nella vita, oltre che a quella morale e spirituale, quando si pensa all'aiuto caritatevole a chi aveva bisogno, secondo l'insegnamento di Gesù: «Dà a chiunque ti chiede, e a chi prende le cose tue, non chiederle indietro... Siate misericordiosi, come il Padre vostro è misericordioso» (Lc 6,30.36), Padre Lorenzo è stato veramente misericordioso come il Padre, secondo l'esortazione di nostro Signore Gesù Cristo.

P. LORENZO POETA, TEOLOGO, MISTICO

Prof. Luciano Pranzetti*

Prima di svolgere la mia parte, relativa all'analisi dei contenuti e della formalità estetica, sintattica, lessicale della produzione poetica di P. Lorenzo, oltre a un cenno sulla dimensione teologica e mistica, piace a me cogliere un particolare cronologico che lo collega a Santa Teresa di Lisieux, e cioè, quella contemporaneità dell'anno 1886, in cui la Santa ebbe, nel giorno di Natale, la Grazia dell'illuminazione dopo di che intraprese quella che lei definì "*una corsa da gigante*" e Padre Lorenzo nacque tra noi. Un accostamento che pongo come corrispondenza misteriosa ma tuttavia assai indiziaria della missione del nostro. Un razionalista sorriderebbe davanti a questa nostra riflessione che ha la connotazione dell'evento provvidenziale e della predestinazione, ma a quel razionalista vorrei domandare perché mai, quando eventi simili coinvolgano personaggi di laica vita ma famosi per scienza, il significato "astrologico" delle concomitanze venga sottolineato con particolare enfasi. Tanto per citare

---

* Luciano PRANZETTI laureato con tesi su *La filosofia della musica*, ha insegnato Lettere italiane e Storia presso gli istituti superiori. Studioso di Dante, ha tenuto il commento integrale della Divina Commedia nel biennio 1998/2000. Ha pubblicato la silloge poetica La corona di lauro, il saggio critico Giorgione: ipotesi di una interpretazione, la traduzione in verso endecasillabo delle Bucoliche di Virgilio, il saggio Gnosi e musica nel '900, lo studio filologico Dante/Virgilio: corrispondenze stilistiche. È in preparazione un manuale linguistico e retorico Esercizi di stile. Collabora a riviste locali e nazionali. Ha diretto le Edizioni Rosati ed è membro di giuria in numerosi concorsi letterarii nazionali. Ha svolto funzioni di delegato comunale per la biblioteca di santa Marinella nel biennio 2008/2010. Ha eseguito la decorazione della cappella di Santa Fermina in Civitavecchia e la copia, su telero, del cenacolo leonardiano in Santa Marinella. Ha condotto studii in pianoforte e in flauto traverso. Dirige il quartetto lirico "In-Canto" e svolge da anni attività di critico letterario e di conferenziere presso varie istituzioni culturali.

Il testo consegnato all'équipe di coordinamento generale è stato letto dal Sig. Saverio Santi, data l'impossibilità dell'autore ad essere presente al Convegno.

un esempio: al razionalista è lecito additare il 1642, anno in cui, nel mese di gennaio muore Galileo e, nel dicembre dello stesso anno nasce Newton, entrambi matematici ed astronomi, come se tale successione possa essere indicata quale prova del falso mito della reincarnazione. Perciò, a buon diritto, possiamo affermare che P. Lorenzo possiede i segni di una predestinazione divina sotto la tutela di Santa Teresa del B. G. E ciò basti.

Ho conosciuto P. Lorenzo negli anni a cavallo tra il '50 e il '60. Di lui conservo nitidi, seppur isolati, ricordi che me lo rimandano come persona dotta, erudita, poliedrica, affascinante e tuttavia modesta, umile, dai modi affabili e familiari ma autorevoli nella complessità di una personalità carismatica. Iniziammo un corso di studii sulle civiltà semitiche antiche – territorio che il padre dominava – andando a conoscere le lingue mesopotamiche e l'ebraico biblico. Non era raro che egli, talora, per particolare capacità esplorativa, andasse a pescare riferimenti nel campo della scienza e dell'arte riuscendo a tessere un discorso interdisciplinare che ne indicava la mole e l'estensione di un sapere enciclopedico. In quel tempo, che mi pare fosse la metà degli anni '60, il padre prese a redigere, per motivi didattici a pro della gioventù, la stesura di una sua particolare edizione della *Divina Commedia* a cui, da sempre io interessato, partecipai ben volentieri. L'opuscolo, che successivamente vide la luce tipografica – Ombra Dantesca 1967 – è strutturato in tre parti così come le tre cantiche dell'originale, composta ciascuna da 25 canti e, il tutto, secondo il criterio di una rapida ma fedele sintesi dell'originale. Per i primi tre canti ho potuto dare il mio contributo letterario con in più la fornitura di alcuni disegni illustrativi che, però, il padre non poté pubblicare dacché io, per cause legate al servizio di leva obbligatorio e, successivamente, alla cerca del lavoro, non seppi dar seguito e, mancando questo vincolo di collaborazione anche la mia frequentazione si spense. E di questo mi rammarico poiché ora, come ho scritto nella prefazione al testo *Padre Lorenzo, il sacerdote e il poeta* (ed. Congregazione Suore Carmelitane Missionarie di Santa Teresa B. Gesù 2011), mentre sorge l'alba della sua santità, prossima a divenire il mezzogiorno del riconoscimento canonico, ferve in me un'amarulenta nostalgìa di lui e monta il rincrescimento per non averlo ulteriormente frequentato. Persi una palestra di vita, di cultura, di educazione religiosa; persi un modello che, grazie al Dio, ritrovo ora in questi tempi in cui egli riappare nell'alone fulgido della gloria del cielo.

La Direzione dell'Istituto è stata assai gentile a trasmettermi copia di quel lavoro con cui P. Lorenzo intendeva curare, formare oltre che lo spirito, la coscienza, la personalità e l'intelligenza dei suoi parrocchiani attraverso la conoscenza e l'uso polito e proprio della lingua italiana, educandoli al gusto della grande idealità religiosa e civile del nostro maggior poeta. In quest'opera si avverte l'esperto didatta, certamente, e il raffinato letterato che manovra con destrezza la sintesi e l'analisi dei concetti, il lessico e la sintassi, ma vi emerge soprattutto il *sacerdos magister* e catechista che si avvale di un poema ove rifulge l'ortodossia cattolica di un grande uomo e di una splendida figura di fede, ove si fa luce sull'esperienza umana del peccato, dell'espiazione, della redenzione e della gloria. Padre Lorenzo volle attingere anche a questa fonte *"laica"* perché in essa trovò una fede adamantina, mai inconcussa, mai precaria, una fede che poteva essere d'esempio, di modello e di traino al lettore di cose poetiche. Per dire della sua produzione poetica: padre Lorenzo dimostrò di possedere le conoscenze tecniche necessarie per un'attività letteraria che, salvo la scelta di un'espressività spontanea, estemporanea e scevra di moduli e regole, si avvale di norme e di meccanismi obbligati di non facile adozione ed uso. Per questo egli conobbe tutti gli strumenti e i canoni legati alla versificazione e questi egli usò per comporre unicamente in funzione della sua alta idealità, addomesticando la rima e la musicalità e piegandola ai suoi temi e alla sua pedagogia, in ciò mai risultando scontato, forzato, accomodante. Compose, così, nelle varie forme come: il sonetto classico e libero, l'ode lunga, l'inno sacro, le arie, le filastrocche, le ottave, le strofe pentastiche, il poemetto sacro. Le sue strofe scorrono senza impaccio alcuno, splendide formazioni ove i varii metri – quinario, settenario, ottonario, decasillabo, endecasillabo tronco, piano e sdrucciolo – e le varie e belle figure retoriche – similitudini, allegorie, sinestesie, assonanze onomatopee, anafore – si prestano ad esternare concetti di altissima pregnanza e di luminosa scenografia mentale. E sono liriche finalizzate alla glorificazione di Dio e all'insegnamento del catechismo. Così, come nei secoli scorsi, la Chiesa, attraverso le numerose opere d'arte – vedansi i mosaici di Ravenna, ad esempio – assolse al suo compito di evangelizzazione e di ammaestramento presentando ed illustrando ai fedeli le scene e i personaggi del V. e del N.T. con quella didattica metodologica che fu detta *"la Bibbia dei poveri"*, così padre Lorenzo intese, con le sue poesie, donare ai fanciulli, ai giovani e agli adulti la conoscenza del Logos, della Sapienza, della Teologia ampliando, pertanto, ed approfondendo senza mai tracimando per eccesso di zelo, fatti ed eventi biblico/evangelici. Nel libro sopra citato, dedicato a Padre Lorenzo, ho suggerito al lettore di considerare tre esempi assai significativi dell'arte e della fede del padre, e cioè:

1 – La parafrasi della vita di San Giovanni Battista – poema sacro in 86 strofe ottave in verso settenario spesso sdrucciolo – strutturata su alcune pericopi evangeliche che scandiscono la vicenda del santo Precursore, ora con momenti di commossa musicalità ora con accenti di crudo realismo, ora con prezioso lessico di rara frequentazione.

2 - L'Annunciazione – pia meditazione di 34 strofe a quartine endecasillabe a rima alternata – in cui ciò che delizia la mente e il gusto son quelle 8 strofe preparatorie con cui si dispone il lettore all'apparizione dell'Arcangelo. L'incipit è un piccolo capolavoro di semplicità dal sapore di dolce idillio, modulato su un'assonanza dantesca (Pg. VIII, 1) che dice *" vespro d'oro e tepor primaverile"*, *"è l'ora della preghiera, ora soave"* che rammentano, come si diceva, il celebre *"era l'ora che volge al disìo";*

3 – Natale – inno sacro composto da 72 quartine a schema saffico ABAB – con cui viene illustrato l'evento divino/umano della nascita di Cristo nello sfondo del mistero della Redenzione. Padre Lorenzo scorre l'intera vicenda di Bethlem quasi testimone oculare del mistero, tanta è l'abbondante messa in mostra di particolari che arricchiscono il racconto di Luca di riflessioni semplici, silenziose e devote. L'intera composizione è rivestita di elegante lessico, di sciolta sintassi, di eleganza espressiva e stilistica e di delicate quanto vive immagini.

A tutto ciò concorre una ricchezza lessicale che si fregia tanto di termini quotidiani e correnti quanto di lemmi rari, raffinati, eruditi ed arcaistici, sicché, accanto a vocaboli d'uso popolare figurano altri di ardita qualità e di preziosa etimologia quali: *"cicladi"*(vesti di seta tramate di fili d'oro), *"princerna"* (servitore che mesce il vino), *"giòlito"*(gioia, di ascendenza dannunziana), "dùbito"(dubbio). Di fronte a questa ostensione di cultura lessicale – asservita e tesa all'elevazione spirituale, alla meditazione veicolata dall'estetica poetica, alla cultura e all'arricchimento linguistico del lettore, e non mai fine a se stessa poiché un buon didatta, e padre Lorenzo fu ottimo, non sempre deve esprimersi in modi domestici ma, qua e là, adottare concetti e termini ancorché difficili che concorrano, una volta compresi e digesti, accrescere il corredo ideale e lessicale del discepolo – a tutto questo, dicevo, sta la scelta della forma, del metro, della rima. Il nostro padre sembra amare la desinenza sdrucciola – evidente soprattutto nella parafrasi giovannea e nell'inno sacro dedicato a Santa Teresa di Lisieux – tecnica non facile da manovrare e che conferisce al verso e all'intera cadenza ritmica un non so che di labile e di sfumato, delicato direi e sospeso – come ben si può avvertire nei versi 1-3-5 di tutte le 86 strofe. Ma anche il vocabolo piano detiene gran parte della trama ritmica e con esso il padre sa confezionare sequenze mirabili nell'intento suo primo di *"fare catechismo"* con la pregevole mostra di delicate immagini, come in "Annunciazione" v.32 *:" fulgida luce non mai vista pria"*. Il lettore, che ancora conserva i ricordi dei trascorsi studii, non tarderà a riconoscere in queste composizioni l'influsso benefico e tonico di due grandi figure della poesia e della fede: Dante e Manzoni. Il secondo è presente, ma non in maniera pedissequa, in qualità di orefice del verso e della lingua e dico non pedissequa perché il nostro caro padre

Lorenzo, analogamente a tanti altri grandi letterati, si serve delle ascendenze e delle esperienze altrui ma ne metabolizza in modo personale gli stili e le estetiche, così come bene assimilò Virgilio le tematiche omeriche, Dante quelle virgiliane, Petrarca quelle dantesche. È la cosiddetta questione degli "imprestiti", scesa nella polemica del "plagio", che il grande critico Mario Praz seppe dirimere (cfr. *La morte, la carne, il diavolo nella letteratura romantica*, ed. Sansoni 1976 pag. 329) con l'attestare, in concordanza al detto del pittore Heinrich Fussli, come il genio non rubi ma adotti. Manzoni gli fu maestro nello stile e in quella ispirazione spirituale che connota tutte le sue liriche, soprattutto nelle lunghe sequenze degli inni e dei poemetti. Ma è assente, in padre Lorenzo, il velame pessimistico giansenista che caratterizza molta parte delle liriche sacre manzoniane e dei *Promessi Sposi*, atteso, come si evidenzia dalla lettura e dall'analisi dei testi, all'ortodossìa cristiano/cattolica e dimostrandosi, perciò, teologo e predicatore di Verità. Oggi, epoca in cui la figura del teologo è diventata un titolo e un biglietto da visita per tanti laici che, impalcandosi a conoscitori della scienza divina, pretendono di saperne più del Vangelo – ed, ohimè, anche numerosi pastori del gregge di Cristo che smaniano di portare un verbo nuovo, cosiddetto *"aggiornato"* in linea con lo spirito del tempo! – la personalità di padre Lorenzo rischia di essere messa in non cale proprio per quella sua semplicità di discepolo della Verità che seppe restare nell'alveo sicuro e intatto della santa Tradizione apostolica, una semplicità ed una chiarezza che sembrano, ripeto, oggi, categorie indegne di una disciplina come la teologìa, ma che costituiscono il pregio di chi, dotto a dismisura come lui, sa rendere chiaro, distinto e comprensibile il proprio concetto. E sappiamo quanto sia necessario saper rendere accessibili le verità di fede. Padre Lorenzo non coltivò la cultura del *"dubbio,"* come purtroppo oggi la si esalta, perché insegnò, proprio con le sue liriche, che il cristiano/cattolico non dubita della Parola di Cristo, ma, certamente, incontra difficoltà a capirla. Il padre, da esperto conoscitore dell'animo umano e in possesso della sapienza della Scrittura e del dono del discernimento, si adoperò a confermare il parrocchiano nella fede eterna dissolvendo in lui le incertezze. Ora, siffatta sua fedeltà al Magistero, più che da tomi e tomi di erudizione filosofico/teologica, si manifesta netta e incrollabile proprio in questa sue produzione poetica che dovrebbe essere assunta, e lo dico non per provocazione o per iperbole retorica, a testo di studio nelle scuole cattoliche, almeno. Il secondo modello, Dante, gli è quasi un consulente che lo guidi e lo indirizzi nella descrizione, direi geometrica o tomistica, delle idee e lo sorregga nel mantenimento della coerenza ideale. È presente, nell'Annunciazione – pia meditazione – l'incipit del canto XXXIII del *Paradiso* che padre Lorenzo amplifica con estensioni ed amplificazioni tematiche e dogmatiche, oltre che con tratti di lirismo intimistico che dànno al lettore una suggestione di rapimento mentale. Anche in questa composizione, come nell'altra, titolata *"Immacolata"*, il nostro poeta sale sull'ambone per l'omelia catechetica, illustrando al fedele lettore i misteri collegati alla figura della Vergine: l'Immacolata Concezione, la Verginità pre/post parto, l'Incarnazione della seconda persona della Trinità, il titolo di Madre di Dio, Corredentrice. Mi si perdoni, a questo punto, un'ulteriore riflessione con cui pongo la figura del padre, e la sua cultura teologica, a fronte del moderno indirizzo e nella fattispecie della mariologia. Non è mistero che, per bocca di molti teologi, laici e ecclesiastici, e di numerosi scrittori di cose religiose, la Vergine Maria venga, oggi, messa sotto indagine storico/critica con una deriva antropologica della speculazione tale che, ad esempio, già come Bultmann prima, e Rahner poi, taluno neghi, o quanto meno, ponga in dubbio non tanto l'Immacolata Concezione quanto la permanenza in Lei della verginità e il ruolo di Corredentrice. Qualche autore, noto al pubblico giovanile, ha inteso descrivere la Madre di Dio quale donnetta semplice, ignorante ed analfabeta il cui *Magnifica*t altro non sarebbe che una produzione di Luca. Le liriche di padre Lorenzo, dedicate alla madre di Dio, prima di essere opere d'arte sono testi di dottrina, vere articolate lezioni di ortodossia le cui strofe, i cui versi mai scantonano, per un compiacimento solipsistico di *"novatore"*, in aree di dubbia scienza o di eresìa. L'autore di *Immacolata, Annunciazione, Maria, Sole di Maggio, Il Natale,* poeta, cultore e apostolo del culto mariano, non avrebbe mai osato proporre ai fedeli, in nome di una nuova forma devozionale di tipo "pauperistico" che rifugge e biasima la ritualità solenne, la riduzione di Lei a stato di normale quotidianità a, donna come tante altre, priva della sua aureola e più vicina all'umanità. Nelle liriche sopra citate, padre Lorenzo esprime la propria devozione e il dovuto culto di iperdulìa a Maria di Nazareth riconoscendola senza peccato originale e Madre di Dio. E con l'aureola, proprio perché privilegiata e scelta dal Signore. Avrebbe scansato, cioè, e condannato, padre Lorenzo, la facile cultura moderna che, facendo sua la cultura razionalista, riduce ogni fenomeno trascendente a modulo antropologico. Tornando al discorso delle corrispondenze stilistiche manzoniane e dantesche: il merito del nostro padre Lorenzo è quello di aver manifestato in queste sue poesie, la ricezione de benefico influsso dei due grandi geni della letteratura e della fede, averne amalgamato gli stilemi e le singole esperienze facendone unica forma per la sua catechesi. La consultazione dei suoi manoscritti letterarii ci dice della sua acribìa compositiva, sintattica, stilistica e della sua ricerca di termini congrui e consentanei, memore, padre Lorenzo, che *"nomina sunt consequentia reum"*, i nomi sono l'aspetto esterno delle cose e della loro logica. Perciò, quel suo *"labor li-*

mae", quel lavoro di cesello che si presenta or qua or là con cancellature, rifacimenti a matita o a penna, quel suo toglier via il *"troppo e il vano"*, sta a testimoniare l'intenzione e la volontà di porgere ai suoi parrocchiani e ai suoi lettori – che mi auguro siano da oggi in progressivo aumento – un'opera chiara, propositiva, bella formalmente ma soprattutto formativa. Egli fu sacerdote ed educatore, parroco e poeta in un vincolo di vita insolubile. Ma fu sommo teologo pur non avendo prodotto i volumi che oggi, dalle pagine dei giornali e dagli schermi televisivi, qualificano i cosiddetti maestri di cose sacre. In questo asseverò il consiglio di Cristo vivendo vita silenziosa e attiva, in piena visibilità, però, del magistero pastorale, disponibile al colloquio, pronto per ogni esigenza dei suoi parrocchiani che ne avevano stampata nel cuore e nella mente la figura di lui, in talare e nel passo lento ma consapevole del cammino e le testimonianze, ancora vive di molti dei suoi fedeli, ne certificano lo spirito missionario mai stanco e mai privo di bene, attento ad ogni chiamata e a ogni circostanza in cui si avvertiva la sua presenza. Anche in ciò, padre Lorenzo si dimostra luminoso maestro, capace di far *"rivedere le stelle"* a chi, naufrago nel mare dell'esistenza, abbia perso l'orientamento della fede. È importante, poi, constatare che il nostro non intese mai – e una prova risiede nelle opere poetiche – costruire un suo sistema filosofico, estetico, linguistico così come molti letterati laici ed ecclesiastici si propongono, o si proposero, di fare con le proprie. Padre Lorenzo adattò e adottò la struttura poetica per annunciare una sola filosofia e una sola cultura : quella espressa e contenuta nel comando divino : *"Euntes in mundum universum praedicate evengelium omni creaturae. Qui crediderit et baptizatus fuerit salvus erit; qui non crediderit condemnabitur"* (*Mc*. 16, 15/16). Sul terreno della fede padre Lorenzo non concesse sconti e per questa missione cercò e trovò argomenti in abbondanza nella sacra Scrittura e nelle vite dei santi. Non volle inventare schemi ideologici o teologie alternative, e in questo fu sempre fedele a Dio al quale, come insegna l'apostolo Pietro, si deve obbedire prima che agli uomini. *" Oboedire oportet Deo magis quam hominibus" (Atti 5,29)*, e a cui si dovrà rendere conto del lavoro svolto nella sua vigna. Per tale aspetto desidero assimilarlo alla figura del *"dottore angelico"*, quel San Tommaso Aquinate il quale, nella sua alta, ispirata speculativa opera non creò niente che non fosse nel *"depositum fidei"*, nella tradizione e nel Magistero, ma sistemò l'intero complesso dottrinario secondo categorie di ordine, gerarchia, coerenza, chiarezza, razionalità e dimostrazione giusta l'indicazione paolina del *"rationabile obsequium"*, l'omaggio, cioè, della ragione alla fede. La poesia di padre Lorenzo risponde esattamente a questa esigenza e corrisponde al mandato di Cristo. Egli, al pari dell'Aquinate, scrisse bene di Gesù e di Maria, e bene illuminò i fedeli suoi parrocchiani nei misteri della nostra fede cattolica, ricevendo come premio della sua fatica la gloria del paradiso. Nella cerimonia di presentazione della biografia del padre e della sua produzione letteraria, svoltasi il 9 ottobre del 2011, il relatore p. Emanuele Boaga espresse l'auspicio che qualcuno, tra gli studenti universitarii, potesse trovare stimolo per uno studio sulla vita e sulle opere di padre Lorenzo, possibilmente una tesi di laurea come già, in maniera egregia, pioneristica e monumentale suor Cecilia Tada ha saputo fare con la sua. Attenderemo. Ma intanto si annuncia la mia conclusione ché, le carte ordite a questo uffizio, son già piene.

Padre Lorenzo: nel programma dei lavori a te dedicati, era scritto che io parlassi di te come poeta, teologo e mistico. Credo di aver rispettato l'indicazione tematica dacché, pur non operando una tripartizione del mio intervento ma tutto assimilandolo in un solo discorso con l' esporre la tua idealità che pervade le tue liriche, si è compreso quanto tu sia stato poeta - cioè esperto di quella *"poiesis"* con che il greco antico indicava la creatività, il fare – quanto tu sia stato teologo – studioso e amante di Dio – e quanto mistico – dedito, cioè, ai fratelli, pieno di spirito di carità, colmo dei doni dello Spirito Santo-. E se l'invito lanciato ai giovani non dovesse cadere su un buon terreno di una buona coscienza, io mi proporrò per quell'incarico. Riprenderemo a lavorare ancora insieme, come in quegli anni lontani, riannodando la collaborazione che cause varie interruppero, ma con la felice mia ventura di essere compagno di un santo. Ora pro nobis!

GIOVEDI 1 NOVEMBRE

QUINTA SESSIONE

Relazione P. Cosimo Pagliara: *P. Lorenzo, uomo della Parola di Dio.*
Relazione Sr Marianerina de Simone: *P. Lorenzo Carmelitano, uomo di preghiera.*

SESTA SESSIONE

Relazione Sr Cecilia Tada: *P. Lorenzo e la passione missionaria.*
Testimonianze Mons. Valerio Valeri, Enzo Stella, Sr Carmen Bonnici.

Serata insieme a P. Lorenzo: presentazione del CD e testimonianza missionaria dell'Associazione "VENITE E VEDRETE".

MAESTRO DELLA PAROLA

P. Cosimo Pagliara, O.Carm.*

Premesse

Ringrazio il P. Emanuele Boaga, archivista dell'Ordine Carmelitano, la madre Sr Maddalena Tada, Superiora Generale e gli organizzatori del congresso, in particolar modo Sr Cecilia Tada, che hanno volto assegnarmi questa relazione. Avverto tutta la responsabilità del compito, che richiede una competenza biblica, una capacità di sintesi e un equilibrio nei giudizi. La difficoltà deriva anche dall'ampiezza del materiale conservato nell'Archivio delle Suore Carmelitane, non facilmente reperibile. Mi sono fondato largamente su alcuni scritti inediti del P. Lorenzo, su articoli, corrispondenze. Manca ancora un profilo "biblico", di cui, il mio contributo vuole essere solo un incipit.

Lorenzo van den Eerenbeemt era per formazione un biblista, un professore di esegesi. Questo elemento biografico fa comprendere quanto il riferimento alla Bibbia sia stato in lui radicato e costante. P. Lorenzo non ha cercato nello studio della Scrittura la proiezione delle proprie idee. Si è lasciato interpellare da testo biblico, entrando con esso in un dialogo vivo, mediante uno studio serio, accurato e costante. Soprattut-

* P. Cosimo PAGLIARA, O.Carm. Nato a S. Vito dei Normanni (Br) il 5.6.1952 Professione solenne nell'Ordine Carmelitano il 5.7.1979. Ordinazione sacerdotale il 21.6.1980. Maturità classica (1973). Baccalaureato in filosofia alla Pontificia Università Gregoriana (PUG): 1976. Baccalaureato in teologia alla PUG: 1979. Licenza in S. Scrittura al Pontificio Istituto Biblico (PIB): 1984. Dottorato in Teologia Biblica alla PUG: 28 Maggio 2002.

Attività accademiche: - Pontificia Facoltà Teologica dell'Italia Meridionale: nella Sezione S. Luigi, Napoli, Docente incaricato di Teologia Biblica alla Licenza in Teologia Biblica e di Greco Biblico nel triennio teologico e nella Licenza in Teologia Biblica (dal 2003); nella sezione di S. Tommaso Docente invitato di Ebraico biblico (dal 2006). - Pontificia Facoltà Teologica del Teresianum, Roma: Docente di S. Scrittura (Esegesi dei Profeti e Sapienziali nel secondo semestre) (dal 2008).

to, ha saputo testimoniare che per capire il senso profondo delle Scritture la strada maestra è la preghiera: colpisce che ogni dispensa per l'insegnamento, ogni meditazione, ogni studio scientifico termina sempre con l'espressione, *Laus Deo*.

Di P. Lorenzo van den Eerenbeemt fino ad oggi poco o nulla si è scritto. La sua figura è ora al centro di una riscoperta, anche grazie alle numerose testimonianze scritte che ha lasciato (soprattutto di argomento biblico). La sua testimonianza letteraria (in gran parte inedita) rivela un fascino e un interesse particolare per l'intenso valore scientifico e sapienziale dei suoi studi sulla Bibbia.

Per questo non esitiamo a proporre a tutti – e non solo ai cultori di S.Scrittura, - un ritratto "culturale" del carmelitano olandese/italiano che ha studiato la Parola rivelata nella sua densa sobrietà e l'ha saputa "ridire" nel suo insegnamento ai giovani carmelitani, nel suo ruolo di padre e fondatore alle Suore Carmelitane e come pastore-parroco al Popolo di Dio.

La sua esistenza di "uomo della Parola" è sostanzialmente scandita in tre stagioni fondamentali. C'è innanzitutto il tempo dell'imparare e dell'ascolto: sono gli anni in cui il P. Lorenzo si è avviato, guidato da strumenti idonei, lungo i percorsi del conoscere, dell'apprendere, dello studiare. Sono gli anni della formazione: agli inizi del XIX° sec. la Provincia Olandese dei Carmelitani aveva il suo studentato di Teologia in Oss. P. Lorenzo vi arriva nel 1909 dopo aver atteso agli studi di filosofia nello studentato di Zenderen negli anni accademici 1907-1908; 1908-1909. La comunità era formata da 15 sacerdoti, 5 religiosi chierici studenti, 6 religiosi laici. Seguono gli studi a Roma alla Pontificia Università Gregoriana e al Pontificio Istituto Biblico. Fu questa la tappa primaria di Lorenzo van den Eerenbeemt, quando dovette seguire il lungo itinerario della formazione tra i Carmelitani d'Olanda, un arco di tempo non breve che si assommava agli studi liceali compiuti a Roma e che sfociava nell'orizzonte della spiritualità carmelitana, per poi inerpicarsi lungo i sentieri dello studio accademico a Roma. Questi anni della formazione gli avrebbero offerto tutta l'attrezzatura scientifica per coltivare quella disciplina che sarebbe stata una caratteristica tipica della sua personalità, cioè l'esegesi biblica ovvero l'amore alla S. Scrittura.

È stato proprio da questa tappa che è derivata naturalmente la seconda, quella dell'insegnamento, del comunicare agli altri ciò che si è acquisito, rielaborandolo, approfondendo e rendendolo più personale e originale. Van den Eerenbeemt, come è noto, fu per molti anni docente, sia Oss in Olanda, sia a Roma al S. Alberto. Fu proprio esercitando l'esegesi biblica che fiorì in lui non solo l'amore per la Parola di Dio ma anche per le parole umane concrete in cui essa si esprime. Infatti nelle sue lezioni era un maestro nel vagliare filologicamente le parole umane che racchiudevano la Parola di Dio così da scoprirne la ricca potenzialità semantica.

Da questa stagione di insegnamento, nacque un'ulteriore attuazione della sua funzione di Maestro della Parola. Dal 1925 fu infatti pastore di una comunità parrocchiale di S. Marinella e, anche padre e maestro delle Suore Carmelitane e di tanti giovani che lo ascoltavano per la sua sapienza biblica. L'essere pastore padre e maestro della Parola fu il centro della sua esistenza, un ministero che si allargava a tutta la Diocesi di Porto-S. Rufina e al Clero romano, con la sua parola delicata e incisiva, serena e competente.

Di questa fase, la più nota e studiata, rimangono tante testimonianze, di cui ne cito solo alcune come esempio: una meditazione al clero sui Salmi (1 novembre 1948); la traduzione in versi di testi biblici riguardanti la storia di alcuni personaggi biblici.

La terza stagione è quella segnata idealmente dalle parole che Gesù rivolge a Pietro: «Quando eri giovane ti vestivi da solo e andavi dove volevi; ma quando sarai vecchio, tenderai le tue mani e un altro ti vestirà e ti porterà dove tu non vuoi» (Gv 21,18). Sono gli ultimi anni della sua vita in cui la fragilità della salute lo aveva reso «mendicante», cioè bisognoso degli altri, soprattutto di coloro che erano stati l'«humus» della sua vita: le suore carmelitane e i laici. Di questa fase mi pare di avere intravisto tra i suoi appunti alcuni fogli scritti nei quali in maniera incerta e tremante trascriveva alcuni passi della Bibbia o riflessioni sulla Parola di Dio. Anche in questo spazio estremo fatto di attesa del momento dell'incontro pieno e diretto con Dio, «faccia a faccia», continuava quel contatto con la Parola di Dio, trascrivendo frammenti della Bibbia.

1. A Roma: alla Gregoriana e al Biblicum

Il 7 Giugno 1912 parte da Oss, insieme con un confratello, destinati entrambi a Roma, presso il S. Alberto per completare gli studi accademici. Nell'anno accademico 1912-1915 frequenta dei corsi di Teologia, integrativi a quelli svolti a Oss e al termine consegue il Dottorato in Teologia. Lo studio della Bibbia alla Gregoriana e al *Biblicum* poi, era caratterizzato da un esegesi difensiva. Alla Gregoriana ebbe come docente di S. Scrittura P. Lucien Mechineax molto tradizionalista, il quale era solito dare lunghe biografie di esegeti sui vangeli. Al *Biblicum* avrà un ulteriore docente molto tradizionalista, P. L. Murillo. Intanto all'inizio del '900 quasi nessun Docente aveva una preparazione tecnica nelle case di formazione (come ad esempio a Oss), non si sa quanti fossero i docenti idonei nell'Ordine Carmelitano. P. Lorenzo aveva la sollecitazione a prepararsi a tale compito.

Un manuale su cui il nostro P. Lorenzo studiava la Bibbia era il *Manual Biblique*, del Vigouroux, redatto dal sulpiziano Brassac. Tale strumento fu utilizzato anche nell'insegnamento a Oss e al Sant'Alberto, fino al 1923. Nella sua biblioteca personale conservata nell'Archivio di S. Marinella sono custoditi i volumi del Vigouroux, segnati da numerose sottolineature a matita e annotazioni del P. Lorenzo, indizi che mostrano un lavoro di personalizzazione del manuale biblico[1].

Agli inizi del secolo era ritenuto come uno dei manuali più pratici tra quelli esistenti. Un manuale che presentava delle novità interessanti rispetto all'insegnamento tradizionale: ad esempio viene introdotta per l'esegesi dei Salmi la distinzione tra salmi messianici e quelli penitenziali. Un'ulteriore novità riguarda la letteratura profetica: i profeti vengono presentati e studiati nel loro contesto storico. Il manuale segue gli orientamenti o decisioni della Pontificia Commissione Biblica (c'era stata una qualche decisione sullo studio d'Isaia e Daniele, verificare nei documenti di quell'epoca). Inoltre, in conformità alla lettera apostolica di Pio V, in data 17 marzo 1906, viene dedicato uno spazio notevole alla teologia dei libri Sapienziali, dei Salmi e dei Profeti. Per la cronologia degli eventi biblici sino all'esilio il manuale evita di trattare le molteplici controversie e di scegliere un sistema particolare per classificare i vari avvenimenti. Tuttavia la questione storico-cronologica delle attività dei vari profeti e della composizione dei vari libri profetici s'ispira agli studi approfonditi di un grande esegeta cattolico, A. Sanda[2].

I motivi che abbiano portato P. Lorenzo ad adottare questo manuale d'insegnamento potrebbero essere stati i seguenti: un manuale biblico non può limitarsi esclusivamente a essere un'introduzione ai vari libri biblici, oppure a una semplice storia d'Israele, a una storia della religione soprannaturale d'Israele, ma deve mirare a un 'esegesi profonda e a una riflessione teologica.

---

[1] 1. F. Vigouroux, Manuel Biblique Ancient Testament. Introduction Générale – Pentateuque, Tome premiere, R.Roger et F.Chernoviz, Paris 1905 [12].

2. F. Vigouroux, Manuel Biblique. Ancient Testament. Livres Historiques – Sapientiaux – Prophétiques. Tome second, Roger – Chernoviz, Paris 1906.

3. F. Vigouroux, Manual Biblique. Les livres historiques, a l'exception du Pentateuque, Tome deuxième, Roger R. – Chernoviz F., Paris 191914.

4. A. Brassac, Manuel Biblique. Nouveau Testament. Les Saints Évangiles – Jésus Christ. Tome troisième, Roger – Chernoviz, Paris 191013.

5. A. Brassac – M.Bacuez, Manuel Biblique ou Cours d'Écriture Sainte a l'usage des seminaries, Nouveau Testament,Les Actes des Apotres – Les Épitres – L'Apocalypse. Tome quatrième, R.Roger et F.Chernoviz, Paris 1909[12].

[2] Die Bücher der Könige, Münster, 1911, 1912.

Un manuale che il Padre Lorenzo avrà stimato né troppo ardito né timido, ma soprattutto idoneo a presentare la dottrina comunemente ricevuta nella Chiesa, senza ignorare le posizioni conservatrici o quelle più liberali proposte dai vari commentatori cattolici. Tale orientamento negli studi biblici probabilmente era in sintonia con la sua personalità di studioso equilibrato e di comunione ecclesiale nell'insegnamento della Sacra Scrittura.

Inseguito nel graduale superamento dell'esegesi difensiva, tale manuale fu condannato nel 1923 da Pio XI.

Gli anni in cui frequentava il *Biblicum* (1918-1919) erano caratterizzati da due problemi fondamentali: Il primo era l'orientamento antimodernista dell'esegesi che si praticava. È a motivo dei problemi da parte del modernismo, specialmente in esegesi, che spinsero Pio X nel 1909 a fondare il *Biblicum*, per lo studio biblico e dell'Antico Oriente. Inseguito tale istituzione abbandonerà la sua posizione difensiva per aprirsi ai nuovi metodi che provenivano dall'esegesi liberale, e ciò sotto l'impulso, del futuro cardinale Bea[3].

La questione della crisi modernista dagli inizi del secolo 19° si protrae fin quasi alla prima guerra mondiale. In Italia ha una configurazione alquanto diversa da quello sorto in altri paesi d'Europa, dove era quasi sempre un movimento elitario teso a mediare tra la cultura teologica e quella scientifica. La corrente modernista italiana nasce soprattutto dal desiderio di riforma della Chiesa e diventa anche, in certo qual modo, fenomeno diffuso tra i fedeli[4]. Per P. Lorenzo l'applicazione all'esegesi del metodo critico non costituiva un pericolo per l'ortodossia, ma anzi avrebbe potuto contribuire grandemente alla crescita della vita di fede della Chiesa. L'accesso agli studi biblici presso il Biblicum da parte di P. Lorenzo fu ovviamente un fattore che contribuì alla rinascita dell'interesse per la Bibbia nell'Ordine Carmelitano. Fino allora, nonostante l'ordine della Sacra Congregazione dei Seminari di ampliare il settore dell'insegnamento biblico, nella formazione dei seminaristi, pochissimi erano gli insegnanti nell'Ordine Carmelitano a svolgere questo compito.

Degli insegnamenti seguiti dal P. Lorenzo al *Biblicum* è sopravvissuto solo la *Grammaire de l'hébreu biblique* dello Jüon, pubblicata inseguito nel 1923. Seguendo le lezioni della lingua ebraica ed aramaica del

---

[3] G. Martina, «A novant'anni dalla fondazione del Pontificio Istituto Biblico», in *Archivium Historiae Pontificiae* 37 (1999), 129-160.

[4] I. Tiezzi, Il rapporto tra la pneumologia e l'ecclesiologia nella teologia italiana post-conciliare. Tesi gregoriana. Serie Teologica 52, Pontificia Università Gregoriana, Roma 1999, 31-32.

gesuita P. Jüon, P. Lorenzo ha affinato le sue competenze in filologia veterotestamentaria. Si nota tale tendenza anche nella scelta di studiare lingua araba con E. Power, mentre per la filologia neotestamentaria segue i corsi di lingua greca con I.I. O'Rourke. Infatti negli anni 1909-1920 la ricerca biblica era bloccata nell'esegesi ma non nella filologia. Il P. Lorenzo di fronte a tale conflitto preferisce l'indirizzo filologico.

Il secondo problema riguardava il conferimento dei gradi accademici. Dal 1909, anno della fondazione del *Biblicum*, li conferiva la Pontificia Commissione Biblica. Già qualche anno dopo, e precisamente dal 1914 i Gesuiti, con P. Fonck, Preside del *Biblicum*, chiedono un'indipendenza nel conferire i gradi accademici. Purtroppo bisognerà attendere il 1918 quando, Pio XI, un vero uomo di scienza decise l'autonomia totale del *Biblicum*.

Durante la permanenza del P. Lorenzo al *Biblicum* era Rettore il P. Andrès Fernández. Non conosciamo le reazioni del P. Lorenzo circa il rifiuto dell'esegesi scientifica a partire dal 1937 quando era Rettore del *Biblicum* il P. Agostino Bea. Un dato è certo che in quel periodo P. Lorenzo non si lasciò mai condizionare nell'interpretazione della S. Scrittura da tendenze di tipo allegorico e psicologizzante come, purtroppo, avveniva in alcuni ambienti accademici e sostenuta da alcuni vescovi italiani.

Negli anni in cui studiava al *Biblicum* l'evento della guerra aveva inevitabilmente causato una forte diminuzione degli alunni che frequentavano il *Biblicum* e che aveva raggiunto il massimo nel 1917-1918. Prima del P. Lorenzo i primi carmelitani che hanno frequentato il *Biblicum* dall'inizio della sua fondazione (1909) sono: P. Eugene Driessen O.Carm., 1911-1912 e P. José Llovera O.Carm., dal 1911 al 1913. Ambedue della Provincia olandese ma non conseguono alcun titolo accademico, mentre il P. Lorenzo van den Eerenbeemt (1917-1919) è stato il primo carmelitano che ha conseguito il titolo accademico della Licenza al *Biblicum*[5].

Tra i grandi professori che hanno influito fortemente sulla sua formazione biblica va ricordato il P. Vaccari. Di tale noto biblista segue i corsi di «Introduzione generale alla S. Scrittura» (1917); «Esegesi dell'AT»; «Storia del NT»; «Storia dell'esegesi». Il P. Vaccari possedeva un ottima padronanza delle lingue classiche e orientali (scrisse una grammatica elementare dell'Arabo), mostrava nel suo insegnamento un attitudine

---

[5] Dopo il P. Lorenzo nell'anno accademico 1919-1920 sarà il P. Brocardus Taylor, Irlanda, a frequentare il *Biblicum*, anch'egli senza conseguire alcun titolo accademico. Negli anni successivi altri carmelitani si dedicheranno agli studi biblici presso il Biblicum: P. Baptista Blenke (1923-1924) dall'Olanda; P. Elias Caruana (1932-1935), da Malta; P. Macarius van Wanroij (1936-1939), dall'Olanda, è il primo carmelitano che consegue il Dottorato in S. Scrittura.

profonda alla critica testuale dei testi bilici. Tali caratteristiche avranno un influsso notevole non solo sulla formazione biblica del P. Lorenzo ma anche sul suo insegnamento. Se si consulta un manuale che il P. Vaccari utilizzava al *Biblicum*, ad esempio il «Commento a Giobbe»[6], confrontandolo con il metodo utilizzato da P. Lorenzo nei suoi appunti e lezioni, risulta evidente l'influsso esercitato da questo eminente biblista del 19° sec. sulla formazione biblica del giovane biblista van den Eerenbeemt.

Nell'ambito dell'esegesi veterotestamnetaria avrà come docente il P. Andrés Fernandéz, vice rettore del *Biblicum* dal 1914 al 1917 e inseguito Rettore dal dicembre 1918 al giugno 1924. Il P. Fernandéz, famoso scritturista e palestinologo, nato a Mallorca il 15 dicembre 1870, ha trasmesso a P. Lorenzo la passione per la palestinologia, avviandolo allo studio del *Codex Hammurabi*, pubblicato nel 1932. Di questo eminente esegeta il P. Lorenzo segue i corsi su alcuni libri dell'AT: «Giosué, Esdra e Neemia». L'influsso delle sue lezioni ebbe su P. Lorenzo l'effetto di privilegiare nella sua metodologia esegetica l'attenzione alla critica testuale e alla topografia palestinese.

In tale clima il P. Lorenzo procede nello studio e nell'insegnamento con una fedeltà intelligente e creativa alle direttive del Magistero, cercando di evitare nel suo insegnamento atteggiamenti duramente intransigenti, e curando sempre l'alto livello scientifico dell'insegnamento e dei suoi appunti *ad usum* degli studenti.

2. Insegnamento a Oss e a Roma

2.1 *Insegnamento a Oss*

Viene destinato all'insegnamento nello studentato di Oss dove vi giunge probabilmente alla fine di settembre e senz'altro prima del 30 ottobre del 1919. Dopo aver conseguito la Licenza in S. Scrittura al Pontificio Istituto Biblico (23 giugno 1919) nel mese di ottobre del 1919 rientra nella sua Provincia di Olanda con l'incarico di insegnare S. Scrittura e lingua ebraica nello Studio generale dell'Ordine a Oss.

Nell'anno accademico 1919-1920 quando il Prof. P. Lorenzo arriva a Oss le lezioni sono già iniziate e termineranno il 15 luglio 1920.

Nella comunità formativa in cui fu destinato, vi erano il Prof. P. Tito Brandsma e altre figure di spicco della Provincia germanica-Olandese, con i quali P. Lorenzo strinse una profonda amicizia in vista di una

---

[6] A. Vaccari, Un commento a Giobbe, Scripta Pontificii Instituti Biblici, Romae 1915. Tale testo è conservato nella biblioteca personale del P. Lorenzo a S. Marinella.

collaborazione proficua per l'insegnamento delle discipline teologiche ai giovani studenti carmelitani. Anche il Prof. Tito Brandsma aveva compiuto i suoi studi alla Gregoriana e tornato in Olanda si era dedicato all'insegnamento dei giovani studenti carmelitani. P. Tito nel 1919 all'arrivo del P. Lorenzo ricopre l'incarico di redattore-capo del giornale della città di Oss.

Il primo corso di S. Scrittura tenuto a Oss riguarda il «Pentateuco». Di tale insegnamento si conserva un quaderno manoscritto. Dall'esame dei suoi appunti emerge una metodologia ben chiara e precisa: esegesi sul testo ebraico e non su quello della Vulgata, una precisa e minuziosa analisi sintattica del testo biblico. La lingua d'insegnamento è l'olandese. Il corso è così articolato: (1) Questioni introduttive; (2) Inleiding 1,1-2,3, esegesi, cosmogonie; (3) Erst Deel: 2,4-12,26. Sul carattere storico dei primi tre capitoli del Libro della Genesi si attiene alle indicazioni della Pontificia Commissione Biblica del 30 giugno 1909. Un insegnamento basato su uno studio storico, critico-letterario, ma che, tuttavia, è integrato, a livello ermeneutico, dalle indicazioni del magistero.

Sempre nel 1° semestre tiene un corso di grammatica ebraica, privilegiando il verbo. Da notare che in questo periodo che insegna a Oss compila un Dizionario Italiano-Arabo e che raggiunge la sua definitiva stesura a Roma (datato 1922), in più una grammatica in cui presenta i rudimenti della lingua araba con un sussidio pratico di esercizi, vale a dire, di versioni dall'italiano in arabo per facilitare l'apprendimento pratico della lingua. Tale materiale è sempre manoscritto.

Nel secondo trimestre tiene un corso di «Introduzione alla S. Scrittura».

2.2 *Insegnamento a Roma*

Alla fine dell'anno accademico 1919-1920 si prospetta per P. Lorenzo il ritorno a Roma per insegnare Teologia e S. Scrittura nello Studio Generale dell'Ordine.

Negli anni accademici 1920-1930 tiene corsi di Teologia Dogmatica e S. Scrittura. Relativamente alla S. Scrittura negli anni dal 1920 al 1927 svolge un corso di Esegesi di brani scelti dell'AT; nel 1927-1929 svolge un corso di Introduzione generale dell'AT (*Introductio generalis V.T.*) e di introduzione al Pentateuco (*Pentateuchus*); 1928-29 dedica il suo insegnamento ai Vangeli Sinottici (*De evangeliis synopticis*) e alle Lettere Paoline (*Epist. Pauli*); invece, nell'anno 1929-1930 tiene un corso sui Salmi (*Exegesis Psalmorum*); infine, un ampio spazio è dedicato all'insegnamento delle lingue bibliche tra cui dal 1922 al 1926, per quattro anni insegna Lingua Ebraica.

All'interno di questo arco di anni dedicato all'insegnamento nel 1925 il P. Lorenzo interrompe l'insegnamento della Teologia Dogmatica per dedicarsi esclusivamente a quello della S. Scrittura. Tale cambiamento è dovuto al nuovo impegno che lo vede coinvolto insieme alla Madre Crocifissa Curcio nel fondare il nuovo Istituto delle Carmelitane di S. Teresa di Gesù Bambino in S. Marinella. Riceve un tale incarico e il relativo permesso di risiedere a S. Marinella dal Priore Generale, P. Elia Magennis. Nonostante tale responsabilità il Padre van den Eerenbeemt continua ad insegnare al Collegio Internazionale S. Alberto, recandosi al mattino a Roma per svolgere il suo insegnamento ai giovani carmelitani e ritornando la sera a S. Marinella. È forse questo il motivo che spinge il P. Lorenzo a limitare il suo insegnamento esclusivamente alla S. Scrittura.

Di questi anni di insegnamento al Sant'Alberto vengono conservati alcune dispense utilizzate nelle sue lezioni:

a. Innanzitutto una «Introduzione a Giosué, Giudici», «Ruth», «1 2 3 4 Regum». Tali appunti, sempre manoscritti, sono datati 1922-1923;

b. Un altro manoscritto riguarda le «Introduzioni giudaiche e alessandrine: Lettere di Aristea, Papia, Teofilo antiocheno». Tale documento non è datato ma è facile dedurre che l'abbia utilizzato come manuale nel 1928-29 nel corso "De evangeliis synopticis;

c. Riguardo all'esegesi dell'AT si conservano nell'Archivio di S. Marinella un blocco di appunti sul «Liber Josüe» (in latino prevalentemente ma anche alcune parti in italiano). Il tenore di questo scritto è strettamente esegetico.

d. Inoltre ha elaborato degli appunti sul «Liber Judicum» che presentano un'introduzione, alcune questioni di critica testuale, esegesi di alcuni brani.

e. Infine nell'ambito dell'insegnamento veterotestamentario ci ha lasciato degli appunti sui «Salmi», un corso che ha tenuto al Sant'Alberto negli anni accademici, 1922-23 e 1929-1930.

2.3 *Traduzioni della Bibbia*

Il P. Lorenzo era un poliglotta: conosceva bene oltre l'olandese, l'italiano (lingua di adozione), il latino, il tedesco, l'inglese; a queste sono da aggiungere le lingue bibliche: il greco, l'aramaico, l'ebraico biblico, l'arabo.

Tali competenze linguistiche rendevano naturale e spontaneo lo studio sui testi originali. Per P. Lorenzo lo studio della Bibbia iniziava sempre con una traduzione personale sul testo ebraico o greco e così iniziava a oggettivare una prima comprensione del testo biblico. Era consapevole che la lettura di un testo poteva causare incomprensioni ed equivoci nei suoi alunni e che dei travisamenti erano possibili nell'interpretazione della Bibbia. Quindi, nel suo approccio alla Bibbia e nel suo insegnamento era una costante iniziare sempre con una traduzione fedele ai testi originali per rendere oggettivamente sicura l'interpretazione del testo. Sarebbe interessante approfondire questi abbozzi di traduzione che offriva ai suoi studenti. Per il nostro esegeta la traduzione dai testi originali rappresentava una primo al testo, evidenziando dei dati concreti che poi approfondiva a livello semantico. Si può, quindi, notare nei suoi appunti di esegesi l'immancabile abbozzo di traduzione prima di intraprendere l'esegesi di un passo biblico, dando alla forma linguistico-sintattica un posto di rilievo per la comprensione di uno scritto.

Il contatto col testo biblico mediante una propria traduzione è per lui non solo un esigenza metodologica ma anche un esercizio permanente. Non traduce solo per esigenze didattiche ma per un contatto più diretto e fontale con i testi della S. Scrittura. Non è escluso che sia stato ispirato dal quel testo di S. Teresa di Gesù Bambino quando scrive: «Si j'avais été prête, j'aurais étudié à fond l'hebreu et le grec afin de connaître la pensée divine, telle que Dieu daigna l'exprimer en notre langage humain».

Oltre le traduzioni funzionali all'insegnamento ci ha lasciato sempre in forma manoscritta le traduzioni di alcuni libri del NT:

a. Traduzione dal latino in italiano del Commentario di S. Tommaso all'Epistola ai Romani, preceduta da un'introduzione e tradotta sino al cap. V;

b. Traduzione del Vangelo di Matteo dal greco in italiano in due parti: capp. I-XV; XVI. Tale manoscritto non è datato.

P. Lorenzo non era solo un filologo ma anche un profondo teologo. La sua è sempre un'esegesi teologica che tiene insieme l'unità di tutta la Scrittura, la viva tradizione della Chiesa e infine applica l'analogia della fede. Un esempio della sua esegesi teologica la ritroviamo in un suo manoscritto: Conoscere Gesù. L'esistenza delle tre Divine persone: La Trinità nell'AT, Pentateuco, Genesi; la distinzione delle tre divine persone nel NT. Anche questo trattato di teologia biblica non è datato.

L'interesse di P. Lorenzo come biblista, spaziava anche nell'archeologia biblica. Ne è prova una ricerca non pubblicata sull'«Inscriptio ad fontem Siloe», con bibliografia. Tale studio consiste in alcuni fogli ma non è datato.

2.4 *Lo studio della S. Scrittura*

Per studiare e insegnare la S. Scrittura, il P. Lorenzo segue un suo piano personale impiegando diverse fasi di studio per giungere all'intelligenza del testo sacro. Non tutti i biblisti sono invitati a studiare la Sacra Scrittura in una stessa maniera. Senza dubbio tutti i lettori della Bibbia devono nutrire la loro vita del pane della Parola di Dio; ma per attingere a quegli alimenti di cui è carica questa tavola magnificamente imbandita, ciascuno deve scegliere un suo personale itinerario di studio. Padre Lorenzo era consapevole nel suo insegnamento di trovarsi davanti a un uditorio di studenti che avrebbero avuto nel prosieguo del loro ministero prospettive diverse nello studiare la Sacra Scrittura: alcuni impegnati nella ricerca teologica, altri nell'attività pastorale. Da qui il suo impegno a offrire a tutti un piano di studio utile ad acquisire un articolato e ricco metodo per acquisire tutte quelle conoscenze linguistiche, storiche, patristiche, semantiche, necessarie per giungere a un'intelligenza del testo sacro.

Innanzitutto nelle sue lezioni introduce gli studenti a tutte quelle conoscenze linguistiche dell'ebraico e del greco, che diventano una risorsa molto preziosa per l'intelligenza del testo. A completare questa conoscenza delle lingue bibliche si aggiungeva quella delle lingue moderne: l'inglese, il tedesco, il francese, lo spagnolo. Tali conoscenze erano molto utili per comunicare agli studenti i contenuti di molti commentari cattolici scritti in queste lingue. Nello stesso tempo era di modello ai giovani studenti sulla necessità di apprendere le lingue moderne per servirsi di così preziosi strumenti al fine di non incorrere imprudentemente in certe interpretazioni della Sacra Scrittura che la Chiesa disapprovava e condannava.

In questa fase preliminare dello studio, quando era indispensabile, attingeva alla Geografia Biblica. Nelle sue dispense spesso il lettore s'imbatte in cartine geografiche per meglio essere aiutato a localizzare episodi biblici. Non meno frequenti sono i riferimenti all'archeologia biblica, alle notizie storiche e ai costumi del mondo semitico

Nel suo insegnamento generalmente propone lo studio su un libro intero della Sacra Scrittura. Tale scelta presuppone che lo studio, previo alla stesura delle dispense, segua la lettura di un intero libro biblico in cui il lettore inizia a farsi un'idea generale, senza fermarsi alle difficoltà che può incontrare nella lettura, e familiarizzare con il linguaggio degli autori sacri.

Dopo questo lettura preliminare il Padre Lorenzo si propone di attingere a una buona introduzione particolareggiata lo scopo e le circostanze che hanno determinato la composizione di quello scritto. Ritiene non meno importante affrontare le varie divisioni che articolano il testo da esaminare.

2.5 *Codex Hammurabi*

P. Lorenzo ci ha lasciato degli studi di alto valore scientifico come lo studio sui segni linguistici del Codice di Hammurabi[7]. Il famoso codice venne pubblicato nel 1902 come esempio di testo elamita-semitico. Hammurabi (dio Amm guarisce) fu contemporaneo di Abramo ed è possibile che sia stato menzionato sotto il nome di Amraphael in Genesi XVI. Visse dunque 2000 anni circa a.C.; promulgò la sua legge quattro secoli almeno prima di Mosè. Il suo codice, contenente il diritto privato, è scritto sopra un blocco di diorite (specie di marmo nero) di 2 metri e 25 di altezza e 1 metro e 90 di circonferenza alla base. Si compone di un prologo e di un epilogo e di 282 articoli. Fu trovato spezzato in tre grandi frammenti negli scavi di Susa nel dicembre del 1901 e gennaio 1902.

L'inizio del secolo era l'era degli scavi in Egitto, in Assiria e Babilonia e P. Lorenzo era molto interessato agli studi di assirilogia. Tale passione per gli studi assiriologici gli fu trasmessa nelle lezioni al *Biblicum* dal P. A. Deimel. Sotto la guida di Docenti esperti divenne un filologo, dotato di un'energia paziente e perseverante a tutta prova, e di un talento d'innovazione che ha del prodigio. La sua attività biblico-letteraria fu veramente ampia tanto da coprire lo spazio di quasi cinquanta anni, in un campo immenso come quello della S. Scrittura e su documenti antichissimi di recente scoperta, come il Codice di Hammurabi, ed in lingue morte da dieci secoli.

Quale fu il motivo che portò il P. Lorenzo a studiare il Codice di Hammurabi? Avendo svolto la sua tesi di ricerca per la Licenza in S. Scrittura su Genesi XVI scoprì che l'autore sacro utilizzava diverse tecniche compositive all'interno del testo ebraico. Per investigare i fenomeni di composizione all'interno di un testo biblico si dedicava allo studio dei testi legislativi sia all'interno della Bibbia che in codici extrabiblici. Per questi ultimi intraprese lo studio sul Codice di Hammurabi, al quale non era possibile accedere senza avere competenze assiriologiche. Il P. Lorenzo per rendere accessibile tale Codice a un pubblico più vasto si dedica a un lavoro di decifrazione dei caratteri cuneiformi.

---

[7] LAURENTIO van den EERENBEEMT, *Codex Hammurabi*. Tabulae Signorum, Pontificio Istituto Biblico, Roma 1932.

In una prima parte (Tabula I) esamina e classifica i segni cuneiformi in una serie sistematica e ordinata[8]. Nella prima colonna trascrive il tipo di segno nel Codice di Hammurabi, poi nella scrittura cuneiforme assira, in quella babilonese e infine offre nella quarta una decifrazione.

In una seconda parte presenta i valori fonetici dei segni esaminati nella prima parte. Nella prima colonna il valore fonetico, nella seconda il corrispondente segno cuneiforme, nella terza offre un ideogramma sumerico del segno[9], nella quarta una versione accadica dell'ideogramma e nella quinta osservazioni sui segni. Tale parte si conclude con la decifrazione dei numerali.

In una terza parte dà un prospetto dell'Ideogramma accadico, sumerico, degli dei, della geografia, infine un alfabeto dei vari ideogrammi accompagnati da quello ebraico; la finalità di quest'ultimo è di aiutare il lettore della Bibbia a individuare elementi del Codice di Hammurabi nei testi del Pentateuco.

Il testo sulla decifrazione dei segni cuneiformi del Codice di Hammurabi era utilizzato al *Biblicum* negli anni '30 come testo o manuale per gli studenti. Ed è interessante vedere il nome del P. Lorenzo con il suo «Tabulae signorum» tra i testi di assiriologia del P. Anton Deimel, gesuita, uno dei più noti assiriologi del *Biblicum*.

Conclusione

Pur nella sua incompletezza, questa rivisitazione del profilo "biblico-culturale" del P. Lorenzo, mi sembra, una panoramica che consente alcune costatazioni. Anzitutto che il Carmelo con questo convegno ha instaurato un rapporto più profondo con la figura del biblista carmelitano. Questo orientamento potrebbe avere una ricaduta positiva nel valorizzare le figure che hanno caratterizzato la storia dell'Ordine Carmelitano e nello stesso a stimolare il Carmelo a nutrire una profonda passione per la Parola di Dio, di cui P. Lorenzo è stato un esempio straordinario.

Nel settore degli scritti del P. Lorenzo il cantiere rimane aperto, e molte e diversificate sono le piste da seguire: quella scientifica, didattica, pastorale.

---

[8] Il sistema cuneiforme è un sistema di scrittura che risulta dalla combinazione di segni impressi in forma di cuneo prevalentemente su tavolette di argilla, usato dagli antichi popoli della Mesopotamia e derivato da un sistema inventato dai sumeri, ben documentato già fin dalla metà del IV millennio a.C. Lo stesso segno poteva avere anche più significati: uno stesso termine poteva avere un valore semantico e fonetico nel sumerico.

[9] Ideogramma: È un simbolo grafico che non indica un valore fonetico, ma un'idea, un'immagine, un'azione.

P. LORENZO CARMELITANO, UOMO DI PREGHIERA

Sr Marianerina de Simone, CMSTGB*

1. Introduzione: *la preghiera*

1.1. *La preghiera e la persona*

Poniamo una premessa che può sembrare scontata, ma non lo è: parliamo di "preghiera" e non di "preghiere".

"Dire/fare le preghiere" non è necessariamente "pregare". Il "pregare" non è fatto solo di parole rivolte a Dio, ma è molto più ampio, anche se non esclude la preghiera fatta di parole personali o standard ("le preghiere") e tanto meno le celebrazioni liturgiche o la preghiera pubblica.

Partiamo dalla consapevolezza che la preghiera è un **mistero**, perché viene da Dio e perché è una realtà molto intima della persona.

In quanto tale, la preghiera è una realtà profondamente diversa da persona a persona, un atto e un atteggiamento strettamente personale e, al tempo stesso, molto sociale.

---

* Sr Marianerina DE SIMONE è nata a Castellammare di Stabia (prov. Napoli) nel 1962. È entrata nella congregazione delle Suore Carmelitane Missionarie di s. Teresa di Gesù Bambino nel giugno 1983, emettendo la professione religiosa nell'ottobre del 1986. I suoi studi di Filosofia e poi di Teologia sono proseguiti presso l'Università Gregoriana di Roma, dove ha conseguito il Baccalaureato in Teologia nel 1989 e la Licenza in Spiritualità nel 1991. In qualità di Consigliera e Segretaria provinciale, dal 1998 al 2003 è stata incaricata di coordinare la formazione e animare la formazione permanente nella Provincia "Maria madre del Carmelo". È stata Segretaria generale e Incaricata per l'Informazione della Congregazione dal 2003 al 2008. Dal 2010 al 2012 è stata assegnata alla Delegazione canadese "San Giuseppe", dove ha l'incarico di Consigliera di Delegazione, formatrice delle iuniore ed economa locale.

Nella persona cristiana, la preghiera è frutto e nutrimento della sua fede, del suo concetto di Dio, del suo rapporto con Gesù Cristo, della sua adesione al Vangelo, della sua vita ecclesiale, familiare e sociale, del suo modo di affrontare i fatti e mis-fatti della vita quotidiana ...

Potremmo parafrasare il detto popolare e affermare: "dimmi come preghi e ti dirò chi sei" o anche "dimmi di sei e ti dirò come preghi".

Ecco perché, in un certo senso, pregare è *semplice*, in quanto è naturale all'uomo riconoscere e creare un rapporto con la divinità.

Altrettanto, però, possiamo dire che pregare è anche una *cosa ardua*, che incontra molti ostacoli e, perciò, richiede un esercizio costante e fedele, una disciplina interiore ed esteriore.

Un aforisma di s. Nicola dela Flue, che ci ricorda l'esperienza biblica di Giacobbe, sintetizza una grande verità, che anche l'esperienza di p. Lorenzo conferma:

> «Dio ha dato alla preghiera
> un gusto come di danza
> e un gusto come di battaglia».[1]

1.2 *La preghiera: cos'è?*

Nonostante i fiumi di parole con i quali si è cercato- (e anche io cerco, adesso) di definire o almeno descrivere la preghiera, proprio perché essa è essenzialmente legata al rapporto fra Dio e l'uomo, e alle mille sfaccettature di esso, *è una realtà che è impossibile circoscrivere in una definizione astratta*.

Solo chi la vive può coglierne qualcosa e dare una descrizione di quello che vive: si capisce che cos'è la preghiera solo se si prega.

Tant'è vero che, come si è giustamente osservato, «*Gesù stesso*, per eccellenza maestro di preghiera, che ha pregato intensamente nella sua vita terrena ed ha insegnato ai discepoli a pregare, *non ha mai detto cos'è la preghiera ... l'ha vissuta ed ha contagiato* con la vita *i suoi discepoli*, suscitando in loro il desiderio»[2] di pregare come Lui.

Il *Compendio del Catechismo della Chiesa Cattolica* dice che la preghiera cristiana è:

---

[1] Cito non letteralmente, una frase che viene riportata in forme diverse a seconda delle fonti web consultate. Il contenuto e il significato di essa, comunque, rimangono sempre identici.

[2] Da un sussidio della diocesi di Chieti-Vasto sulla preghiera tratto il 19 gennaio 2010 da: http://www.scuoladipreghierachietivasto.it/_SdP/index.phpoption=com_docman&task=cat_view&gid=36&Itemid=40.

«l'elevazione dell'anima a Dio o la domanda a Dio di beni conformi alla sua volontà. Essa è sempre dono di Dio che viene ad incontrare l'uomo. *La preghiera cristiana è relazione personale e viva dei figli di Dio con il loro Padre infinitamente buono, con il Figlio suo Gesù Cristo e con lo Spirito Santo che abita nel loro cuore*».[3]

Il *Catechismo della Chiesa Cattolica*, a sua volta, introduce la trattazione sulla preghiera, descrivendola con le parole di s. Teresa di Gesù bambino[4].

Cogliamo questo "suggerimento", nella certezza di essere in piena sintonia con padre Lorenzo, e ci fermiamo brevemente su una delle più celebri pagine del più giovane Dottore che la Chiesa Cattolica ha finora riconosciuto:

«Come è grande quindi la potenza della preghiera! La si direbbe una regina che ha in ogni momento libero accesso presso il re e che può ottenere tutto ciò che chiede[5]. Per essere esaudite non è affatto necessario leggere in un libro una bella formula composta per la circostanza; se così fosse, ahimé, come sarei da compatire!... A parte l'Ufficio Divino, che sono molto indegna di recitare, non ho il coraggio di mettermi a cercare nei libri belle preghiere: mi viene il mal di testa, ce ne sono tante... e poi sono tutte una più bella dell'altra!... Non riuscirei a recitarle tutte e, non sapendo quale scegliere, faccio come i bambini che non sanno leggere: dico molto semplicemente al Buon Dio ciò che voglio dirgli, senza fare belle frasi, e mi capisce sempre!... Per me, la preghiera è uno slancio del cuore, è un semplice sguardo lanciato verso il Cielo, è un grido di riconoscenza e di amore nella prova come nella gioia; insomma è qualcosa di grande, di soprannaturale, che mi dilata l'anima e mi unisce a Gesù».[6]

Queste riflessioni della Santa, ovviamente frutto della sua esperienza personale di preghiera, trovano eco nello stile di preghiera che il Padre viveva e insegnava. Lo potremo percepire chiaramente nel corso di questa esposizione, ascoltando ciò che lui scriveva per sé e per le Suore.

---

[3] N. 534. Da: http://www.vatican.va/archive/compendium_ccc/ documents/archive_2005_compendium-ccc_it.html – consultato il 20 novembre 2006.

[4] Cfr *Catechismo della Chiesa Cattolica* n. 2558.

[5] Questo paragone ci ricorda, per contrasto, la condizione della regina Ester, cfr *Est 4,10-14;* 5,1-2.

[6] Versione italiana da: SANTA TERESA DI GESÙ BAMBINO E DEL VOLTO SANTO, *Opere complete. Scritti e ultime parole*, Città del Vaticano Roma, 1997, p. 263.

Quanto diremo d'ora in avanti non ha alcuna pretesa di esaurire l'argomento, sia per la natura stessa di esso, sia perché, come abbiamo ascoltato nei giorni scorsi, lo stato della raccolta e ricerca dei documenti e delle testimonianze è ancora iniziale. In tutto quanto segue, inoltre, cercheremo di privilegiare le parole del Padre, così come egli le ha scritte.

2. La preghiera nel Carmelo

Il tema di questa relazione sottolinea l'identità carmelitana di padre Lorenzo, quasi a dispetto della realtà storica, che lo ha visto uscire dall'Ordine Carmelitano nel 1930 e rientrarvi dopo più di 30 anni!

Eppure è ben noto e si può verificare in tutti i suoi scritti di ogni tipo, che egli è rimasto sempre profondamente legato all'Ordine e, soprattutto, il suo stile e le sue abitudini di preghiera sono rimaste quelle che aveva imparato e amato fin dai tempi del noviziato di Carmelitano a Boxmeer.

È doveroso per noi, perciò, cercare di capire quale dottrina e pratica della preghiera vi fosse nel Carmelo nell'epoca in cui il Padre si è formato e ha vissuto.

La Provincia Carmelitana d'Olanda, cui p. Lorenzo apparteneva, era radicata nell'antica riforma "della stretta osservanza" di Touraine, sorta poco dopo quella celebre di s. Teresa di Gesù[7].

I più celebri rappresentanti di questa riforma sono i ven. Giovanni di san Sansone (mistico e maestro di vita mistica, oltre che formatore dei novizi) e Michele di sant'Agostino (con la ven. Maria Petyt, maestro di spiritualità e mistica mariana).

Non possiamo trascurare di notare che anche il Carmelo di Spaccaforno/Ispica, nel quale la beata M. Crocifissa ha ricevuto le basi della sua formazione spirituale, tramite il ven. Salvatore della Ss.ma Trinità, risalgono a questa riforma carmelitana.

Non abbiamo molte fonti dirette, purtroppo, circa la formazione spirituale che p. Lorenzo ha ricevuto, ma risultano comunque illuminanti alcuni testi provenienti dai maestri della Riforma di Touraine.

---

[7] Rimase sempre all'interno dell'Ordine Carmelitano come Provincia riformata con Costituzioni e usi propri ed ebbe ampia diffusione in tutta Europa. Nonostante i conventi ad essa aderenti si siano estinti da più di un secolo, continua a essere nell'Ordine lievito di vita contemplativa e attiva, di devozione mariana. Basti pensare che i manuali per i formatori prodotti dai religiosi aderenti a questa riforma sono stati usati fino a 50 anni fa in tutto l'Ordine (mi riferisco a quello di p. Giovanni Brenninger) e che anche le Costituzioni dell'Ordine, fino a qualche decennio fa, erano improntate su quelle della Riforma turonense.

Vediamo qualcosa[8]:

Lo "Studio della Santa Orazione"

«Ognuno deve sapere, prima di ogni altra cosa, e sin dall'ingresso nel nostro Ordine che esso trae la sua distinzione specifica non solamente dalla vita vissuta secondo una norma comune di perfezione, dalla fedeltà esterna dei voti, dalla puntualità alla recita dell'Ufficio notturno e diurno e alle cerimonie, e dal fedele adempimento degli altri obblighi esterni, ma soprattutto dall'impegno costante della santa orazione e meditazione, e dalla continua e perfetta mortificazione e rinnegamento di se stessi.
Su queste due basi della vera Religione, ti sei compiaciuto, o Signore Dio, mantenerci e confortarci fino al presente».

L'orazione

«Questo studio della santa orazione consiste in una vera, totale, attuale attenzione a Dio, e in un'amorosa dilatazione di tutte le forze della propria anima, che si uniscono e si stringono totalmente a lui al punto da parlargli quasi sempre, in ogni ora e in ogni luogo».

A che cosa mirano gli esercizi spirituali

«Tutti gli esercizi spirituali vengono ridotti ad una conversazione intima con Dio, per imparare a vivere interiormente con lui, a parlargli con frequenza su argomenti adatti alla meditazione, quali sono: la morte, l'ultimo giudizio, la gloria celeste, la dolorosa passione del Signore i Suoi benefici, sia generali che particolari, e, soprattutto, la vocazione alla Religione; chiedendo a se stessi: che cosa Dio aspetti da loro, per quale motivo sono venuti, quale sia stata la bontà di Dio nel condurli a penitenza.
Sui predetti ed altri argomenti simili ognuno cerca dilatarsi mentalmente davanti a Dio; riducendo tutto ciò che esamina e medita a forma di colloquio, e aderendo al Signore, in una conversazione interna, così strettamente, che ogni atto di virtù, come umiltà, pazienza, obbedienza, rassegnazione, lo compie al solo fine di pia-

---

[8] Testi da: ven. P. Domenico di S. Alberto, La pratica della vita spirituale, da: Emanuele Boaga (ed.), *Carmelo in preghiera. Documenti e testimonianze*, Roma 1986, 86-87 consultato in una trascrizione elettronica di fonte a me ignota. P. Domenico di S. Alberto scrisse l'opuscolo qui citato per la formazione dei novizi e dei giovani prrofessi del convento di Rennes, il primo della riforma Turonense.

cere a Colui col quale conversa. Sanno, infatti, che a rendere la conversazione degna e fruttuosa è necessaria la totale conformità dell'amico all'amico, nei desideri, nelle azioni e anche nei gesti».

Che cosa è la conversazione interna

«[...] E questa conversazione interna, con la quale cercano di piacere a Dio, non consiste nell'applicazione immaginaria, sensibile o violenta dei sensi, cioè in uno sforzo della testa, ma *in un'adesione razionale, volontaria, affettuosa, infuocata, anelante, languente dello spirito, che si compie per mezzo di ampi affetti del cuore, di soliloqui amorosi, di aspirazioni ardenti, di giaculatorie, che li tiene uniti a Dio, sommo Bene.*
Il segno chiaro della presenza divina in essi è il *timore casto e filiale di offendere Dio* che, come una fiamma, custodiscono nel segreto del cuore, e il *vivo desiderio di piacergli*, ripetendo, nel proprio cuore: Signore, il lume del tuo volto è segnato su noi; Signore, camminerò alla luce del tuo volto (Sal 7,8: 88, 16).
Il fine cui tende la conversazione interna è un ardentissimo e inestinguibile ardore, una tensione totale e perenne della mente a Dio, mediante un amore attivo e indefettibile, che porta a lui in maniera superiore alle proprie forze; e tanto più ardentemente si beve, si gusta, si comprende quanto più ardentemente si desidera; e tanto più si cresce nella contemplazione quanto più si cresce nell'amore.»

Se leggiamo i testi di divulgazione e formazione scritti da p. Telesforo M. Cioli (poi vescovo di Arezzo – San Sepolcro)[9] negli anni '50 dello scorso secolo, non a caso troveremo ampie citazioni di questo e altri autori della riforma di Touraine e altrettanti echi di queste idee e di questi insegnamenti si trovano quasi in ogni pagina degli appunti spirituali personali di p. Lorenzo.

Ad esempio:

«Dopo aver adorato la Divinità ed essermi sforzato per offrirmi ad essa con tutta la mia volontà in un vero abbandono nella sua volontà, sento che ancora non è la piena fiducia di figliuolanza, no-

[9] Si veda: *Fondamenti di spiritualità carmelitana*, Albano Laziale, 1951, in: http://www.carmelit.org/public/templates/artisteer3samples/134_artisteer/images/carmelite-ebook/16.pdf. Anche: *Vivere nell'ossequio di Cristo. Commento alla Regola carmelitana*, Roma, 1956, in: http://www.carmelit.org/public/templates/artisteer3samples/134_artisteer/images/carmelite-ebook/17.pdf.

nostante la verità della Fede: abba, Pater: ma considerando Gesù, il cuore si commuove: è Fratello nostro, ed è più facile, anche nella vita familiare, aprire il cuore al fratello in affetto fraterno, che non al proprio Padre, pur sentendo per lui un affetto filiale, che è però misto di timore reverenziale».[10]

"Dimmi come preghi, e ti dirò chi sei", abbiamo detto: nelle sue note autobiografiche, p. Lorenzo segnala in diverse situazioni di aver avuto una forte difficoltà a relazionarsi a suo padre con confidenza, sentendo verso di lui un forte timore reverenziale e questa difficoltà si riflette, quasi inevitabilmente, sul suo rapporto con Dio-Padre!

Ancora p. Lorenzo:

> «Ho pregato in questi mesi per entrare nel Cuore di Gesù, in modo tale da vivere con l'intelligenza e la volontà di Gesù: è questa a grande grazia che domando al Signore: vivere intimamente con l'anima Sua: vivere del suo santo Sacerdozio! Essere uno dei più intimi amici di Gesù! Ma la mia natura così superba ed orgogliosa non saprebbe resistere da sé alla vergogna di un prete disonorato!»[11]

P. Lorenzo non ha mai nascosto il suo amore per la vita carmelitana e la sua nostalgia per essa, che traspare anche dal fatto che egli, quando fu secolarizzato, mantenne il suo nome di religioso mentre avrebbe potuto farsi chiamare *don Ettore*, lasciando, assieme all'appartenenza all'Ordine, anche il nome ricevuto all'ingresso nella vita religiosa, e amava essere chiamato "padre", piuttosto che "don Lorenzo" o "monsignore"[12].

Ricordando, egli scrive:

> «Tendevo e tendo ancora, per natura, alla vita interiore e la natura dell'Ordine Carmelitano si confaceva perfettamente al mio spirito. La vita cenobitica! Poi sono cambiato molto da questo principio per le circostanze della vita, come narrerò più tardi[13].

---

[10] Da: Lorenzo van den Eerenbeemt, *Quaderno strettamente privato del P. Lorenzo incominciato nell'ott. 1950 ...*, f. 1 v.; questa nota è datata in modo poco chiaro, ma forse: "7 ottobre 50". D'ora in avanti, questo testo sarà citato solo come *Quaderno ...*

[11] Da: *Quaderno ...*, cit., nota con data imprecisata del "Settembre 1952", f. 10 v. si tratta del periodo in cui subisce l'interrogatorio per la denuncia di truffa che aveva subita.

[12] Così affermano molti testimoni oculari.

[13] Lorenzo van den Eerenbeemt, *Autobiografia,* p. 27. Non si conosce con certezza quando il Padre abbia scritto questa autobiografia; l'opera è stata da lui lasciata incompleta. D'ora in avanti, questo testo sarà citato solo come *Autobiografia....*

Sentivo che la mia vocazione era veramente per il Carmelo, il Signore mi aveva guidato a buon porto. Gli appunti spirituali erano scritti in un quadernino sperduto. Credo che pregavo con fervore, che meditavo benino, le funzioni liturgiche mi piacevano moltissimo: ero un vero Carmelitano!».[14]

E, ormai oltre i 65 anni d'età:

«Desiderio intensissimo di una vita ritirata, contemplativa, con Dio, ma come fare? Non posso lasciare le Suore e perciò aspetto che il Signore ci pensi lui». [15]

3. Una storia intessuta di preghiera

Quella di p. Lorenzo è stata davvero una storia tutta tessuta e ricamata sul suo rapporto personale, profondissimo e, a un certo punto, anche molto contemplativo, con Gesù Cristo.

Ripercorriamo brevemente.

Quando ricorda le sue relazioni familiari dell'infanzia, specie con i genitori, rivela una grande sofferenza e sottolinea di non aver avuto contatti con la Chiesa – si tratta soprattutto del periodo in cui era a balia a Ceccano:

«Nessun affetto, nessuna manifestazione familiare che io ricordi, neppure della mamma, del babbo, dei fratelli in quella prima infanzia; nulla nulla di Chiesa, di preghiera, di cose spirituali! Sarò stato un animaletto, più pulito, più educato, ma sempre un rappresentante dell'essere vegetativo; dovevo essere un salsicciotto, poco gradevole per una buona compagnia! Oh Dio che miseria la nostra umanità!».[16]

Eppure, qualche pagina più avanti, è lui stesso che richiama in chiave positiva l'educazione religiosa e l'esempio ricevuti in famiglia:

«Ringrazio il Signore che oltre la buona scuola avuta dai Carissimi[17], la mia famiglia mi ha dato l'esempio di religione non mancando mai in quegli anni giovanili alle Sante Messe».[18]

---

[14] Da: *Autobiografia, cit.,* p. 28.

[15] Da: *Quaderno* ..., cit., f. 9 r, nota del 10 Giugno 1952.

[16] Da: *Autobiografia*, p. 2.

[17] Modo popolare di indicare i Fratelli delle Scuole Cristiane. Il piccolo Ettore aveva frequentato le scuole elementari presso il loro Istituto De Merode – collegio San Giuseppe in piazza di Spagna, a Roma. Qui aveva ricevuto la prima comunione; qui aveva anche frequentato ogni giorno la s. messa e pregato con gli altri allievi, secondo l'uso del tempo nelle scuole cattoliche.

[18] Da: *Autobiografia* ..., p. 7.

Rileggendo la sua storia alla luce dell'esperienza, il Padre scopre ancora altri segni della grazia divina che hanno man mano orientato il suo cammino verso un'adesione personale e totale a Dio in Cristo. Leggiamo fra i suoi ricordi del tempo trascorso nel seminario di Patrica/ Ceccano[19]:

> «Quel che mi ha fatto tanto del bene, è stata l'amicizia fraterna[20] che esisteva in questo Seminario; mentre nel Collegio S. Giuseppe, il mio animo si era intimidito, al Seminario ho aperto il cuore e la mente per l'amore; non amicizie particolari nel senso di cui si parla nelle comunità, che spesso sono il principio di cose illecite, ma un vero senso di cameratismo; ho amato i miei compagni; alcuni di essi non avranno mai saputo la calda sincera affezione che ho avuto per loro. [...]
> Ma anche in quegli anni oltre agli studi, ho esercitato la preghiera; non in modo straordinario, anzi molto ordinario, contentandomi di fare quel che era prescritto, con buona intenzione. Debbo dire che ho avuto fin da bambino sempre rispetto per la Chiesa e per i suoi ministri.
> Credo di sicuro che moltissimo abbia giovato per la mia anima la Comunione quotidiana e il 1° venerdì del mese, e nonostante la grande fragilità della natura, con quelle tendenze così accentuate per il male, ho trovato la purificazione nella Santa Confessione e Comunione. In quel tempo si è formato il substrato della mia anima per il sacerdozio, benché trovassi in me intimamente una spirito ribelle a questa divina disposizione; non mi posso ricordare di aver inteso chiaramente la voce divina, forse per colpa mia per quello spirito d'indipendenza ch'era in tutto il mio essere, benché esteriormente io fossi attaccato alla vita di disciplina e del dovere».[21]

A questo ambiente positivo e che molto influenzò il ragazzo Ettore, moltissimo contribuì la presenza e l'attenta opera educativa del fondatore di quel seminario, nato per la formazione di sacerdoti specialmente dediti alle missioni interne ed estere, il religioso vincenziano p. Filippo Valentini. Lo stesso p. Lorenzo segnala con affettuosa gratitudine il suo rapporto con questo sacerdote appassionato e abile.

---

[19] È il periodo che corrisponde a quello attuale della scuola media superiore.

[20] Il testo originale è lievemente diverso, risultando grammaticalmente sconnesso ed è stato perciò leggermente corretto nella presente trascrizione.

[21] Da: *Autobiografia* ..., cit., pp. 11-12.

Venne poi il periodo in cui Ettore sentì il bisogno prepotente di allontanarsi da tutto quello che aveva costituito la sua vita fino a quel momento e partì per lavorare a Parigi, vivendo assieme al fratello.

Fu una stagione assolutamente decisiva per lui.

Leggendo l'autobiografia, si vede come proprio in questi brevi anni siano man mano giunti a maturazione i semi di grazia e di vita spirituale largamente ricevuti negli anni dell'infanzia e dell'adolescenza.

Il Padre annota che nella capitale francese, pur preso dal lavoro e da una certa vita sociale, grazie anche alla benevolenza e alla fede del suo datore di lavoro non ha mai mancato di fare la s. Comunione il 1° venerdì di ogni mese né di confessarsi regolarmente e di partecipare col fratello alla s. messa domenicale, presso la chiesa di N. S. delle Vittorie.

Dopo qualche mese, sempre col fratello, si trasferisce in Belgio presso uno zio e infine Olanda presso i parenti del padre.

Con quel misto di serietà, precisione e sorridente ironia che lo caratterizza, p. Lorenzo annota:

> «Dai sedici anni fino ai venti anni sono stato in famiglia presso lo zio Harry, in questi anni s'innestò più profonda in me l'idea di Dio, dei misteri del Salvatore: diventavo più pio e visitavo con grande devozione la cattedrale. Nel misticismo di quella chiesa sentivo la pace profonda del cuore; ... giù in fondo la cappella del Santissimo: unico disturbo -de stoelsetzer - il sacrestano che veniva a prendere i cents per la sedia occupata.
> Veramente pregavo. Così de Zoete Lieve Vrouw van den Bosch (Dolce cara Signora di den Bosch – trattasi della Madonna venerata nel vescovato di den Bosch) era il mio conforto. Per le strade io meditavo i punti più salienti della religione».[22]

Vediamo così come il giovane Ettore, fra la sorpresa generale dei parenti, si avvia con serena decisione alla vita religiosa, compiendo una personale ricerca della forma di vita a lui più conforme e, così, approdando al Carmelo.

Qui assume uno stile di vita severo, spartano, esigente, ma anche gusta la fraternità, conosce religiosi che -sebbene non molto colti o raffinati- sono uomini di vera e grande preghiera, che ammira e rispetta.Da chierico, poi accoglie con grande gioia il rinnovamento degli studi voluta dal Priore provinciale p. Driessen e dal suo gruppo, nel quale spiccava il padre, il beato Tito Brandsma.

Scrive riguardo questo importante cambiamento di stile:

---

[22] Da: *Autobiografia ...*, p. 22.

> [dopo l'elezione del p. Uberto Driessen] «Non era più l'Ordine cenobitico ma un Ordine di vita mista. Sempre fedeli alla preghiera si usciva fuori per istruire in tutte le materie la gioventù.
> La mia natura era molto portata agli studi astratti, perciò godevo immensamente della Filosofia».[23]

Ecco che, dopo la "Scuola apostolica" di Patrica/Ceccano, il Padre si trova ancora una volta a coniugare una vita di dedizione totale al Signore che non evita ma, anzi, valorizza, l'impegno apostolico, secondo lo stile di vita voluto dalla riforma di Touraine. Questa volta, per di più, lo fa con piena consapevolezza e con gioia.

Questo ci fa capire come mai un confratello che lo conobbe qui in Italia lo descrive come "un uomo di preghiera e di meditazione continua delle Scritture, che studiava approfonditamente, era un sacerdote zelante, un vero apostolo"[24].

Il resto della storia personale e vocazionale di p. Lorenzo è abbastanza ben conosciuto.

Il suo percorso esistenziale, sebbene non privo di gravi travagli, non l'ha mai allontanato né dalla preghiera.

Al contrario, come vedremo, sembra che i conflitti, le amarezze, le umiliazioni, le sofferenze che non gli sono state risparmiate lo abbiano spinto a potenziare e approfondire la sua relazione con Dio.

Da quel che leggiamo nel suo quaderno di note personali, il Padre, oltre a non aver mai trascurato la preghiera e le celebrazioni liturgiche cui lo obbligava la sua condizione di sacerdote, non ha mai lasciato di coltivare le sane abitudini spirituali imparate nella vita carmelitana: la pratica della "presenza di Dio" e l'ora di meditazione notturna/mattutina, i tempi dedicati allo studio, la devozione alla Madonna, la preghiera del s. Rosario, la pratica di una profonda umiltà e del rinnegamento di sé.

Parimenti, come si vede dagli oggetti personali a lui appartenuti, non ha nemmeno lasciato cadere la pratica di penitenze corporali, quali il cilicio e la "disciplina".

4. P. Lorenzo: l'esperienza di preghiera

Molto di quanto diremo d'ora in avanti è riferito a quanto il Padre annota nel suo *Quaderno strettamente privato del P. Lorenzo incominciato*

---

[23] Da: *Autobiografia* ..., cit., p. 31.

[24] Testimonianza a futura memoria di p. Gerardo Angelici.

nell'ott. 1950 e terminato - così lui lo intitola il manoscritto, senza completare con la data dell'ultima nota, che risale al 1968[25].

Così, mentre abbiamo il dono di poter conoscere molti particolari degli anni della tarda maturità del Padre, non possiamo conoscere un gran che degli anni precedenti.

Il Padre stesso, nelle note di questo quaderno, segnala che, per essere sicuro di fare la sua meditazione e di farla bene, alla metà degli anni '50 ha iniziato a fare quest'ora di preghiera scendendo in chiesa nel cuore della notte. Egli, di solito, annota gli orari: dalle 2 alle 3, dalle 3 ½ alle 4 ½ e simili. Inoltre si comprende da queste pagine che egli, assieme alla preghiera del breviario, spesso riprende la preghiera meditativa al mattino presto, prima di celebrare la s. Messa.

Una preghiera ben ordinata

Le stesse note personali mostrano come anche il metodo che seguiva la sua meditazione era, in sostanza, quello imparato durante il noviziato, sulla scia della scuola spirituale turonense.

Altrettanto evidente è che egli abbia scritto queste note proprio seguendo un metodo di vita spirituale. Sempre a questo metodo di meditazione appartiene l'abitudine che il Padre manifesta di formulare un proposito preciso al termine di ogni sua meditazione.

Da quel che egli scrive, inoltre, sappiamo che un simile quaderno di note, riguardante gli anni precedenti al 1950, sia andato perduto.

Nella prima pagina del suo quaderno di note personali, dopo una lunga riflessione di tipo filosofico-meditativo su Dio, datata soltanto "1950", leggiamo:

> «L'adorazione di un Dio invisibile ed inafferrabile può riuscire pesante, perché sono le nostre facoltà che lavorano sole – così sembrerebbe ma non lo è, poiché Egli talora manifesta ed illumina la mente in un modo sorprendente sopra l'uno o l'altro dei suoi attributi: si direbbe opera del cervello, specialmente di quello degli uomini studiosi, ma invece la vivacità e la profondità del pensiero è tale che dobbiamo ammettere l'opera vera di Dio in noi: del resto siamo -con la preghiera- nel campo soprannaturale e perciò -da noi niente possiamo.
> Ottimo è ripetere in umilissima preghiera; illumina "Vultum tuum, Domine, super nos et misereatur nostri". Sei invisibile, Dio, ma se

[25] La datazione completa di quest'ultima nota non è ben precisata dal Padre. Nel testo di questa, inoltre, è inserito un breve appunto riguardante avvenimenti del 1969.

tu illumini il tuo Volto, allora Ti vediamo, cioè se Tu accendi la nostra Fede in modo che la Fede sia più che conoscenza umana e ragionamento umano, allora l'intelletto gode di questa soavissima presenza di Dio».[26]

In queste note personali troviamo principalmente tre oggetti di meditazione e preghiera per il Padre: Dio e la Ss.ma Trinità, la passione di Gesù e la preghiera del "Padre nostro".

Seguiamo bene anche lo sviluppo di questa meditazione che, la meditazione su Dio e sulla preghiera del Signore che suscita anche un certo interesse teologico.

La partecipazione alla Passione di Gesù

Soprattutto possiamo ammirare il ripetersi e l'approfondirsi in diverse forme della meditazione, della preghiera e della sempre più viva partecipazione alla passione di Gesù. Leggiamo:

> «Ottobre 51 - [Dopo un doloroso e delicato intervento chirurgico per rimuovere una grossa cisti coccigea] Per me la sosta in clinica è stato un ritiro spirituale da tempo desidero ritirarmi di nuovo in convento per poter vivere più spiritualmente, però desidero fare in tutto la volontà del Signore. In questi ultimi giorni ho – nella sera – prima di andare a letto, cercato di pensare a Gesù Crocifisso, mettendomi a considerare le sue piaghe in ispirito insieme al Padre Pio di Pietrelcina. Il pensare, così comune, che Gesù è Dio, mi è parso sublimemente altissimo considerando la Passione. Un Dio in Croce per salvare il mondo, per salvare l'anima mia».[27]

Teniamo conto del fatto che, oltre al dolore fisico e al disagio del ricovero, questo particolare intervento chirurgico e le cure che lo hanno necessariamente seguito, sono costate al Padre, uomo molto pudico e riservato, una grande sofferenza personale per dovere esporre continuamente il proprio corpo agli occhi di medici e infermieri. Evidentemente, anche in questo, è riuscito a portare frutto: un frutto di unione sempre migliore e maggiore con il Signore.

---

[26] Da: *Quaderno* ..., f. 1 v.

[27] Da: *Quaderno* ..., f. 8 r. Come molti in quell'epoca, p. Lorenzo aveva una profonda venerazione e ammirazione per p. Pio da Pietrelcina, che in seguito ebbe modo di incontrare personalmente.

In un'altra occasione di grande e prolungata sofferenza per lui, quella già accennata del processo per l'accusa di truffa avanzata contro di lui da una usuraia di Civitavecchia a causa di una firma che egli aveva emessa fidandosi un po' troppo di un imprenditore, egli scrive:

> «8 Novembre 1952 - Molte cose sono passate in questi ultimi giorni. Posso dire d'aver passato un vero Getsemani: non posso descrivere l'amarezza del cuore, che mi ha fatto pensare all'amarezza che un'anima può avere nell'altra vita se muore in disgrazia di Dio. Mi ha sostenuto la fede in Dio: Dio solo è il giudice Dio è sempre con noi: con Dio possiamo parlare ogni momento. Non vi è bisogno di chiamarlo: è sempre in noi. Ma la fantasia umana che vaneggia sempre ed anche in questi casi, si appoggia più agli uomini, che a Dio. [...]
> Trovo grande conforto nella preghiera intima col Signore: è che noi, non consideriamo abbastanza le sofferenze intime e quelle di Gesù in Croce: non siamo capaci di soffrire un po' per Lui: è vero, possiamo commuoverci al pensiero – Dio in Croce!, ma cosa farei con un chiodo nelle mani? Solamente la Grazia divina può aiutarci in questo soffrire!
> Giacché il Signore vuole che noi Gli domandiamo le grazie per l'anima nostra, e che non scarseggiamo nel domandare, l'ho pregato affinché mi tenesse con i suoi più intimi, durante questa mia vita mortale, nel Suo Cuore e che io possa morire nel suo Cuore, e che nella partenza da questo mondo, la mia povera anima si sprofondi nell'Abisso dell'Amore, il Suo Cuore, e là venga purificato dalla fiamma dell'Amore».[28]

Ecco il frutto buono e prezioso della meditazione ben fatta, specialmente di quella sulla Passione di Cristo: tutti gli affetti e i pensieri si muovono in un crescente desiderio dell'unione con Lui nell'amore e quello che può sembrare un ostacolo a questo itinerario, diventa pian piano un gradino per esso.

Notiamo qui anche il riferimento al Cuore di Gesù: non sono le parole e i contenuti della mera devozione e nemmeno quelli della sola dottrina teologica del tempo, ma termini e affetti che sorgono in chi vive una relazione veramente profonda e personale con Cristo e che ha ormai superato (o lo sta facendo) il timore di "perdersi" in Lui o per Lui.

Una preghiera missionaria

Per il modo in cui il Padre parla del Cuore di Gesù qui e in altri testi, inoltre, potremmo mettere queste e altre simili note spirituali del

---

[28] Da: *Quaderno ...*, f. 11 r.

Padre accanto ad alcune delle più belle pagine della b. M. Crocifissa che, come Lui, viveva in modo profondo e molto personale la spiritualità del Cuore di Gesù.

Questo ci spiega come mai essi abbiano voluto una Congregazione missionaria e abbiano scelto come primo simbolo di essa lo stemma del Carmelo con un semplice Cuore di Gesù al centro.

Un'altra forma della preghiera del Padre che lo accomuna a m. M. Crocifissa ed, in quell'epoca, è solitamente collegata con il culto del Cuore di Gesù, è l'offerta di sé a Dio:

> «[1951] 19 Maggio - Ogni mattina mi offro al Signore vittima, come sacerdote, per imitare il Sommo Sacerdote Gesù: secondo i suoi desideri, i suoi scopi e depongo tutte le insegne dell' umana fragilità sull'altare».[29]

La preghiera prolungata e ripetuta sulla Passione di Gesù evidenzia e rafforza anche un altro aspetto della relazione del Padre con Gesù Cristo. Leggiamo:

> «Maggio 56 - Mattina: Meditando brevemente prima della Messa la Passione del Signore, le sue piaghe delle mani e dei piedi ... Impressione dolorosa di quest'Uomo Crocifisso! Uomo peccatore? Come il buon Ladrone? La sua pena non ci farebbe impressione. Ma qual male ha fatto Gesù? È veramente l'Uomo-Dio che si sacrifica per noi, per me! Ecco il mistero profondo. Pensavo questa mattina al dolore atrocissimo nervi dei piedi che non possono muoversi. Chi potrà descrivere tanto strazio!
> Nel "memento" dei vivi mi figuro Gesù (la testa e le sue braccia) quasi sull'altare e gli domando: Perché Gesù, il tuo "sitio"? Immensi popoli senza idea di Dio! Come vuoi che entrino in cielo? Ma tu puoi! Vi sono chi sa quanti che riceveranno un barlume di verità, il desiderio di fare ciò che Iddio vuole, un battesimo di desiderio. Chi sa quanti si convertono! Sono i predestinati del cielo! Predestinati per i meriti di G. C. e per le nostre umilissime preghiere!
> Per quali moribondi posso pregare? Per i moribondi senza conoscenza della religione, prego Gesù che ci pensi per i sacerdoti in pericolo di morte eterna e per i più grandi peccatori cristiani-cattolici che non vogliono l'aiuto spirituale, domando a Gesù, per il mio santo sacerdozio, quantunque indegnissimo, almeno un centinaio e poi per tutti quelli cui ho potuto dare scandalo, affinché nessuno perda il Paradiso».[30]

---

[29] Da: *Quaderno* ..., f. 6 v. Il testo manoscritto continua, elencando gli oggetti segno della dignità e dell'ufficio episcopale.

[30] Da: *Quaderno* ..., f. 13 r.

Questo modo di pregare, di meditare, di celebrare, è in sé apostolico nel modo più totale che possiamo immaginare: l'impegno apostolico, l'azione missionaria non sono nient'altro, infatti che questo sforzo di collaborare con Gesù Signore a salvare le anime dei suoi figli, tutti prediletti. In quanto tale, un autentico "spirito missionario" non può nascere, se non da una profonda comunione con Lui.

Ecco perché il nostro Padre è stato tanto appassionato per le missioni: era un uomo che viveva continuamente con Gesù!

Anche della sua preghiera meditativa sul "Padre nostro" troviamo molti appunti di grande interesse:

> «9 Luglio 56 - Continuando meditazione fatta alle 3 / 3 ¾ di stamattina. Adveniat Regnum tuum. Avvenga il tuo Regno. Quale Regno? [...] ammetto questo regno, almeno spirituale, con riconoscimento in tutto il mondo, avendo così tutte le nazioni la facilità di riconoscere la vera Chiesa di Cristo. O Signore, abbi pietà di tutti i popoli che non ti conoscono, che non hanno nessuno che parli loro di Dio, e molto meno del Santo mistero della SS. Trinità e molto meno di Gesù. Intendo ripetere il proposito nel memento dei vivi della S. Messa di ricordare tutti i moribondi - che secondo l'infinito disegno della predestinazione – dei popoli sotto i soviet, cinesi, giapponesi, africani ecc., sono chiamati a far parte della vita eterna, corrispondano ad una sua grazia specialissima di conversione. Qui è un altro punto di preghiera. Il Signore vuole che noi preghiamo e altronde vi è il mistero della predestinazione. Allora la preghiera dovrà essere formulata in questo modo: Signore io prego per quell'anime che vuoi vedere salve, mediante anche la mia umile preghiera! Il mistero della predestinazione non deve sgomentare il cristiano che sa che l'amore misericordioso di Gesù vince la sua Giustizia».[31]

Sacerdote fino in fondo

La sua condizione di sacerdote, come abbiamo già ascoltato in precedenza, molto comprensibilmente, è per il Padre un incommensurabile dono del quale egli ha costantemente una grande cura e non cessa di ringraziare Dio:

> «16 Maggio 56 - Credo nel mio sacerdozio: ricordo il profondissimo movimento nella mia anima il giorno, o meglio, i giorni della mia ordinazione sacerdotale, giorni di gioia intima che non ritornano più ...».[32]

---

[31] Da: *Quaderno* ..., f. 18 r.

[32] Da: *Quaderno* ..., ff. 12 v. - 13 r.

Il fatto di essere un sacerdote mette p. Lorenzo in una condizione privilegiata in relazione col Signore Gesù:

> «Consolantissimo per un sacerdote e più umanamente concepibile è l'amore verso Cristo: Cristo è un carissimo fratello, a cui si può parlare con affetto – per così dire – umano: Lui e noi siamo uno, perché Egli penetra misteriosamente nel nostro essere, col sacerdozio, da unirci profondamente nella sua potenza redentrice.
> Dopo aver adorato la Divinità ed essermi sforzato per offrirmi ad essa con tutta la mia volontà in un vero abbandono nella sua volontà, sento che ancora non è la piena fiducia di figliuolanza, nonostante la verità della Fede: abba, Pater: ma considerando Gesù, il cuore si commuove: è Fratello nostro, ed è più facile, anche nella vita familiare, aprire il cuore al fratello in affetto fraterno, che non al proprio Padre, pur sentendo per lui un affetto filiale, che è però misto di timore reverenziale».[33]

La contemplazione della natura

Un altro aspetto importante della preghiera di p. Lorenzo è il contatto e l'osservazione della natura come una via semplice per introdursi nel dialogo con Dio e nella lode a Lui.

Questo modo di pregare è iniziato in lui nell'adolescenza, specie nel periodo della "Scuola apostolica" di Patrica/Ceccano e non si è mai spento.

Alcune sorelle ricordano di averlo visto in profonda preghiera anche dinanzi al tramonto o al sorgere delle stelle.

L'amore per Maria vergine

Notiamo con un certo stupore che il Padre, nel suo quaderno di note spirituali, più volte lamenta di non sentire sufficiente devozione per la Madonna.

Eppure egli stesso ci narra come, proprio trovando conforto presso la Madonna di *van den Bosch,* sia riuscito a maturare la decisione di diventare frate.

Eppure le testimonianze parlano di lui come di un fervente devoto di Maria!

Forse, in questo come in altri casi, egli parla di sé e si giudica non tanto in base alla realtà dei fatti, quanto partendo dai suoi grandi de-

[33] Da: *Quaderno* ..., f. 1 v.

sideri di uomo innamorato di Dio e della sua Madre, e del suo alto concetto della vocazione carmelitana.

«Confesso la mia freddezza verso la Madonna: mi manca ancora molto per avvicinarmi a Lei col desiderio d'amore, come si converrebbe alla Madre Celeste: cerco di dire sempre con più attenzione le Ave Maria, più volentieri in italiano che in latino: l'Immacolata di Lourdes mi attira più delle altre immagini».[34]

In un'altra occasione:

«[1951] 16 Maggio - [...] Ho finito di tradurre il brano sulla divozione verso Maria che nutriva il carissimo P. Tito Brandsma l'atleta cristiano per la libertà della Chiesa. Di fronte alla sua bellissima anima, mi sono inteso sconvolto ed umiliato: quante volte ho tradito la mia vocazione di Carmelitano: un vero abisso d'ingratitudine verso di Lei che mi ha chiamato al suo Ordine: spesso ho pensato che la mia rottura con l'Ordine, che io posso difendere in tanti modi e difendo di fatti, sia stato un castigo delle mie grandi infedeltà. Però ci spero tanto da Lei. Lei sa che io ricorro con tanta fiducia nella sua mediazione presso Dio. O buona Madre, anche con questa penna voglio esprimere il mio umile amore verso di Te».[35]

Le difficoltà nella preghiera

Non possiamo trascurare, a questo punto, di accennare almeno alle difficoltà che il Padre ci confida di aver avuto nella preghiera, specialmente il sonno e le distrazioni causate da eventi o situazioni che lo turbavano o preoccupavano. A titolo di esempio, leggiamo:

«[1952] 10 Giugno - [...] La contemplazione mattutina delle sue sante piaghe, danno agio a celebrare meglio la Messa: pur tuttavia in della celebrazione rarissimo penso alla morte di Gesù in Croce: la distrazione, benché involontaria, rende poco sentita la Messa: quanto è difficile celebrare con fervore, quanto è difficile pregare la mattina, col sonno che mi distrugge ogni senso di preghiera».[36]

Un interessante esempio di come la sua sensibilità umana, e questo avviene a tutti, abbia influito sulla sua vita spirituale e delle riflessioni

[34] Da: *Quaderno* ..., ff. 1 v. - 2 r.

[35] Da: *Quaderno* ..., f. 6 r.

[36] Da: *Quaderno* ..., f. 9 r.

e lezioni che egli traeva da queste situazioni, che ce lo fanno sentire tanto più vicino:

> «18 Nov. 50 / Lotte interne - È inevitabile come tutto l'essere umano si risenta, quando crede ad una offesa: la fantasia cerca a vendicarsi in mille maniere e batte e ribatte sullo stesso argomento: le parole a stento si frenano, e il cuore pulsa più veemente e il sangue scorre alla testa da far male: si è incapaci di ragionare, durante lo scoppiare di questa bomba rossa nell'intimo dell'uomo: l'amor proprio, figlio della superbia. Non è possibile subito mettersi in preghiera, però il ragionamento interiore proprio della mente spinge l'uomo prudente a non prender decisioni di qualsiasi genere in questo stato, quantunque la passione ci spinge a reagire: conoscendosi un poco, si sa bene che però il furore pian piano si dilegua e ci si può ragionare. Ma i ragionamenti umani servono ben spesso a rincarare la dose e accumulare l'ira interiore. Un ragionamento divino cioè in base della Fede è più che sufficiente a far trovare la pace e la tranquillità.
> Così ieri sera, essendomi fortemente turbato, ho inteso una forte ira ed interiore disprezzo per un superiore: non sono stato capace di annientarla la sera stessa, ma di buon mattino essendomi recato in Chiesa, mi sono calmato al pensiero che nulla può accadere se non col beneplacito di Dio; perciò quel tale prelato è stato un istrumento di Dio per umiliarmi. La calma mi è tornata ed ho fatto il proposito di non mantenere astio nel cuore e di accettare quest'umiliazione dalle mani di Dio».[37]

"Cercato dal leone ruggente"

Per concludere questa parte, è necessario ricordare che, come recita la Regola del Carmelo rifacendosi agli insegnamenti biblici, "tutti coloro che vogliono vivere piamente in Cristo debbono sostenere delle lotte e inoltre [...] il vostro nemico, il diavolo, vi gira attorno come un leone ruggente, cercando chi divorare" (n. 18).

A p. Lorenzo, in quanto vero uomo di Dio, non sono stato risparmiati i tentativi del nemico del bene per spaventarlo e distoglierlo dalla sua dedizione a Dio e al suo popolo.

Ne abbiamo una testimonianza abbastanza chiara:

> «Durante il periodo dell'immediato dopoguerra, quando andavo a dormire nella casetta di p. Lorenzo per fargli compagnia, una notte lo sentii parlare col alta voce, senza potere tuttavia afferrare il senso esatto delle parole che pronunziava.

---

[37] Da: *Quaderno ...*, f. 4 v.

La mattina gli chiesi cosa avesse avuto durante la notte e mi rispose che aveva dovuto far fronte a persone che erano andate sotto la sua finestra a molestarlo (cosa credibile in quanto ciò si era verificato altre volte ed io stesso in passato ero stato testimone).
Un'altra notte risentii il padre che parlava sempre ad alta voce, allora mi alzai e, scalzo per non fare rumore, mi avvicinai alla porta della sua stanza. Capii così che stava pregando (ad alta voce). La mattina gli chiesi nuovamente: "allora padre anche notte lei ha avuto i soliti disturbatori?" Lui intuì subito che io avevo ascoltato e mi replicò: "Perché, che cosa hai sentito?" Io insistetti perché mi dicesse a chi si rivolgeva e lui mi rispose con queste testuali parole: "Parlavo con l'al di là". [...]
Allora io insistetti affinché mi precisasse cosa chiedeva e lui mi rispose: "desidero sapere quale sarà il futuro della nascente Congregazione". Mi disse poi che in merito a ciò si sentiva molto tranquillo. Mi ingiunse, però, di non parlare con nessuno di quanto avevo visto e sentito. Cosa che ho fatto fino ad oggi.
Inoltre, per quanto riguarda gli strani rumori alla finestra della sua stanza, che si ripetevano spesso durante le notti, ai quali p. Lorenzo faceva fronte ricorrendo a preghiere ad alta voce, ho seri motivi per ritenere che si trattasse di persecuzioni sataniche alla sua persona, infatti i sassi che lui diceva fossero stati scagliati contro la sua finestra da disturbatori esterni (comunisti civitavecchiesi dell'epoca, sfollati a S. Marinella) la mattina non li trovavamo sotto la sua finestra, mentre, in altre occasioni, quando effettivamente i sassi erano stati lanciati alla finestra la mattina furono da noi regolarmente ritrovati e fatti controllare anche dai carabinieri».[38]

5. P. Lorenzo: insegnamento sulla preghiera

Non possiamo concludere, senza fare almeno qualche accenno ai contenuti e ai modi con cui il Padre, in quanto sacerdote e in quanto Fondatore, ha cercato di trasmettere alle sue figlie spirituali con la parola e con l'esempio.

In questa parte, dobbiamo ricorrere alle sue lettere e a qualche testimonianza.

La contemplazione della natura

Ecco, dalle testimonianze, come il Padre che trasmette il suo modo di pregare contemplando la natura, ma anche il suo stile paterno, attento a rispettare le persone e a non cadere in eccessi di zelo:

---

[38] Testimonianza a futura memoria di Pietro Cucco.

«Per quanto riguarda il suo spirito di preghiera e di contemplazione, ricordo che spesso ci diceva: "Se vi è possibile, di notte andate a contemplare il cielo, guardate le stelle e cercate di dialogare con Dio, con il creatore". Evidentemente per dirlo a noi vuol dire che questa per lui era una esperienza individuale, anche perché quando ne parlava i occhi si illuminavano. Anche nella preghiera però, era molto equilibrato e comprensivo delle esigenze e delle possibilità della persona. Ricordo che la nostra maestra di noviziato, Sr Agata, ci faceva fare l'adorazione notturna settimanale e la prolungava oltre la mezzanotte con canti, preghiere e sempre in ginocchio sul marmo. Una notte, p. Lorenzo che dormiva in una stanzetta vicino alla cappella a tarda ora, sentendo che noi eravamo ancora lì a pregare, si alzò e invitò la maestra a farci smettere, dicendo che era tardi e bastava pregare e le raccomandò di mandarci a dormire».[39]

Un'altra testimonianza sullo stesso tema:

«Il suo inginocchiatoio, all'angolo della sua cameretta, è testimone delle ore notturne trascorse in contemplazione....
Quanto gli era caro d'estate, dal terrazzino del suo piccolo appartamento, assistere al sorgere del sole – peccato che non ricordo più le entusiastiche parole con cui mi descriveva la bellezza e la grandezza di Dio, che egli contemplava nella bellezza della creazione.
- Due novizie, circa nel 1950, si preparavano alla Professione. Il Padre teneva loro due conferenze al giorno in cappella. Ero presente anch'io: mi voltai per caso nel momento che Egli, entrando in cappella, si segnava devotamente con l'acqua santa: mi colpì il suo sguardo, era ultraterreno, lessi nei suoi occhi, vivamente azzurri, il contenuto della spiritualità che riversò subito dopo alle nostre anime, con quella conferenza. Non so ridirla a parole ricordo che sentii il vivo bisogno, appena terminata la conferenza, di andarmene da sola in terrazza per gustare più profondamente il senso di Dio che ci aveva trasmesso. [...]».[40]

La contemplazione della Passione di Cristo

Credo che la meditazione e contemplazione della Passione del Signore sia uno degli esercizi spirituali più praticati e raccomandati nella storia spiritualità dal Medioevo a oggi. Abbiamo visto quanto fosse caro e proficuo per il Padre questo esercizio che, quindi, non mancava di raccomandarlo alle sue Suore.

---

[39] Testimonianza a futura memoria di Sr Maria Pia Romeo.

[40] Testimonianza a futura memoria di Sr M. Rita Giannone.

In una circolare riprendendo una esortazione tradizionale, scrive:

«Cosa faremo noi in questi giorni di preparazione per la Santa Pasqua? Saremo più raccolte meditando meglio che possiamo la dolorosa Passione del Signore. Guardiamo la S. Piaga della mano destra, ripiena di sangue coagulato ... il braccio coperto di ferite per la crudelissima flagellazione ... così la mano sinistra e la spalla squarciata dal gran peso della Croce ... Baciamo in spirito i santi piedi, contemplandoli doloranti e pieni di sangue e terriccio!
Sarà questa la meditazione preferita in questi giorni di penitenza, preghiera ed amore».[41]

Troviamo un esempio di tali raccomandazioni anche in una lettera a Sr M. Scolastica Paolino, zelante missionaria in Brasile, con la quale egli ha tenuto un rapporto, in pratica, di direzione spirituale per via epistolare. Riporto quasi per intero la breve e interessante lettera, nella quale ricorrono molti dei temi di spiritualità che abbiamo già visti:

«Beatissima Suor Scolastica,
Non ti sgomentare se ti chiamo "Beatissima", perché non sei nata per la terra, ma per il cielo: e in cielo ci andrai sicuramente.
Lavoriamo per Gesù, per Lui tutte le fatiche, le contraddizioni, le difficoltà, le incomprensioni di alcune compagne, e guardiamo sempre in alto, in alto.
Sopportiamo i caratteri diversi delle consorelle: non ci turbiamo, purché rimaniamo fedeli, fedelissime ai nostri voti: siamo con Gesù, viviamo con Gesù, ci nascondiamo nel Suo Cuore, e dedichiamo a Lui i nostri pensieri, le nostre azioni, tutto per il Signore.
Medita senza libro la Passione del Signore – e il Pater Noster, nel silenzio e in profondo raccoglimento. Sii sempre obbediente anche quando ti costa.
Abbi però sempre il sorriso di Teresina, anche nelle più grandi difficoltà».[42]

Amore e adorazione al Cuore Eucaristico di Gesù e devozione a Maria vergine

Un prezioso scritto del Padre per l'intera Congregazione è il "Direttorio" che egli redasse nel novembre 1925 a complemento delle prime

---

[41] Lorenzo VAN DEN EERENBEEMT, *Circolare* Pasqua 1963.

[42] Lorenzo VAN DEN EERENBEEMT, *Lettera* a Sr Scolastica Paolino, S. Marinella, 21 Novembre 1960.

Costituzioni della congregazione e in esso troviamo molte esortazioni e norme interessanti.

Dobbiamo accontentarci di sottolineare che il Padre, preoccupato di inculcare un vero spirito carmelitano alle sue Suore, le impegna a coltivare uno stile di vita contemplativo, pur nell'azione. Come? Egli esorta e dispone, in stretta relazione al culto del Cuore di Gesù, l'adorazione frequente dell'Eucaristia:

> «È vero che Gesù nella sua Santissima Umanità è in cielo nella pienezza della gloria, ma anche nella sua Eucaristia è presente, realmente presente nella pienezza della sua vita gloriosa; dalla Eucaristia Egli sente, ascolta, aspetta e chiama le sue creature con accenti d'amore. E per le sue spose l'amore di Gesù nell'Eucaristia è infinitamente superiore a qualsiasi amore di sposo terreno. È Gesù il Creatore che ha plasmato le anime delle sue predilette; alle sue creature che vengono a conoscerlo affida le sue pene, i suoi abbandoni, perché Gesù è abbandonato, misconosciuto, proprio in questo Sacramento del suo infinito amore. Da ogni tabernacolo parte in gemito, un gemito divino che invoca compagnia, amicizia, riparazione, immolazione; sarà perciò dovere di ogni Carmelitano perfezionarsi nella riparazione e nell'immolazione, e vicina al tabernacolo dovrà vivere la vita di Maria Maddalena, quando questa ai piedi del Divin Maestro pendeva dalle sue labbra che pronunciavano parole di verità e di pace. Ricordiamo che quantunque il Carmelo Missionario abbracci ora anche la più sublime delle vite attive, la vita missionaria, pur tuttavia non è possibile separare il concetto del Carmelo da quello della vita contemplativa e questa vita contemplativa le nostre figliuole l'eserciteranno ai piedi di Gesù eucaristico.
> Ma il Carmelo si gloria sempre, oltre che della vita contemplativa, di una devozione speciale verso la SS. Vergine, perché come lo attesta un'antica e pia tradizione, sul Carmelo s'iniziò la venerazione per la Madre del Signore».[43]

Con quest'ultima frase, in modo molto spontaneo, il Padre connette strettamente l'adorazione eucaristica, quale forma privilegiata di preghiera contemplativa per le Suore, con l'amore a Maria che esse devono nutrire, in base alla loro identità carismatica di Carmelitane.

---

[43] Lorenzo VAN DEN EERENBEEMT, *Direttorio delle Missionarie Carmelitane,* quad. I, pp. IV-V (del manoscritto).

La preghiera missionaria

Le Suore, appartenendo a un Istituto missionario, devono essere missionarie anche nella preghiera e nel modo di pregare.

Non mancano indicazioni del Padre a questo proposito anche nel "Direttorio delle Missionarie Carmelitane":

> «Tra queste anime elette, chiamate a seguire più da vicino il Redentore nelle fatiche dell'apostolato, si dovranno annoverare le nostre Carmelitane. Esse domanderanno perciò al Signore che conceda loro uno spirito ardente missionario e per arrivare a tale scopo si sforzeranno di raggiungere il massimo grado nello spirito di mortificazione, accettando con cristiana rassegnazione, anzi con gioia, le piccole contrarietà che s'incontrano nella vita religiosa e che servono ad un graduale allenamento per la lotta più grande, sia fisica sia morale che le aspetta nelle Missioni».[44]

E a Sr M. Scolastica scrive:

> «Carissima s Scolastica,
> Coraggio, andiamo sempre avanti, pregando più possiamo, non con lunghe preghiere, ma con accenti profondi di amore verso Dio, per cui ci offriamo totalmente allo scopo della congregazione, abbracciando più che è possibile le opere raccomandate dalle nostre costituzioni.
> Per il momento ti benedico di cuore,
> P. Lorenzo».[45]

Il Padre raccomanda anche l'esercizio della presenza di Dio alle Missionarie come modo per pregare anche nel corso delle loro attività. Aveva forse sperimentato personalmente questo modo un po' "trasgressivo" di praticare tale esercizio tradizionale nel Carmelo? Sempre a Sr Scolastica, operante in Brasile, scrive:

> «Fa il possibile per pensare a Dio, cerca di meditare in presenza di Dio: Dio ti vede, Dio ti sta sempre davanti, benché con gli occhi non si vede. La presenza di Dio! Col pensiero alla divina presenza uno si sente sollevato e in certi modi anche soddisfatto perché crede fermamente che un padre affettuoso non abbandonerà mai la sua creatura.

---

[44] Lorenzo VAN DEN EERENBEEMT, *Direttorio delle Missionarie Carmelitane,* quad. I, p. XVII (del manoscritto).

[45] Lorenzo VAN DEN EERENBEEMT, *Lettera* a Sr Scolastica Paolino, s. luogo e s. data.

Coraggio dunque, avanti con la croce in mano, e con la croce sulle spalle. Salviamo la gioventù, che cresca il tuo amore verso il Signore, la Vergine e Santa Teresina, e troverai le corone nell'altra vita».[46]

In atteggiamento di fiducia

Perché la ***fiducia*** che rende "vittoriosa" la preghiera:

«E come si fa ad ottenere tanta grazia?
È un grande atto di fede che esige da noi il Signore: crediamo e profondamente preghiamo.
Se tutte le Suore del Carmelo saranno sante, l'Istituto nostro sarà caro a Dio come la pupilla dei suoi occhi (espressione dei libri santi).
Pregate, pregate e vivete da santi: otterrete tanto tanto dal Signore... a tempo opportuno».[47]

Sempre a Sr M. Scolastica, scrive:

«Pensa solo a Dio che ti ascolta nelle tue preghiere. Raccomanda a Lui, che sa tutto, che vede tutto... Dio onnipotente ed eterno.
Lo sguardo in alto e lascia tutte nelle mani di Dio. Sappi portare la croce di ubbidienze a Dio e ai superiori.
Coraggio. Fede, potenza infinita di Dio!
Ti benedico di cuore P. Lorenzo
N.B. Gettati completamente nelle mani di Dio. Porta la croce e cerca di essere sempre l'ultima tra tutte, il tuo cuore nel cuore di Gesù!».[48]

I frutti della preghiera

P. Lorenzo esorta continuamente le suore a pregare e a vivere in un atteggiamento di preghiera continua. Ovviamente, dà peso a queste raccomandazioni spiegando cosa si ottiene dalla preghiera.

Leggiamo, ad esempio, in una circolare senza data, ma certamente redatta in tarda età, nella quale il Padre lascia quasi un testamento spirituale alle sue Suore:

II - Lo spirito dell'Istituto
Le Suore nostre, mentre da una parte devono educare la gioventù, dall'altra, devono amare l'interiorità che consiste nell'amare l'ora-

[46] Lorenzo VAN DEN EERENBEEMT, *Lettera* a Sr Scolastica Paolino, 5 febbraio 1961.

[47] Lorenzo VAN DEN EERENBEEMT, *Lettera* alla comunità di Floridia, 11 Agosto 1955.

[48] Lorenzo VAN DEN EERENBEEMT, *Lettera* a Sr Scolastica Paolino, s. luogo e s. data.

zione e la più possibile unione con Dio, lavorando ma conservando lo spirito di umiltà e perfetto amore di Dio e del prossimo.
Inculcare questo profondamente nelle anime delle giovinette che vengono a contatto con voi. Riguardo ai voti [...]
Riguardo alla Castità [...]
Per mantenere sempre salda e santa tale virtù in noi, la Suora pregherà immensamente la Vergine che protegga le vergini. Evitate con fortezza libri e figure indecenti. Ma aumentate l'amore verso Gesù ... dove e quando? Nella cappellina in adorazione a Gesù Sacramentato.
Ma è nel profondo dell'anima che dobbiamo alimentare l'amore verso Dio ed adorare la Divina Presenza ovunque e questo lo si può realizzare.
Più profondo sarà l'amore a Gesù e più forte sarà il disprezzo per la gioia terrena del mondo.
Eleviamoci quanto più possiamo verso Iddio e non contaminiamoci con le sporcizie del mondo».[49]

Conclusione

Si potrebbe e dovrebbe dire molto di più e meglio, ma ci vorrebbe troppo tempo. Me ne scuserete!

Concludo velocemente, utilizzando le parole con le quali Sr M. Rita Giannone conclude i propri ricordi del Padre e che, a mio parere, riassumono bene la sua figura e il suo messaggio:

«Pochi mesi fa gli chiesi un pensierino spirituale. Stentava a parlare e si esprimeva con il gesto. Col dito mi indicò il Cielo e capii il suo solito ammonimento: *Abbi lo sguardo a Dio!*
Poi disse: *Lavorate per salvare la gioventù ...*
Poi un gesto come per dire: *il resto non conta nulla, tutto è vanità*».[50]

---

[49] Lorenzo VAN DEN EERENBEEMT, Circolare *Ultimi ricordi*, senza data, trascrizione, pp. 1-2.

[50] Testimonianza a futura memoria di Sr M. Rita Giannone. I corsivi sono redazionali.

P. LORENZO E LA PASSIONE MISSIONARIA

Sr Cecilia Tada, CMST[*]

Introduzione

Parlare della "passione missionaria" di P. Lorenzo significa necessariamente soffermarsi su alcuni presupposti che sono alle origini di questa straordinaria passione e per cercare di comprendere che cosa Egli intendesse per Missione. Da questa consapevolezza, come conseguenza, cercheremo di enucleare le linee portanti del suo progetto di vita missionaria, da lui vissuta intensamente, e proposta alle Suore Carmelitane Missionarie.

1. Presupposti per comprendere la passione missionaria in P. Lorenzo

1.1 *Contesto delle Missioni*

1.1.1. L'ambiente della famiglia

Per comprendere l'ambiente che ha aiutato P. Lorenzo ad avere una coscienza missionaria dobbiamo risalire innanzitutto all'ambiente della famiglia. Nel libro "P. Lorenzo, fondatore e apostolo dell'amore",

---

[*] Sr Cecilia TADA, già assessore della Commissione episcopale dell'Amazzonia della Conferenza episcopale del Brasile ha svolto diversi progetti missionarie in ambito nazionale. Dal 1999 al 2001 è stata membro dell'equipe esecutiva della Commissione Missionaria della Regione episcopale di San Paolo (COMIRE SUL 1). Ha ricoperto diversi incarichi nella Provincia Santa Teresa di Lisieux, come formatrice, animatrice di comunità, provinciale, segretaria e consigliera, direttrice di Scuola elementare e superiore. Ha conseguito Licenza in Scienze dell'Educazione presso l'Università Pontificia Salesiana e il Dottorato in Teologia della Vita Consacrata presso l'Istituto di Teologia della Vita Religiosa- Claretianum, affiliato all'Università Pontificia Lateranense.

viene messo in risalto esattamente il seme della missionarietà che è stato gettato in lui fin da quando egli era piccolo. Prima di tutto P. Lorenzo già nasce in un ambiente interculturale: papà olandese e mamma romana. Sono presenti nella parte della famiglia olandese diversi preti e suore missionarie che partono per Cina, Giappone, Guatemala e Africa[1]. Inoltre, i genitori, famiglia benestante, mantengono un circolo ampio di rapporti con Missionari, Vescovi, Cardinali, Preti e Suore.

Quando adolescente, P. Lorenzo rimane per due anni presso i Padri delle Missioni, assorbe lo spirito missionario di P. Filippo Valentini, rettore del Seminario che diceva: "A che servono i preti se non hanno lo zelo apostolico?"[2]. Queste parole gli risuonano per tutta la vita.

1.1.2. L'influsso della Chiesa

Nel tessuto sociale, è bene ricordare prima di tutto come nella seconda metà del secolo XIX e nelle prime decadi del secolo seguente, vari fattori favorirono il risveglio e la diffusione dell'attività missionaria della Chiesa. Tra essi si possono ricordare il rapidissimo sviluppo delle comunicazioni e l'agevolazione dei viaggi verso Oriente con l'apertura del canale di Suez, la progressiva colonizzazione di molti territori da parte delle potenze europee che consentiva ordine e sicurezza ai missionari, l'apertura di nazioni prima chiuse ermeticamente verso il cristianesimo, e soprattutto l'azione in favore delle missioni svolta da Pio IX e da Leone XIII per cui l'idea missionaria diventa una componente essenziale della mentalità. In questo contesto si moltiplicano le istituzioni, le congregazioni religiose, i progetti per l'evangelizzazione specialmente dell'Asia e dell'Africa. Soprattutto due sono le novità forti: il sorgere o la fondazione di numerose congregazioni dedite esclusivamente all'opera missionaria e la presenza femminile (le suore) nell'opera di evangelizzazione. Alla catechesi, mezzo fondamentale dell'evangelizzazione, viene sempre unita l'opera della carità: ospedali, scuole, attività sociali, ecc. A stimolare le vocazioni missionarie e a favorire l'aiuto ai progetti stessi missionari, notevole parte ha la diffusione della stampa missionaria e delle istituzioni

---

[1] Nelle famiglie van den Eerenbeemt di Olanda molti uomini e donne sono diventati suore e preti missionari: Harry e Bernard sono diventati Redentoristi, Jan e Andre sono diventati missionari di Scheut in Cina e Giapppone, Willemien è diventata Suora Bianca e ha lavorato in Tanzania, Jeanne, sorella di Jan è diventata suora della Choorstraat ed è partita in missione in Cina. Coloro che non sono diventati preti o suore si sono sposati e, dopo aver studiato teologia, sono andati in missione in Guatemala (cf. AP, PL, 46).

[2] AP, Ms a p. 14.

connesse alla Congregazione di Propaganda Fide ora per l'Evangelizzazione dei popoli.[3]

Da quando si diffondeva sempre più l'attenzione alla carmelitana Teresa di Gesù Bambino, alimentata dalla pubblicazione dei suoi scritti e dal corso del processo canonico per la beatificazione e la canonizzazione, avvenute rispettivamente nel 1923 e 1925, la sua esperienza diveniva un paradigma di questa dimensione missionaria della vita cristiana. Sono noti infatti, e non è necessario insistere su ciò, il suo entusiasmo e la sua vocazione missionaria che si riflettono specialmente nel suo relazionarsi con i missionari, come testimoniano abbondantemente le sue lettere. E significativamente, più tardi, la Santa, che non appartenne a una congregazione attiva, né lavorò in terra di missione, è stata dichiarata da Pio XI patrona delle missioni e dei missionari, accanto a san Francesco Saverio.[4]

1.1.3. L'Ordine

Quanto all'Ordine del Carmelo, si deve ricordare come esso sia stato coinvolto in questo slancio missionario. Mentre era in corso in vari stati europei e in America Latina la soppressione delle corporazioni, già nel 1864 sotto la guida dei priori generali ebbe inizio la diffusione dell'Ordine negli Stati Uniti d'America e nel 1881 in Australia, territori allora ancora sottomessi alla giurisdizione della Congregazione di Propaganda Fide e quindi ritenuti missioni. E anche tale presenza venne tentata più volte dal 1865 in poi in Inghilterra, anch'essa territorio della giurisdizione di Propaganda. Nel 1889 i religiosi partiti per la restaurazione dell'Ordine in Brasile, venivano designati come missionari. A queste attività, che vengono definite in modo indiretto missionarie, si aggiungeva dal 1899 al 1904 l'attività missionaria propriamente detta da parte della Provincia di Germania-Olanda. Infatti i carmelitani diffusi negli USA avevano aperto una missione nel 1883 tra gli Indios Choctaw nel Mississippi e quindici anni dopo chiesero alla Provincia di Germania-Olanda che prendesse tale missione. I nuovi missionari giunti dall'Olada lavorarono con molto impegno, anche se i progressi nella conversione degli indios erano lenti. Nel 1901 quando il governo decise di trasferire quegli Indios in un altro territorio lontano da quello da essi abitato, i car-

---

[3] Su questa panoramica cf.: R. Fröhlich, *Curso básico de História da Igreja,* Edições Paulinas, São Paulo, 1987, pp. 157-168; J. Comby, *Duemila anni di evangelizzazione,* Società Editrice Internazionale, Torino, 1994, pp. 308-342; J. López-Gay, *Storia delle Missioni,* Editrice Pontificia Università Gregoriana, Roma 1987, pp. 89-98.

[4] Cf. P. Texeira Cavalcante, *Dicionário de Santa Teresinha,* Paulus ed., São Paulo 1997, alle voci: "Missão", "Missionária", "Missionário".

melitani olandesi li seguirono per non abbandonarli. Varie difficoltà e in particolare quelle di comunicazione con l'Europa, indussero poi nel 1904 il Priore generale a far passare questi religiosi dalla giurisdizione della Provincia d'origine a quella Americana. Inoltre la Provincia di Germania-Olanda assumeva nel 1904 il compito della restaurazione della Provincia di Rio de Janeiro in Brasile.[5]

I religiosi che partirono a più ondate per questa restaurazione erano considerati missionari, e di alcuni di essi più tardi si ricordava in una rivista della provincia il loro esempio missionario, come ad esempio l'articolo firmato da Tito Brandsma sul missionario olandese Emidio Hilhorst, morto a 33 anni nel 1923.[6] All'interno della Provincia di Olanda, dopo la separazione da quella di Germania, continua l'attenzione all'apertura missionaria e alle vocazioni missionarie, che trovano piena realizzazione dal 1923 in poi quando si intraprende il lavoro strettamente missionario in Malang, Indonesia.[7]

È anche da osservare come in Olanda, sul finire del secolo XIX e nei primi decenni del secolo seguente, nella vita dei cattolici è molto sentita l'attenzione all'attività missionaria della Chiesa, forse anche più di quanto è documentato per la Francia. Numerose erano le vocazioni che entravano negli Ordini e Congregazioni che avevano missioni non solo in Africa e Asia, ma anche nel Centro e Sud d'America[8]. Ed è in questo ambiente che viene formato il novizio e poi chierico frate Lorenzo.

Quando dopo l'ordinazione sacerdotale P. Lorenzo viene trasferito per gli studi a Roma, nel convento internazionale in cui vive, trova una forte attenzione alle missioni della Chiesa e dell'Ordine, riflesso non solo nella presenza di religiosi delle varie nazioni, ma anche nelle notizie sulle missioni che vengono diffuse dalla Curia Generalizia, che ha allora la propria sede in quello stesso convento. Quando poi egli, chiamato a Roma per l'insegnamento nello Studio Generale, torna nello stesso Collegio Internazionale ove risiedeva prima, trova che si parla già dall'anno precedente sull'opportunità di inserire nel progetto delle future Costituzioni (quelle del 1930) alcune norme sui missionari e sull'attività in terra

---

[5] Cf. J. SMET, *The Carmelites*, vol. IV, *The modern period 1750-1950*, Darien Ill. 1985, pp. 121-123, 190-191, 201-204, 206.

[6] T. BRANDSMA, *Pater Emidius Hilhorst Ord. Carm.*, in *Carmelrozen*, 12 (1923-1924), pp. 197-200. Inoltre lo stesso autore trattava più ampiamente questa figura nell'opuscolo: P. *Emidius Hilhorst Prd. Carm. een voorbeeldig nederlandsch misionaris*, uitzve van het Missie-Secretariaat, Carmelietenklooster, Oss 1925, 54 pp.

[7] Su questa missione cf. SMET, *The Carmelites*, IV, 202.

[8] Cf. *Il Monte Carmelo*, 7 (1921), 279-280.

di missione, già messa in rilievo nel capitolo generale del 1908, e discusse in comunità riguardo al progetto di Costituzioni redatto nel 1919.[9]

Dopo l'apertura della missione di Malang a Giava (Indonesia) da parte della provincia di Olanda, ormai separata da quella di Germania, nello stesso anno 1923 contemporaneamente in Italia avviene l'apertura del collegio preparatorio alle missioni estere all'Arenella di Napoli, e il fervore missionario viene sempre più alimentato con articoli, notizie e testimonianze degli stessi missionari che appaiono sistematicamente in varie riviste all'interno dell'Ordine, come quella italiana de *Il Monte Carmelo* che viene pubblicata proprio dal Centro Internazionale romano, in cui vive Padre Lorenzo.[10] Una ulteriore spinta verso le Missioni viene data anche dalla partecipazione dell'Ordine alla Mostra Missionaria Vaticana del 1925, con una sezione propria e alla cui organizzazione partecipa lo stesso Padre Lorenzo, allora segretario per le missioni carmelitane,[11] e dall'istituzione il 1° novembre dello stesso 1925 del procuratore o delegato generale per le missioni nella persona di p. Hubert Driessen.[12]

1.2 *L'influsso della Piccola e grande Santa*

Senza dubbio la Santa di Lisieux è stata quella che ha fatto scatenare l'impulso missionario da lungo coltivato da P. Lorenzo. Egli, innamorato di questa piccola e grande santa missionaria che voleva abbracciare tutte le vocazioni[13], sente l'impulso di realizzare il desiderio missionario della nostra Santa con la fondazione di un Terz'Ordine Carmelitano, tanto maschile come femminile, consacrato, sotto la sua protezione e che avesse come ispirazione e fecondità carismatica attualizzare nei diversi contesti culturali il suo messaggio e la sua testimonianza.

Animato dal fuoco che brucia interiormente, vuole contagiare altri per concretizzare l'ideale delle missioni che è stato il fulcro degli interessi della piccola Teresa. P. Lorenzo si compenetra del fervore che ha ani-

---

[9] Cf. *Analecta Ordinis Carmelitarum*, 1 (1909-1910), p. 9; *Progetto 1919 Costituzioni*, in Archivio Generale dei Carmelitani in Roma, II Legislazione-Costituzioni.

[10] In particolare nella rivista mensile *Il Monte Carmelo*, già dal 1921 appaiono, in crescendo, articoli dedicati alle missioni. Ben presto anche il mensile *Rose del Carmelo*, edito a Firenze dalla provincia Toscana, pubblica notizie sulle missioni e in modo sistematico dal 1929.

[11] cf. *Il Monte Carmelo*, 11 (1925), pp. 37-42, 72-78; *Rivista illustrata dell'Esposizione Missionaria Vaticana*, 2 1925), p. 213-218.

[12] *Analecta Ordinis Carmelitarum*, 5 (1923-1926), p. 550.

[13] S.Teresa di Gesù Bambino, *Opere Complete*, Editrice Vaticana e Edizioni OCD, Roma 1997, p. 223.

mato questa Santa, vuole realizzare questo desiderio di servire il Signore nelle missioni.

Desidera offrire il suo contributo per l'avvenire dell'Ordine che è chiamato a rileggere il suo carisma. Per questo dice: " È da molto tempo ch'io desidero che nel nostro primo Ordine e nel terz'Ordine regolare si spieghi un'attività più missionaria".

Totalmente imbevuto dal desiderio della piccola S. Teresa che voleva fare amare l'Amore a tutti quanti, P. Lorenzo si ricorda delle sue ultime parole e dice: "Teresa predisse che dopo la sua morte, appena tornata in cielo avrebbe preso sotto la sua protezione i piccoli bambini, che sarebbe andata alle Missioni per aiutare i Missionari, che avrebbe fatto battezzare i piccoli e convertire gli adulti"[14].

Quello che muove P. Lorenzo è il desiderio di servire Dio nelle Missioni, perché egli vede la realtà bisognosa di esempi, di modelli che possano rivelare, manifestare Dio attraverso il servizio, la disponibilità, la donazione di sé stesso. Infine egli cerca di costituire una schiera di anime sante, come lui stesso dice, realizzazione della promessa di Santa Teresa di Gesù bambino.

Il proposito di P. Lorenzo quando era ancora giovane - "Nei ritagli di tempo mi dedico allo studio della Piccola Teresa"[15] - lo ha spinto a vivere una vera simbiosi con la Santa di Lisieux, trasformandosi in parola di Dio vivente.

2. Missione secondo P. Lorenzo

Per riuscire a capire quale sarà stata la concezione di missione in P. Lorenzo ci riferiamo ad alcune espressioni usate ripetutamente da lui e che pervadono tutto l'arco della sua vita, permettendoci di intravedere le convinzioni che in lui si sono incarnati e, pertanto, da qui, la sua passione.

2.1 *Il primato di Dio*

La prima certezza o convinzione che si fa vita in lui è la verità in cui crede: "Dio è Amore benigno e misericordioso e nelle sue braccia misericordiose dobbiamo gettarci noi peccatori con piena fede"[16].

---

[14] Cf. AP, Dir, p.16.

[15] AP, PL a MC, Roma 30 maggio 1925.

[16] AP, Ms b, p. 25.

È il primato di Dio, ma del Dio di Gesù Cristo che è stato inviato dal Padre per comunicarci il grande dono - l'amore – dandoci la prova massima di questo amore nella sua passione, morte e risurrezione. Soltanto la divina misericordia, gratuitamente comunicata, può salvare l'uomo e dare valore alle sue opere. Come credeva Paolo apostolo, secondo P. Lorenzo siamo salvati per grazia, per mezzo della redenzione che è in Cristo Gesù e l'unico cammino pertanto per raggiungere la salvezza è attraverso la fede[17] in Gesù Cristo. La redenzione per mezzo della grazia è possibile perché tutti siamo stati creati in Cristo e a causa di Cristo[18]. La grazia esiste ed agisce in continuità con il dono divino della creazione e il dono di Dio agli uomini è Gesù Cristo stesso. Per questo, la salvezza è un processo inaugurato dall'incontro con il Cristo vivente e vivere nella grazia vuol dire essere, vivere in Gesù Cristo. Di conseguenza ne deriva una vita spesa nella gratuità.

Il primato di Dio si rivela nella ricerca della Sua volontà, cioè nell'adeguamento della propria vita al suo disegno. Il compimento della volontà di Dio per renderGli gloria è la massima che ha orientato tutta la vita di P. Lorenzo e che egli ha ribadito alle Suore:

> Quale può essere il fine principale della vita nostra, dell'universo intero, anzi di tutta la creazione, se non quello assoluto, necessario della gloria di Dio?
> La potenza di Dio si rivela in tutta la Sua creazione che canta la gloria del suo Creatore: mentre ogni creatura irragionevole è soggetta completamente a Dio, nella creatura libera vi è il libero arbitrio, con cui ella può ribellarsi al suo Fattore negandoGli la gloria dovuta. [...]. Se il pio credente, pensando a Dio eleverà i suoi inni di gloria al cielo, molto di più la religiosa e molto di più un Istituto religioso, il cui unico scopo della sua esistenza non può essere altro che la gloria di Dio. Sia peraltro questo il primo e principale scopo della nostra vita sia individualmente, sia collettivamente: AD MAIOREM DEI GLORIAM[19].

Un altro segno del primato di Dio è la sua ricerca costante che si esprime nel desiderio. P. Lorenzo ribadisce la necessaria comunione con il Signore, non lasciando neppure un quarto d'ora senza che il pensiero s'innalzi a Lui:

---

[17] Cf, Ef 2,8.

[18] Cf 1 Cor 8,6; 1, 15-20.

[19] AP, Circ., S. Marinella 1943.

Illumina vultum tuum, Domine, super nos et misereatur nostri. Sei invisibile o Dio, ma se tu illumini il Tuo volto, allora Ti vediamo, cioè se Tu accendi la nostra fede in modo che la fede ora più che conoscenza umana e ragionamento umano, allora l'intelletto gode di questa soavissima presenza di Dio[20].

2.2 *Il dono di sé*

La seconda convinzione è l'altra faccia della stessa moneta. Credere in Gesù significa amare il prossimo. È il compimento del grande comandamento del Signore: "amatevi gli uni gli altri come io ho amato voi[21]". Insistendo sulla carità alle suore P. Lorenzo le chiedeva di crescere in bontà, gentilezza, umiltà ed affetto per tutti senza distinzione e soprattutto di non dimenticare il sorriso di S. Teresina[22]. Amare è servire, è essere dono di sé fino in fondo in una disponibilità ad oltranza come Gesù. Il dono di sé che ha guidato la sua intera esistenza è "per tutti" e senza distinzione. Questa necessità di donarsi nasceva da un profondo amore che lui aveva dentro. Donare la vita è difficile nella pratica, ma dalle testimonianze delle suore, dei parrocchiani, dei preti che hanno vissuto in quel periodo discende quanto afferma Gemma Ticchioni: "Non so dire come, ma dalla sua persona traspariva l'amore che aveva dentro". Pietro Cuccu rende ancora visibile questo amore quando testimonia dicendo: "compiva il suo ministero sacerdotale a 360 gradi: nei tempi forti e nelle feste iniziava a confessare alle 3 del mattino; seguiva particolarmente i gruppi delle figlie di Maria, l'azione Cattolica, i giovani e, in più aveva l'impegno dell'Istituto delle suore carmelitane. La gente aveva un rapporto eccezionale con lui e lui s'interessava di ognuno in tutti i sensi". Raoul Torazzi completa il quadro dicendo: "Era un uomo generoso, dava tutto quello che poteva e aveva, non aveva mai niente per conto suo. Nella zona Pirgus allora c'erano davvero i poveri e lui andava da tutti e solo lui sapeva quello che faceva, quanto dava; non ha mai detto a nessuno delle sue opere di carità, ma la sua vita parlava. Era un uomo che aveva le orecchie come un radar e quando avvertiva che qualcuno era in difficoltà lui andava subito, senza temporeggiare".

2.3 *Il rapporto con il mondo*

La terza convinzione è quella del rapporto con il mondo. Siamo nel mondo, siamo dentro le strutture di una società. La missione di Gesù è

---

[20] AP, Ms b, p. 2.

[21] Gv 15, 17.

[22] AP, Circ., S. Marinella ottobre 1966.

stata quella di rivelare Dio, annunciare il suo regno, cioè far vedere agli uomini come ragiona Dio, far vedere a tutti chi è Dio. Il primato di Dio ci rende lucidi nello scoprire l'idolatria del mondo, anche la dove si nasconde e assume tratti ingannevoli, come pure scoprire il bene, anche dove è nascosto. P. Lorenzo scorgendo Il progressivo allontanarsi da Dio della società si rivolgeva alle Suore con un richiamo: "La maggior parte del mondo è profondamente sconvolta da violente passioni: rivalità, odio, egoismo, brama di denaro, ecc. Il mondo intero è ben lontano dall'Amore che Gesù è venuto a portare nei cuori degli uomini. Siamo noi che dobbiamo comprendere e diffondere ovunque il dono dell'Amore infinito"[23].

La lettura della realtà spinge il nostro Fondatore a insistere sull'essenziale nella vita religiosa, cioè realizzare lo scopo primario: "Comunicare ai credenti il grande dono del Signore è la specifica missione del sacerdote, ma è anche dovere delle nostre suore, ad imitazione di S. Teresina che ha prescelto e seguito la via dell'Amore, offrendo totalmente il suo cuore a Gesù, di far conoscere – in modo particolare alle anime delle giovani il grande segreto dell'amore del nostro divin Redentore. Quale allora, care Suore, lo scopo della vostra vita religiosa ben compresa e soprattutto bene amata? Ecco: coltivare l'amore di Gesù nelle anime dei piccoli, delle giovani e di quanti incontrerete nel vostro apostolato"[24].

2.4 *Fedeltà alla Chiesa*

Da Cristo risorto nasce la Chiesa come sacramento della sua presenza e dell'unità con Dio e fra gli uomini[25]. Radicati in Cristo e nella Chiesa, i battezzati si appoggiano alla fede degli Apostoli, attorno a cui si trova quell'unità e quell'appartenenza.

La dimensione della fede con cui P. Lorenzo ha vissuto si rispecchia nel suo atteggiamento concreto verso la Chiesa, corpo mistico di Cristo e sacramento di salvezza. Essere fedele a Dio era lo stesso che compiere la Sua Volontà nelle manifestazioni concrete di questo Volere mediato dai Superiori. Per questo la comunione all'interno della comunità non sarebbe tale se non fosse comunione profonda nella Chiesa, con i suoi pastori, e la comunità missionaria non sarebbe una risposta al mondo se non fosse comunità nella Chiesa. Egli viveva profondamente le ansie della Chiesa, sentiva su di lui le urgenze che il Papa e i Superiori avvertivano: "La Chiesa è tormentata dai suoi nemici: la persecuzione si è allargata in

---

[23] AP, Circ. senza data.

[24] AP Circ. PL, S. Marinella, 25 febbraio 1968.

[25] Cf. LG 1.

tutti i paesi dell'Oriente d'Italia. I nostri cuori si commuovono a un sentimento profondo di grande pietà per i nuovi martiri del cristianesimo. Il Santo Padre dalla loggia di S. Pietro in poche linee ha descritto la malvagità dei feroci aguzzini e la pazienza delle vittime. Cristo di cui la chiesa è l'immagine mostra il suo volto Santo ricoperto di Piaghe e di Sangue. Il Corpo Mistico della chiesa soffre nel suo volto che è la parte più nobile del Corpo, vedendo un Eminentissimo Cardinale e numerosi Vescovi e Sacerdoti imprigionati e inumanamente martirizzati"[26].

La fedeltà alla Chiesa è alla base della sua scelta. Fedeltà nel senso della totale appartenenza pur essendo contrario, a volte, alle idee e alle iniziative. La missione è fatta sempre in nome della Chiesa.

2.5 *Necessario percorso personale*

Tutti i battezzati hanno un'unica missione che è quella di comunicare il dono che è l'amore divino: "Dio è Amore, l'Amore ci ha creato, l'Amore supplica il nostro amore"[27]. Per compiere questa missione bisogna prima di tutto vivere dell'amore infinito, vivere di Dio, vivere in Dio e, ciò ad imitazione di "S. Teresina che non lasciava un quarto d'ora senza pensare a Dio che abitava nel profondo del suo cuore; di adorarLo, di vivere di Lui"[28].

Questo cammino richiede esercizio costante e continuo che copre tutto l'arco della vita e costituisce la piattaforma dell'azione missionaria: "il progresso della vita interiore"[29]. Senza questo progressivo cammino spirituale la vita missionaria si ridurrebbe ad una azione puramente umana, una proiezione dell'Ego, una vanità personale o comunitaria che non porterebbe al fine che è Dio stesso. Per questo insisteva: "non si può comunicare lo Spirito di Dio se non lo si ha in noi stessi"[30]. Lo Spirito viene inviato e concesso al credente, 'riversato'[31] su di lui, consacrando l'uomo a Dio e costituendo un invito pressante a vivere una vita santa, cioè vivere dello specifico che qualifica la vita nuova in Cristo. P. Lorenzo è *convinto* dall'esperienza vissuta e, per questo, continua ad insistere: "siate più raccolte, più attente alla voce interiore di Dio: Dio parla a chi Lo vuole ascoltare, parla non con parole, ma illuminando l'intelletto ed

---

[26] AP, Circ. PL, S. Marinella, marzo 1949.

[27] AP, Circ PL, S. Marinella, dicembre 1955.

[28] Ibid.

[29] AP, Circ PL, S. Marinella, dicembre 1955.

[30] AP Dir. 1925, p. 25.

[31] Cf. Tit 3,5.

eccitando l'amore. Preoccupiamoci, o' buone Suore, di questo amore che dobbiamo acquistare a tutti i costi".

Il tema dell'inabitazione di Dio nell'uomo è stato ribadito da P. Lorenzo fino alla fine della sua vita. Infatti, i momenti di preghiera, di studio, di formazione, di lavoro devono aiutare il credente a prendere coscienza della presenza del Dio Amore – Uno e Trino in lui, nel profondo del suo essere: "desiderate sempre più di unire il vostro cuore con Gesù nel Sacramento dell'Eucaristia. E quando riceverete l'Ostia Santa, risvegliate il desiderio di vivere intimamente con Gesù. Pregate con Gesù o insieme a Gesù lavorate: godrete così l'intima unione quale preannuncio di quella gioia che avremo nella nostra futura abitazione nel cielo!"[32].

Il pensiero di Dio deve accompagnare il ritmo del battito del cuore al punto di incorporare, rivestirsi di Cristo e dire con san Paolo: "non sono più io che vivo, ma Cristo vive in me"[33].

2.6 *La missionarietà*

Quando P. Lorenzo richiamava spesso le suore a svegliarsi dal torpore per diventare essenzialmente le apostole dell'amore, secondo le Costituzioni (1930) che erano state date loro da S. E. il Cardinale Boggiani, per sviluppare il grande desiderio di S. Teresa del bambino Gesù - la conversione del mondo intero[34], egli non disponeva ancora di tante riflessioni e studi sorti con il Concilio Vaticano II.

La salvezza delle anime occupava il centro del suo pensiero, così come esprime: "chi scrive, sente il dovere di spronare le anime da Dio chiamate ad un lavoro sempre più intenso per la salvezza delle anime"[35].

Intanto, per P. Lorenzo, Missione non è una attività dell'uomo, ma è un attributo di Dio. Un Dio missionario. La missione è vista come un movimento da Dio al mondo nella sua autorivelazione come colui che è Amore. È ciò che Dio sta operando in noi e nel nostro mondo. Nasce dalle viscere della misericordia di Dio, nostro padre, che ha inviato il suo Figlio nel mondo. Si tratta del suo coinvolgimento con il mondo, la sua natura e attività, le quali abbracciano sia la chiesa che il mondo, e a cui la chiesa ha il privilegio di partecipare. Partecipare alla missione è partecipare al movimento dell'amore di Dio per le persone, poiché Dio è una sorgente di amore che manda. Il verbo "mandare" dice la gratuità,

---

[32] AP, Circ. PL, 1966.

[33] Gal 2,20.

[34] Cf. AP Circ. PL, S. Marinella, Natale 1962.

[35] AP, L, PL a Sr Scolastica Paolino, S. Marinella Pentecoste 1967.

cioè l'iniziativa è di Dio. Infatti P. Lorenzo insisteva: "Siamo noi che dobbiamo comprendere e diffondere ovunque il dono dell'Amore infinito"[36] perché abbiamo ricevuto il mandato. Testimoniano le nostre Suore maltesi che, quando partivano da Malta molto giovani ancora, sapevano che appartenendo a una Congregazione missionaria potevano essere inviate in qualsiasi paese come missionarie. E ciò le rendeva felici.

La radice della missione è una comunità d'amore, è un sentirsi amati. E lo stile della missione è di far vedere, di far incarnare, di rendere visibile questo amore.

In linea al concetto della missione come missio Dei ci ritroviamo nel pensiero di P. Lorenzo che insisteva: "nella vita missionaria, le suore non faranno cose strabilianti, ma mosse dallo zelo e dall'amore, ispireranno negli animi di coloro che le avvicineranno un vero ardore di amare Dio, di venerare la Vergine del Carmine, di ricordare le glorie della Santa Protettrice, ovunque la voce dell'obbedienza le invierà"[37].

La gloria di Dio diceva il nostro Fondatore è rendere sante e beate le anime che ci circondano e portarle alla perfezione. "E la perfezione è la carità perfetta verso Dio e verso il prossimo. Da questa considerazione consegue che i membri del nostro Istituto si adopreranno con tutte le loro forze a perfezionarsi e a santificarsi[38].

3. Progetto di vita missionaria di P. Lorenzo

Dal concepimento di Missione come Missione di Dio che enuncia la buona novella che Dio è un Dio per le persone, P. Lorenzo è preso dal desiderio di partecipare alla missio Dei con una schiera di anime elette, secondo la sua espressione: "Tra queste anime elette, chiamate a seguire più da vicino il Redentore nelle fatiche dell'apostolato, si dovranno annoverare le nostre Carmelitane"[39].

Il suo progetto missionario contempla una schiera di suore zelanti, piene di entusiasmo e di ardore che sono capaci di affrontare con grande coraggio e generosità tutte le sfide presentate da una realtà restia, contraria ed esigente, e abbraccia una dimensione senza confine e senza misure perché ha origine nel cuore di Dio.

[36] AP Circ. PL, S. Marinella, 25 febbraio 1968.

[37] AP Circ. PL, L'amore all'Istituto, 1948.

[38] AP, Circ. PL, S. Marinella 1943.

[39] AP, Dir. 1925, P. 17.

Per realizzare l'intento che è stato l'inizio di un dialogo, egli lotta fino alla fine della sua vita: "È da molto tempo che io ho un desiderio vivissimo di fondare un terz'Ordine Regolare Carmelitano per le Missioni. (Per missioni intendo anche quelle nei paesi dei nostri emigranti)"[40].

Elenchiamo di seguito alcuni punti chiave che caratterizzano il volto del Carmelo missionario sognato da lui.

3.1. *L'orizzonte missionario*

L'orizzonte della missionarietà "ad gentes" viene esplicitata nella proposta:

a) una missione che deve abbracciare tutto il mondo, tutti i popoli ed anche gl'indigeni;
b) le Suore sono inviate nelle missioni;
c) non limitare le opere delle Suore ad una specifica attività come la scuola, ma a tutti i lavori a cui devono adattarsi le missionarie.

Secondo P. Lorenzo i missionari sono portatori dell'amore di Dio. Devono esprimere questo amore che ha origine in Dio in un'azione di servizio che renda beneficio alle persone nelle loro necessità. Questo servizio può consistere nello sfamare gli affamati, o insegnare nelle scuole, fare il catechismo, sostenere un dopo scuola o lezioni private. Queste sono tante possibilità che il missionario trova per istaurare un rapporto di padre o madre, fratello o sorella, di amico o amica in modo che le persone aiutate possano sentirsi sostenute dalla solidarietà e comunione che proviene dal cuore amoroso di Dio. Per questo insiste che tutte le azioni debbano essere sigillate dalla carità. E spiega quello che intende per missioni: "La parola "missionaria" abbraccia tutte le possibili attività filantropiche, sociali, sigillando tutti con la carità di Cristo. Giusto dunque questo pensiero: la missionaria deve prodigarsi in tutte le attività necessarie della missione. Quanto alla regola, in particolare sarà la Superiora Generale, che penserà ad avviare le singole suore ad un certo lavoro a cui sono di natura propense, ed ecco che in pratica già si è incominciato da tempo a questa divisione di attività per il bene di tutte"[41].

3.2. *Comunità internazionale e povera*

P. Lorenzo si è impegnato per costruire la Comunità missionaria e le strutture logistiche per ricevere due gruppi: uno da Modica - Rosa Cur-

---

[40] AP, L, PL a MC, 23 giugno 1924.

[41] AP, Circ. PL, ottobre 1948

cio (Sr M. Crocifissa), Rosa Giunta (Sr Maddalena) Maddalena Pisana (Sr Caterina) e l'altro da Roma - Giulia Aroni (Sr Carmela), Giuseppina Scodina (Sr Teresa) e Maria Musio (Sr Annunziatina). Questo è accaduto il 3 luglio 1925, a Santa Marinella, nella villa che aveva affittato: "Villa Persichetti".

Abbiamo centinaia di lettere che sono state indirizzate a diversi enti privati, governamentali e religiosi che documentano le richieste di P. Lorenzo per ricevere sussidi per portare avanti le opere di costruzione della prima casa a S. Marinella come pure a Cerveteri e a Roma. Questa realtà c'è la ricorda nel 1956: "Sorelle carissime, la nostra Congregazione è nata nella povertà: pian pianino si è andati avanti: negli ultimi anni si è ingrandita anche nelle costruzioni, e i mezzi non sono mai mancati. La Provvidenza ci ha in questo benedetti, ma ricordatevi! Non per noi allarghiamo le tende, ma per la gioventù bisognosa"[42].

In rapporto alla costituzione delle Comunità missionarie P. Lorenzo ha lavorato instancabilmente per le vocazioni, pur sovraccarico di responsabilità nell'Ordine e nella Chiesa di Roma e nonostante la realizzazione degli impegni è andato alla ricerca di altre vocazioni per costituire un gruppo multiculturale fin dall'inizio. Nel gruppo iniziale già ci sono vocazioni di altre paesi: Sr Tommasina Draaisma (olandese), Sr Adalberta Laudemberg (tedesca) e Sr Canisia Popp (Cecoslovacca).

Come Istituto missionario la nostra Congregazione è nata internazionale per le Missioni e, deve esserlo di fatto, non portare soltanto la denominazione di missionaria. Dopo tredici anni dalla fondazione P. Lorenzo ancora esorta al riguardo: "Se la Congregazione non è ancora di fatto "missionaria", pure, secondo i giudizi di Dio, dovrà esserlo per corrispondere al titolo ormai riconosciuto dalla Chiesa"[43].

L'Istituto nasce internazionale e ha origine in una data cultura, ma deve, all'interno della realtà interculturale, aiutare le persone a liberarsi da categorie monoculturali, per evitare il rischio di chiudersi nella propria cultura e tradizione. Nell'ideale missionario di P. Lorenzo per essere missionari, cioè chiamati per vocazione a proclamare i valori evangelici, ed essere segno di unità e di riconciliazione nella molteplicità dei luoghi, razze, culture, bisogna conformarsi a un principio educativo fondamentale che è quello dell'unità nella diversità. Il processo dell'incarnazione viene fatto all'interno del gruppo multiculturale, dove ogni membro deve spogliarsi del proprio "IO", tradizione e cultura, per formare il "NOI" plurale nell'unità. La dimensione della missionarietà richiama la dimen-

[42] AP, Circ. PL, Natale 1956.

[43] Ibid.

sione universale della Chiesa, cioè l'apertura alle altre culture, lingue, razze, tradizioni ecc.

3.3 *L'inserimento nell'ambiente e nella situazione missionaria*

Un altro principio presente nell'Istituto all'inizio è quello dell'*inserimento nell'ambiente e nella situazione missionaria* che comporta la solidarietà verso gli ultimi. Infatti l'opzione per i poveri e gli emarginati si fa sentire molto forte nel primo gruppo delle Suore come testimoni del Vangelo, che si fanno povere per arricchire la gente del popolo della "forza" stessa della Parola di Dio, con l'annuncio, tradotto in solidarietà, condivisione, comprensione e azione. Nell'"incarnazione con il tempo, lo spazio e gli avvenimenti, le suore venivano viste come "operaie" perché condividevano con le famiglie di allora la difficile realtà del tempo"[44].

3.4. *Visione integrale dell'uomo*

P. Lorenzo ha vissuto molto da vicino la nuova concezione della salvezza nel suo impegno di promuovere le persone e la società, tenendo presente una visione integrale dell'uomo. Abbondano al riguardo le testimonianze delle persone che confermano la sua presenza e mediazione nelle peripezie della vita. Il servizio che poteva prestare a tutti indistintamente e gratuitamente lo ha reso disponibile 24 ore su 24 per "essere con". Qualsiasi attività diventava una pretesa per stare insieme e "svegliare" nell'altro lo stesso Dio che portava dentro.

Di conseguenza, il principio di *non scindere nell'azione apostolica il sociale dal religioso* si fece sentire molto forte dall'inizio della Congregazione. Le uniche Suore di allora che svolgevano un'attività sociale erano le Carmelitane. "La scuola materna che gestivano era aperta a tutti gratuitamente, e ciò costituiva un grande vantaggio per le famiglie che vivevano una situazione di estrema povertà"[45]. Le Suore erano disponibili a trattenere in un laboratorio le giovani con un'occupazione utile alle famiglie. Era un mezzo pure per testimoniare i valori del Vangelo come è stato riportato da una testimonianza: "Finite le scuole elementari, mia madre ci teneva che io venissi dalle Suore ad imparare uncinetto, ricamo, cucito; qui ho imparato le prime cose importanti della vita: la fraternità, la gioia, la carità, la generosità, l'amicizia"[46].

---

[44] G. Rossi, op. cit., p. 57.

[45] P, p. 329.

[46] P, p. 183.

3.5. *Nel dialogo, senza esclusione di nessuno*

Per P. Lorenzo i missionari devono perdersi nell'esperienza di essere stati afferrati da Dio, col movimento di Dio di comunicarci il suo grande dono che è l'Amore e che ci fa partecipi della sua missione stessa, di portare a tutti il dono del suo amore.

Servire Dio nella Chiesa, nel servizio ai poveri è l'obiettivo di P. Lorenzo, facendosi povero in prima persona, nella sequela di Colui che è la Verità vivente, Cristo, il salvatore del mondo, puntando sulla comunità fraterna e itinerante. Poiché la verità, in quanto è congiunta con la libertà, apre possibilità e, dunque, non può non generare l'apertura al pluralismo, alla tolleranza ed al dialogo.

Come uomo di relazioni ampie sapeva accogliere, tendere la mano e farsi dono a tutte le persone indistintamente. Alcune testimonianze rivelano questo equilibrio e saggezza di P. Lorenzo:

> P. Lorenzo aveva una fiducia nell'uomo e nelle sue possibilità ed una visione estremamente positiva della vita, mentre le ideologie di allora, anziché darci una spinta interiore ci incitavano alla conflittualità. P Lorenzo, invece, m'invitava ad una sorta di eurodialogo e, nel tempo seguii politicamente questa idea. Nell'esortarmi al dialogo, mi diceva di essere al di sopra di qualsiasi lotta e violenza. È stata una di quelle persone che con la sola carica umana costituiva un punto di riferimento sicuro e certo quando, qualche volta, coglieva la disperazione. P. Lorenzo è stato determinante nella mia vita politica[47].

Un'altra testimonianza evidenzia il pensiero sull'ecumenismo:

> Ho conosciuto p. Lorenzo dopo la guerra, quando venni a S. Marinella e qui mi sistemai. I miei rapporti con lui erano piuttosto rari a causa del mio lavoro, ma quando c'incontravamo ne veniva fuori un uomo di eccezionale cultura che sapeva parlare di tutto. Parlavamo soprattutto di cultura classico-umanistica, adorava Dante e dal punto di vista religioso mi aiutò tanto perché illuminò i miei dubbi di giovane, e soprattutto era un uomo molto moderno, aperto. Mi parlava di ecumenismo, della necessità di unire i cristiani delle varie confessioni, era il suo sogno, il suo desiderio e in questo è molto vicino al Papa attuale[48].

---

[47] AP, Test. f. m., BRUNO ZAMPA, S. Marinella, 18 novembre 1997.

[48] AP, Test. f. m., ILARIO ROSARIO, S. Marinella, 9 gennaio 1997.

P. Lorenzo era un uomo di dialogo, promotore della pace. Nessun motivo giustificava per lui la guerra, la separazione, le distanze tra le persone, tra i popoli e, in questo testimonia ancora Ilario:

> Uscivamo dalla seconda guerra mondiale ed egli diceva che la causa generante di tutte le guerre era la mancanza d'amore e il suo cruccio era la pace. Non concepiva di potere essere nemico di un buddista o di un ebreo e questo era l'aspetto che mi colpiva di più in lui e aiutò anche me ad aprirmi e a pensare la religione come strumento di comunione tra i popoli[49].

Rileviamo ancora con questa testimonianza l'apertura di P. Lorenzo che non gli permetteva di confinarsi nel mondo delle sue idee e delle sue convinzioni:

> Mio padre che insegnava alla scuola Pirgus e che si professava ateo, pur essendo uomo di grandi valori, aveva con p. Lorenzo una grande amicizia. Papà era un uomo di grande cultura, si professava anticlericale, forse perché rimproverava alla storia della Chiesa di aver in qualche modo modificato il senso della religione o comunque prezzolato infatti spesso si rifaceva all'episodio di Gesù che caccia i mercanti dal tempio. Però, p. Lorenzo era il suo più grande amico ed entrambi sono stati due punti di riferimento dal punto di vista culturale, e non solo, per S. Marinella, e per questo e per il suo alto senso di solidarietà e gratuità si trovavano molto bene insieme. Per cui, al di là di una possibile divergenza di idee, li legava un alto senso morale e religioso della vita. Papà era un grande ammiratore di p. Lorenzo, mi ricordo le lunghe discussioni che ascoltavo quando veniva a casa nostra[50].

3.6. *L'ascesi una condizione indispensabile*

Secondo P. Lorenzo non si improvvisano i missionari. Sono "anime elette" però che devono prepararsi spiritualmente, intellettualmente e tecnicamente.

Accettare il comandamento del Signore - "Andate dunque e ammaestrate tutte le nazioni, battezzandole nel nome del Padre e del Figlio e dello Spirito Santo, insegnando loro ad osservare tutto ciò che vi ho comandato"[51] - è partecipare alla Missio Dei. Come strumento di Dio la

---

[49] Ibid.

[50] AP, Test. f. m., ENZO STELLA, S. Marinella, 8 marzo 1998.

[51] Mt 28, 19-20.

scuola di formazione proposta è quella dell'ascesi. Le persone chiamate a seguire più da vicino il Redentore nelle fatiche dell'apostolato "domanderanno perciò al Signore che conceda loro uno spirito ardente missionario e per arrivare a tale scopo si sforzeranno di raggiungere il massimo grado nello spirito di mortificazione, accettando con cristiana rassegnazione, anzi con gioia le piccole contrarietà che s'incontrano nella vita religiosa e che servono ad un graduale allenamento per la lotta più grande, sia fisica sia morale che le aspetta nelle Missioni"[52].

Con questo ammonimento P. Lorenzo volle preparare le persone alle Missioni indicando il modo corretto e saggio di instaurare relazioni positive con le cose, con le persone e con le situazioni che sono comuni a tutti, originate dalle circostanze della vita stessa, che a volte ci piacciono, ci favoriscono e a volte ci provocano tante sofferenze e dispiaceri. Superando le piccole contrarietà che si presentano si superano anche le grandi prove. Anche per queste situazioni il modello è la Santa di Lisieux che ha cercato di vivere la carità verso il prossimo nella sopportazione e nel perdono ai piccoli e grandi disagi che provocavano i caratteri a volte rudi delle compagne. La croce e le sofferenze sono insite nella vita stessa di ogni persona che deve imparare a gestire ogni difficoltà, affrontandola con saggezza, come Gesù, attraverso il Vangelo, ci insegna.

Per P. Lorenzo l'ascetismo è un dato necessario nel percorso formativo di ogni missionario. La chiamata alla vocazione speciale di missionario porta ogni persona ad essere soggetto e protagonista della propria formazione nel cercare di modellare se stesso sulla persona di Gesù casto, povero e obbediente, il missionario del Padre.

Il processo di incarnazione di Gesù, proclamato dall'Apostolo Paolo ai Filippesi[53] nella spiritualità dello svuotamento, è il percorso fatto da P. Lorenzo e proposto alle Suore Missionarie. Il missionario deve arrivare a spogliarsi totalmente per essere coerente alla scelta di vita in sequela Christi, diventando discepolo e missionario di Cristo. P. Lorenzo infatti non aveva orario quando si trattava di servire e andare incontro alle persone che avevano bisogno della sua presenza e del suo aiuto.

Per spronare le Suore e i parrocchiani P. Lorenzo faceva tutto in prima persona, come testimoniano Sr Carmelina Iroide e altre Suore: "Non dimenticherò i suoi sacrifici allorché nel 1929 dando lezione ai confratelli chierici di Roma, dopo tornava a S. Marinella, a piedi, dalla stazione, carico di provviste per noi Suore. Egli portava a noi ciò che

---

[52] AP, Dir. 1925, P. 17.

[53] Fil 2, 6-11.

riceveva in carità. Talora portava in braccio qualche bambina orfana da assistere, con un affetto più che paterno"[54].

Il missionario non va alle Missioni per essere servito, ma per servire.

4. A modo di conclusione

Abbiamo visto che la realizzazione del desiderio di fondare un Terz'Ordine regolare femminile per le Missioni ha fatto sì che P. Lorenzo avesse molto chiaro in mente il percorso che avrebbe dovuto compiere soprattutto in prima persona.

Prima di tutto ha studiato il modello a lui più vicino, al quale potersi riferire per conformare la sua vita a quella di Gesù Cristo. È riuscito a penetrare il segreto della vita di Santa Teresa di Lisieux. Non aveva più dubbi: diventare un'esegesi vivente della Parola, arrivare alla scienza dell'amore e voler essere presente nelle cinque parti del mondo per dire a tutti quanto Dio ci ama, è il suo programma e il progetto di quelle persone che avrebbero fatto parte del Carmelo missionario.

La missionarietà in P. Lorenzo è ancora una questione aperta perché ci sono tante altre sfaccettature da esplorare. Dai documenti trovati abbiamo cercato in parte di rivelare quello che è il suo pensiero, la passione che lo ha portato fino in fondo a vivere l'esigenza del Volere divino facendosi offerta per il sacrificio, inchiodato tra la realtà della Diocesi, della Congregazione e del Carmelo. Il messaggio che ereditiamo è di una attualità che potrà aiutarci a rileggere il carisma missionario e entrare con più forza e ardore nella nuova evangelizzazione tanto richiesta dalla Chiesa. Diceva il Papa nell'Omelia dell'apertura dell'Anno della Fede che "oggi più che mai evangelizzare vuol dire testimoniare una vita nuova, trasformata da Dio, e così indicare la strada"[55]. Credo che P. Lorenzo ha molto da dire a tutti noi.

---

[54] AP, Test. a futura memoria, senza data.

[55] Benedetto XVI, Omelia, 11 ottobre 2012.

TESTIMONIANZA 1

Mons. Valerio Valeri*

Io sono Valerio Valeri, un prete romano, e non devo fare un lungo discorso, ma, siccome sono abbastanza vecchio e ho conosciuto personalmente il P. Lorenzo van den Eeerenbeemt, sono qui per dare una piccola testimonianza di quello che ho visto e sentito e vissuto vicino a lui per alcuni mesi tanti anni fa. È passato tanto tempo, ma i miei ricordi sono tuttora vivissimi per una esperienza che io non posso dimenticare a causa del momento in cui è stata vissuta e a causa dell' importanza che quella esperienza ha avuto per me.

Racconterò in maniera semplice come conobbi P. Lorenzo, come condividemmo insieme un tempo difficile e tribolato e pieno di tanti affanni e pericoli, ma anche benedetto dalla grazia di Dio e dalla sua Provvidenza. Racconterò della amicizia che egli mi dette, insieme a tante sue confidenze e narrerò un episodio sconosciuto ai più e dimenticato per la polvere del tempo che tutto ricopre, ma che fu assai importante per la vita di un paese e per la vita di tante persone.

Nel giugno del 2011, l'attuale Rev. Madre Generale, Sr Madalena Tada, volendo giustamente conoscere un particolare evento vissuto dall'Istituto, volle recarsi a Castel Giuliano, dove le Suore della Casa Generalizia, con la Madre Crocifissa, con le ragazze che erano ospiti

---

* Mons. Valerio VALERI, Vocazione di P. Lorenzo: ricorda i dolci colloqui vocazionali avuti, soprattutto nel periodo dello sfollamento a Castel Giuliano, durante la seconda guerra mondiale, da adolescente con P. Lorenzo, che lo guidava alla bellezza del ministero sacerdotale. Mons. Valerio è sacerdote dal 1952 e ha vissuto per 40 anni a servizio dello Stato Vaticano, come segretario di Sua Santità. È stato sempre amante dell'arte, del bello, della storia. Attualmente è membro attivo del Capitolo dei Canonici nella Basilica di San Pietro, in Roma. Siamo lieti di ascoltare la sua testimonianza.

dell'Istituto e con il Padre Lorenzo si erano rifugiate nell'ultimo periodo della guerra, lasciando Santa Marinella per alcuni mesi; e, poiché anche io ero stato lì in quel luogo e in quel tempo, vivendo, con le Suore, con Padre Lorenzo e con molte altre persone l'avventura dello sfollamento (così si diceva allora), Sr Madalena mi chiese di accompagnare lei e le Suore a Castel Giuliano.

Castel Giuliano è un piccolissimo borgo che si raggiunge da Bracciano con una strada di circa sette chilometri e dove, al termine della strada, su uno sperone di roccia, si erge il Castello dei Marchesi Patrizi.

Lì, a Castel Giuliano, dove mi ero rifugiato anche io con i miei, conobbi P. Lorenzo, Madre Crocifissa e le Suore, tra le quali ricordo Madre Filomena, Sr Celina, Sr Angela, Sr Agata e altre (tra parentesi avevo conosciuto all'Asilo Infantile di Cerveteri le Suore più antiche della Comunità di Madre Crocifissa).

Nell'inverno del 1943 fino alla primavera del 1944, P. Lorenzo ed io fummo molto vicini; Io non pensavo ancora a farmi prete, ma andavo a Messa ogni giorno perché ero parte della Azione Cattolica; poi P. Lorenzo si offrì di aiutarmi a studiare un po' di inglese e matematica, e mi chiese di accompagnarlo in qualche passeggiata; così ci vedevamo ed eravamo insieme spesso, poi tutti i giorni.

Ebbi così l'occasione di conoscere la sua figura di buon sacerdote, la sua umiltà, la bontà che aveva per tutti, l'intelligenza e le prospettive che aveva in mente e che mi confidava con grande semplicità; devo dire che la sua grande confidenza destava la mia meraviglia. Egli era disponibile con tutti e visitava le case delle persone che lo invitavano; poi mi diceva: "Spesso mi offrono un bicchiere di vino, ma io non posso berlo; però mi dispiace di dover dire di no".

Era il tempo della guerra e si viveva nella paura che quella piccola oasi di Castel Giuliano perdesse la sua tranquillità, perciò P. Lorenzo ogni volta che arrivava qualche camionetta con soldati tedeschi, andava subito loro incontro sorprendendoli perché parlava benissimo la loro lingua e così ispirava ad essi fiducia. Dopo questi incontri con i militari tedeschi, ridendo mi raccontava quello che diceva loro e cioè che quel paese era povero e pieno di sfollati e molti erano malati, chissà... "forse" anche di tifo. Quelli se ne andavano subito!

Pensava alle necessità di tutti, ma il suo primo pensiero erano le Suore per le quali sentiva una grande responsabilità e me lo diceva chiaramente, tanto che andammo insieme ad esplorare le valli sotto a Castel Giuliano per vedere se vi fosse un posto sicuro dove potessero rifugiarsi le Suore in caso di estremo pericolo.

Tutto quello che è stato scritto e che noi leggiamo nei libri, riguardante la sua vita, io l'ho sentito dalla sua voce, ma, essendo io giovane di 17 anni, come ho detto più sopra, ero meravigliato di ricevere tante confidenze anche importanti, da parte di quel prete.

P. Lorenzo mi raccontò le tante vicissitudini per questa Istituzione delle Suore Carmelitane e i suoi rapporti con Madre Crocifissa, le difficoltà, le speranze e le delusioni, poi il suo difficile travagliato doloroso rapporto con il Cardinale Boggiani, la sua grande sofferenza nel dover uscire dall'Ordine dei Carmelitani, ferite ancora vivissime nel suo animo: me ne parlava spesso e io capivo che ne portava ancora una grande pena nel suo cuore ... e poi ... il giusto riconoscimento della sua mai perduta lealtà verso l'Ordine, verso la Diocesi e il suo Vescovo, verso le Suore. Io torno a ripetere che ero meravigliato al sentire tante e tali confidenze.

Per le Suore faceva sempre progetti: parlava di come avrebbero dovuto essere: sante, laureate, moderne, intraprendenti. Spesso lo trovavo alla scrivania che faceva disegni e bozzetti: una volta mi disse che quello era per l'Asilo di Cerveteri, un'altra volta che era per l'ampliamento di Santa Marinella, un'altra volta che era per la casa di Roma e diceva: "Io faccio sempre progetti".

Mi piace qui ricordare la figura di una Suora Carmelitana, che P. Lorenzo mi diceva di stimare molto. Era una suora che andava oltre gli schemi di quel tempo: Sr Adalberta Laudemberg. Era di una ottima famiglia tedesca. Io l'ho conosciuta bene e ne ho anche avuto le sue confidenze. P. Lorenzo la stimava e mi diceva di temere per la sua incolumità. Era intraprendente, tanto da rischiare anche la vita, fermando i camion dei militari tedeschi dai quali si faceva accompagnare a Roma, a S. Marinella, a Cerveteri per tenere i contatti con le varie comunità. Talvolta rimproverava aspramente i soldati tedeschi per le loro intemperanze; veniva anche a Castel Giuliano a portare notizie delle varie case. A Cerveteri, dove la ricordano per il molto bene ricevuto c'è una strada che porta il suo nome.

Una cosa, a mio umile parere importante e che voglio menzionare, è che P. Lorenzo più volte mi parlò della sua vocazione missionaria e di come voleva che le Suore fossero veramente missionarie: egli guardava lontano, oltre Santa Marinella, oltre l'Italia, oltre il mare: mi disse che dopo la guerra, se le cose fossero andate bene, egli sperava di mandare quattro Suore in Brasile; mi disse questo agli inizi del 1944! Tanti anni fa!

Oggi,dopo tanti grandi sacrifici, quella speranza che io ho sentito formulare dalle labbra di P. Lorenzo, e che certamente veniva dal suo cuore, oggi è una meravigliosa realtà. In Brasile, le Suore Carmelitane di S. Teresa B. G. hanno realizzato, con fatica e con coraggio missionario, tante e grandi Opere, e sono, con la guida della generosa Superiora Generale, Sr Madalena Tada, brasiliana, in una dinamicità che mi ricorda tanto il coraggio e la fiducia nella provvidenza di P. Lorenzo.

Ora, senza volervi tediare troppo e per terminare questa mia testimonianza, voglio raccontare in breve quello che ha fatto P, Lorenzo per salvare Castel Giuliano dalla distruzione, per salvar la vita delle Suore e di tutti noi che abitavamo lì.

E erano ormai gli ultimi giorni prima dell'arrivo degli Americani. Il Castello dei Marchesi Patrizi era diventato anche Ospedale Militare per i tedeschi feriti e sul tetto vi era stata dipinta una grande croce rossa. Ma negli ultimi tempi i militari tedeschi erano diventati molti, con grande movimento di camion. Poi all'improvviso tutti i tedeschi se ne andarono via; ne rimasero soltanto tre. Tutti noi capivamo che il fronte della guerra si stava ormai avvicinando. Il capo di quei tre tedeschi parlò un giorno a P. Lorenzo, il quale era l'unico che poteva capire la loro lingua. Quel militare tedesco chiese per sé e per gli altri due un po' di pane. P. Lorenzo ne parlò alla gente e per tre giorni molti portarono da mangiare a quei tre soldati tedeschi. Gli Americani erano ormai vicini, si sentiva il fragore dei cannoni. Il comandante di quei tre tedeschi incontrò P. Lorenzo e gli disse: "Grazie per quello che Lei e la gente avete fatto per noi; noi dobbiamo partire e poiché nessuno dei nostri è venuto a prelevarci dobbiamo raggiungere la nostra retroguardia, ma prima dobbiamo distruggere tutto quello che è in quel magazzino vicino a dove abita lei con le suore, e cioè un grande deposito di munizioni: se noi lo distruggiamo andrà distrutto anche Castel Giuliano. Abbiamo gli ordini e dobbiamo eseguirli. Se però gli uomini di Castel Giuliano ci aiutano a trasportare tutto il materiale esplosivo oltre il paese, al di sotto del Castello, possiamo farlo esplodere lì". P. Lorenzo ne parlò alla gente e tutti si offrirono per il trasporto, il che durò con difficoltà e fatica ben tutta la notte. I tedeschi raccomandarono che la gente lasciasse le case e andasse oltre il Castello, verso Bracciano possibilmente riparandosi. Quelle munizioni, che erano tante, furono fatte saltare in più tempi, nella notte e nella mattina, poi, verso le 11 della mattina, i tre soldati tedeschi salutarono P. Lorenzo e partirono, attraverso una strada secondaria, verso un casale dove avrebbero trovato un carrozzino che P. Lorenzo aveva loro promesso per raggiungere la loro retroguardia. Nel frattempo noi, guardando verso Bracciano, vedevamo soldati tedeschi che scappavano verso il nord. Prima di mezzogiorno arrivò da Bracciano una camionetta con soldati americani. Per noi la guerra era finita, si poteva lasciare Castel Giuliano e tornare a casa.

Questa storia sembra incredibile e lo stesso proprietario di Castel Giuliano, l'attuale Marchese Patrizi, al quale l'ho raccontata, la ignorava; io gliel'ho raccontata il giorno che con Madre Sr Madalena e le altre Suore di Santa Marinella siamo andati a visitare quei luoghi. Forse qualche vecchio potrà ancora ricordarla. Una cosa è certa: Castel Giuliano fu salvo per P. Lorenzo e per la gratitudine di quei tre soldati tedeschi verso la gente che li sfamò per tre giorni. Ma se non ci fosse stato P. Lorenzo?

Da quel tempo io rimasi molto legato affettivamente a P. Lorenzo e alle Suore Carmelitane Missionarie di Santa Teresa del Bambino Gesù.

P. Lorenzo fu missionario nel cuore fin dalla sua giovinezza e quindi non è per noi una meraviglia che egli, nell'orizzonte dei suoi sogni e dei suoi desideri, avesse continuamente dei progetti missionari, sogni e progetti che le Suore Carmelitane Missionarie di Santa Teresa del B. G. stanno realizzando nel mondo.

TESTIMONIANZA 2

Enzo Stella*

Padre Lorenzo era un uomo dal volto sereno e sorridente, pacato, che ispirava un senso di beatitudine perché aveva sempre la risposta tranquilla, giusta e questo a me che ero bambino molto vivace, colpiva particolarmente: con lui riuscivo ad essere buono senza sforzo, al contrario di ciò che mi accadeva con mio padre, con me particolarmente severo.

Mio padre che insegnava alla scuola elementare Pirgus e che si professava ateo o meglio anticlericale, pur essendo uomo di grandi valori, aveva con Padre Lorenzo una grande amicizia; al di là della divergenza di idee, li legava un alto senso morale e religioso della vita. Babbo era un grande ammiratore di Padre Lorenzo, ne ricordo gli incontri e le loro lunghe discussioni quando Padre Lorenzo veniva a trovarci a casa nostra.

Anche quando poi ho frequentato la scuola media, Padre Lorenzo a volte sostituiva Don Ostilio. Ricordo che i miei compagni di scuola del Centro di Santa Marinella condividevano quanto Padre Lorenzo suscitava nel mio cuore e anche loro erano colpiti da Padre Lorenzo, dalla sua mitezza e bontà, dal fatto che, a differenza di Don Ostilio, non si impelagava nella politica, sapeva rimanere al di sopra delle parti, e comunque costituiva, per chi lo conosceva un punto di riferimento.

Noi, pur essendo ragazzi, sapevamo già fare i dovuti confronti e, oserei dire che proprio la presenza di Don Ostilio, forse troppo invadente

---

* Ingegnere meccanico, ha lavorato sempre nel gruppo ENEL; è stato Direttore della Romana Gas, ora è in pensione e fa da consulente per l'energia. Ha 70 anni ed è uno dei Ragazzi amati da P. Lorenzo; si è prodigato nella celebrazione del 50° della parrocchia del Carmelo con Pietro Cucco ed altri, per edificare il monumento di P. Lorenzo. È qui per testimoniare le sue virtù e la gioia di averlo conosciuto.

sotto l'aspetto politico, specie in tempo di elezioni, illuminava, ancora di più, l'immagine di Padre Lorenzo, limpida e non condizionante in tal senso.

Padre Lorenzo era estremamente disponibile con noi ragazzi.

Io stesso facevo parte della squadra di calcio della Parrocchia del Carmelo, squadra di calcio che aveva iniziato la sua attività proprio con Padre Lorenzo e continuata poi con Padre Nazareno.

Ricordo ancora la nostra maglietta che aveva i colori rosso-blu e lo stemma OC (Ordine Carmelitano).

Difficilmente Padre Lorenzo ci sgridava per le nostre birichinate, riusciva invece a carpire la nostra attenzione con il sorriso, non imponeva, ma convinceva.

Non ricordo che Padre Lorenzo ci abbia mai dato un ordine, lo ascoltavamo perché era un uomo che ci ispirava rispetto in modo spontaneo e naturale.

Quando ancora nel mio intimo penso a una figura che mi dia serenità oppure ho bisogno di una figura che mi aiuti a superare i miei conflitti interiori ho sempre a riferimento il "mio" grande ricordo spontaneo di Padre Lorenzo

TESTIMONIANZA 3
Sr Carmen Bonnici, CMST*

Era l'anno 1951 quando P. Bernardo Farrugia provinciale dei padri Carmelitani a Malta, si incontrò a Roma col nostro fondatore Padre Lorenzo Van den Eerenbeemt. Il loro incontro si svolse in un clima molto familiare ed amichevole. Discorrendo, Padre Lorenzo subito va a toccare la cosa che aveva più al cuore cioè la Congregazione delle Suore Carmelitane Missionarie di Santa Teresa del Bambino Gesù.

Descrivendo i regolamenti e le iniziative di questa Congregazione accentua la carmelitanità e la missionarietà. Padre Lorenzo chiede allora a Padre Bernardo di invogliare alcune ragazze maltesi ad unirsi a questa Congregazione con lo scopo di mandarle alle missioni dal momento che conoscevano la lingua inglese. Padre Bernardo molto convinto promise di farlo al più presto.

In quel periodo si stava commemorando a Malta e in tutto il mondo carmelitano, la ricorrenza del settimo centenario dello Scapolare che la Madonna ha consegnato a San Simone Stock nel 1251 a Aleysford – Inghilterra. In quell'anno tanto fervore carmelitano era sparso per tutta l'isola e grandi feste si celebrarono.

Alcune ragazze vivendo quest'esperienza carmelitana avvicinarono P. Bernardo ed espressero il loro desiderio di diventare religiose carme-

---

* Sr Carmen BONNICI al secolo Maria Rosa. Nata a Valletta (Malta) l'11 ottobre 1935. Figlia di Paulo Bonnici e Carmela Camilleri. Entrata in Congregazione il 6 ottobre 1952 a Roma. Prima Professione il 16 ottobre 1954 a Santa Marinella. Partita per il Brasile nel novembre 1955. Professione Perpetua il 3 ottobre1960 in Brasile. Registro di Segretaria delle scuole medie il 7 ottobre 1969 in Brasile. Diploma di insegnante il 4 dicembre 1971 in Brasile. Tornata dalle missioni a Santa Marinella nel 1974. Insegnante nella scuola di Kercem dall'ottobre 1976. Catechista coi bambini della Prima Comunione per diversi anni. Direttrice della scuola di Kercem dal 1989 fino al 2010. Superiora della comunità di Kercem dal 2001 al 2010. Attualmente nella comunità di Kercem con lavori diversi di scuola e di comunità.

litane e siccome a Malta non esistevano le carmelitane subito presero l'occasione per indirizzarle alla Congregazione di Padre Lorenzo e Madre Crocifissa.

Era nel 1952, quando l'ardore per essere carmelitana e missionaria mi spinse ad entrare nella congregazione della Beata Maria Crocifissa e Padre Lorenzo. Avevo 16 anni e partii con altre 3 compagne da Malta per andare incontro all'ignoto.

Arrivate a Roma, ci hanno presentato alla fondatrice Madre Maria Crocifissa e in questo primo incontro ho espresso, con il mio povero italiano, il desiderio di andare alle missione.

Quando l'ha saputo il fondatore, Padre Lorenzo è rimasto molto contento ed entusiasmato vedendo il suo ardente desiderio compiersi nella possibilità di avere nelle suore maltesi la vocazione missionaria. L'entrata in questa Congregazione delle suore maltesi, significava per Padre Lorenzo la realizzazione del suo ideale di mandare le sue suore nelle missioni, come sempre si esprimeva con Padre Bernardo Farrugia carmelitano, il quale curava le vocazioni maltesi che accompagnava lui stesso a Santa Marinella. Il primo anno di formazione religiosa l'abbiamo fatto a Roma sotto la saggia guida di Madre Filomena Cucco. A Santa Marinella ha avuto luogo il nostro noviziato sotto la guida di Sr Agata Principato, ma soprattutto, curate dalle materne cure spirituali della stessa Fondatrice e dal Fondatore Padre Lorenzo.

Padre Lorenzo ci esortava sempre ad essere sante e a seguire la piccola Teresina di Lisieux. Aveva molto a cuore il canto, specialmente quello Gregoriano e spesso ci chiamava dal noviziato per le prove del canto. Ci teneva pure molto per lo studio. Voleva che le suore fossero istruite per poter compiere con esattezza i ruoli a loro assegnati.

Dopo questo periodo cosi felice è arrivato l'anno 1954, Anno Mariano. Noi novizie, gruppo di sei abbiamo fatto la prima professione il 16 Ottobre. In questo giorno in Padre Lorenzo si è accesa di più la speranza che, al più presto potesse vedere le sue suore volare per le missioni del Brasile dove già altre 4 suore avevano fondato la missione nel 1947. Lui anelava alla missione di Java ma purtroppo questo suo desiderio non é stato realizzato.

A novembre 1955 Padre Lorenzo nella cappella della comunità di Roma, con una celebrazione semplice ha consegnato il crocifisso a tre missionarie: Suor Carmen, Suor Elena e Suor Paola. Siamo partite da Genova con la grande nave Giulio Cesare. Il viaggio è durato 15 giorni. Durante la prima nottata, attraversando il Golfo del Leone con mare mosso, abbiamo sentito molto la tempesta.

Al cappellano di bordo, che vedeva noi cosi giovani, abbiamo fatto molta simpatia. Siccome eravamo messi in terza classe, abbiamo sofferto il maltempo molto di più. Il cappellano ha parlato con il capitano di bordo e in un batter d'occhio siamo state trasferite nelle cabine spaziose di prima classe. Eccoci ora arrivate a Rio de Janeiro. Siamo state accolte ed ospitate in una comunità delle Suore Cappellone. Hanno fatto di tutto per non farci sentire il distacco della patria e fra l'altro ci hanno portato a visitare il Corcovado.

Dopo un lungo viaggio disastroso tra polvere e fango siamo arrivate a Belo Horizonte da dove dopo due giorni siamo arrivate alla nostra destinazione Paracatu.

Il vescovo Dom Elizeu van de Weijer carmelitano fu pieno di gioia nel vedere arrivare altre suore nella sua missione. Le suore ci hanno accolto con molto affetto e ognuna voleva mostrarci qualcosa: la casa, la scuola, l'orfanatrofio, il giardino, l'orto, gli alberi da frutto esotici, galline, pulcini, porcellini etc. Non si contenevano dalla gioia!

Padre Lorenzo ci accompagnava con le sue circolari e lettere e con esortazioni di spiritualità profonda. Era contento quando noi facevamo i nostri racconti per iscritto, descrivendo ambienti, lavori, apostolato, catechesi, conversioni alla religione cattolica, battesimi, accoglienza di persone bisognose che ci avvicinavano cercando aiuto fisico morale e spirituale.

Subito col contatto coi bambini e con un po' di studio abbiamo imparato la lingua. Come attività esistevano già: la scuola primaria, l'asilo infantile l'educandato e l'orfanatrofio. C'era un gran numero di bambini da assistere in questi settori.

A mano a mano abbiamo acquistato altri terreni adiacenti alla casa esistente e con sacrifici ed aiuti abbiamo costruito il collegio per le scuole medie e superiori con quaranta metri di facciata che oggi é ben fornito di piscina e di campo poli sportivo ed altri requisiti per l'educazione.

Attualmente conta più di ottocento alunni.

Padre Lorenzo, un carmelitano fervente, sacerdote molto colto e distinto non cercava altro che la santità personale, quella delle suore e della gente, dei sacerdoti e di chi lo avvicinava. Una persona di preghiera profonda, un devoto ardente della Madonna, era di esempio a tutti noi, sempre col sorriso, sereno, accogliente. Ogni volta che lo incontravi aveva sempre una parola buona e incoraggiante da offrirti.

Per me viveva una santità più audace e perfetta di quella della stessa Fondatrice. Se fossi Papa lo proclamerei santo a tutto il mondo in questo stesso momento.

VENERDI 2 NOVEMBRE

SETTIMA SESSIONE

Gruppi di lavoro.
Relazioni dei gruppi di studi.
Sintesi e risonanze: P. Giovanni Grosso.

Chiusura del Convegno: Conclusione del P. Fernando Millán Romeral, Priore generale dell'Ordine Carmelitano, e di Sr M. Madalena Tada, Superiora generale delle Suore Carmelitane.

RISPOSTE DI OGNI GRUPPO DI LAVORO ALLE TRE DOMANDE

Gruppo 1: Canada,

Gruppo 2: Provincia Italia-Malta-Romania,

Gruppo 3: Tanzania,

Gruppo 4: Filippine,

Gruppo 5: I laici presenti,

Gruppo 6: Casa Madre,

Gruppo 7: Provincia Santa Teresa di Lisieux, Brasile.

1. *Come vi è sembrato questo 1° Convegno di studio su P. Lorenzo? I relatori sono riusciti ad approfondire e a comunicare il tema proposto?*

1. Il Convegno è stato organizzato bene anche se nel futuro si potrebbe programmare in modo da avere qualche, intervallo più lungo, meno ripetizioni da parte dei relatori e, possibilmente, di sera qualcosa "rilassante", come proiezioni, canti ecc ...

2. Il Convegno è stato molto interessante dal punto di vista dei contenuti, finalmente trattati a partire dalle fonti e coerenti con le immagini reali di chi ha conosciuto personalmente P. Lorenzo, che si pone come modello di fede per la Chiesa ed i giovani del nostro tempo in particolare.
   È stata rilevata una carenza nel coordinamento tra i Relatori, causa di alcune ripetizioni che potevano essere tempi utili per migliorare approfondimento e confronto tra i partecipanti. Buona la lettura storica della figura di P. Lorenzo e particolarmente interessante e provocatoria la relazione sulla preghiera. Coinvolgenti le testimonianze. P. Lorenzo che ha vissuto la logica del chicco di grano ora è stato riconosciuto nella sua grandezza, certamente da dover ulteriormente approfondire.

3. The conference was well planned, researched to the extent that

even the visitors or those who were not aware of what was done by Fr. Lorenzo are now conversant of who he was, what he did and know to some extent the legacy left behind by Fr. Lorenzo. However it could have been more better if the handouts were also available in other languages a part from Italian.
We suggest that if there is any video clips, recorded tapes for Fr. Lorenzo could be used or displayed in the coming conferences to make it more lively.

4. ....

5. Il Convegno su P. Lorenzo ha rappresentato, per noi laici, una interessante e significativa possibilità di conoscere uno spaccato di vita all'interno di una grande comunità religiosa, quale è la Congregazione delle Suore Carmelitane Missionarie.

6. Il 1° Convegno di studio su P. Lorenzo è stato molto importante, i relatori hanno esposto il vissuto di P. Lorenzo, si sono documentati andando alle fonti della sua storia, è stato ricco di contenuti, ha sensibilizzato tutti a fare nuove ricerche su molti aspetti da approfondire della sua figura, poiché è una vera ricchezza per tutto il Carmelo, poiché gli argomenti si collegavano tra loro e si completavano ed era difficile separarli per cui era evidente che ci fosse stata qualche ripetizione. Inoltre si è notato che i relatori hanno lavorato individualmente senza essersi confrontati tra loro prima del convegno. P. Lorenzo ha vissuto nel suo tempo il grande valore dell'Amore, sensibilizzando i suoi contemporanei. Ha preceduto Giovanni Paolo II.

7. Il Seminario è stato un momento unico di conoscenza e di esperienza, di chiarimento della storia, di coinvolgimento dei laici. Si sottolinea l'importanza delle conferenze che hanno avuto il suo fondamento nei documenti di P. Lorenzo. Si richiede un ulteriore approfondimento. Tutto il gruppo è rimasto affascinato dalla persona di P. Lorenzo. Ci sono state delle ripetizioni, tuttavia per alcuni è servito per fissare meglio gli argomenti. Ci sono state, però delle contraddizioni (per esempio: il rapporto di P. Lorenzo con i giovani). Si è sentita l'assenza di Luciano Pranzetti, essendo questi un grande innamorato di P. Lorenzo. Si richiede una maggior sottolineatura all'aspetto profetico di P. Lorenzo. Si sono sottolineate le relazioni di: João Braz de Aviz, Cosimo Pagliara, Sr Nerina, Emanuele Boaga. La presenza di P. Nazareno è stata

edificante e arricchente. Si suggerisce che le relazioni siano presentate con l'aiuto dei mezzi elettronici e che si prevedano lavori di gruppo per approfondire ogni argomento. I traduttori, anche con fatica, sono stati bravi. Si percepisce la crescita nella conoscenza di P. Lorenzo. Il Seminario è stato un punto di partenza che deve avere continuità.

2. *Pensi che il suo messaggio è ancora attuale nel mondo di oggi? Esprimi concretamente in che senso.*

1. Il messaggio di Padre Lorenzo è attuale oggi e lo sarà sempre, perché Lui è un modello per TUTTI I TEMPI e PER TUTTI I LUOGHI - Una persona che viveva l'amore di Dio e lo donava anche con poche parole o un semplice sorriso ... Un religioso, un uomo dotto ma umile allo stesso tempo ... un uomo "santo".

2. L'attualità di P. Lorenzo si esprime nell'essere modello di vita evangelica nella sua ansia di spiritualità, lavoro con i giovani ed evangelizzazione *ad intra* e *ad extra*. È molto rispondente al bisogno odierno della nuova evangelizzazione.

3. Yes – together with the efforts done by missionaries, by the Church, however, currently the world has been moved away from God, people are busy doing work and seeking for outer world development, to the extent that Families are not praying, attending masses and in general God is put last. Since Fr. Lorenzo was insisting meditation, mission, praying frequently thus his message is still relevant today. People have departed from what God intended human being to do after creation and have gone away from the presence of God. Thus the message is very relevant.

4. Secondo quello che abbiamo sentito dai relatori e dai testimoni i punti salienti del carattere di P. Lorenzo sono quelli che manifestano il suo essere calmo, accogliente, comprensivo, sorridente, rassicurante e paterno. Questi ci dicono molto per noi, nel rapporto tra di noi e nei nostri modi e atteggiamenti verso il nostro apostolato e verso tutti coloro a cui Dio ci ha affidato – i piccoli e i bisognosi.

5. Il messaggio spirituale di P. Lorenzo è senz'altro attuale in quanto è soprattutto trasformazione interiore e affermazione dei principi universali di pace, dono di sé per la gloria di Dio, in un costante rapporto con il mondo.

6. Dal primo giorno si è compreso che il messaggio di P. L. è attualissimo specialmente per quanto riguarda la preghiera, la spiritualità carmelitana e la nuova evangelizzazione missionaria. Nel suo apostolato adattava il suo linguaggio secondo l'ambiente in cui viveva e predicava, aperto ai giovani, premuroso con tutti senza dimenticare nessuno nella sua parrocchia ed anche con i bambini, futuro della Chiesa; amava i giovani, la società, i poveri, si svuotava di se stesso, facendo sempre la volontà di Dio. Aveva grande capacità di relazioni umane fatte di carità ed amore. È un vero maestro di umanità, ricchezza di spiritualità. Nel suo rapporto con Dio, nella malattia, si è sempre configurato a Cristo Gesù, specie nell'umiltà e semplicità evangelica, vivendo la spiritualità di S. Teresina che è stata la sua ispiratrice missionaria. Ora noi dobbiamo far conoscere questo grande apostolo che ha donato se stesso per amore della Congregazione, pur avendo avuto grandi prospettive e alte cariche per il futuro nel Carmelo e nella chiesa. Inoltre il suo messaggio è molto attuale, poiché nella società molte famiglie sono povere di valori, si sono allontanate da Dio e per trasmettere loro il messaggio di P. Lorenzo, bisogna cercare nuove modalità. Come religioso è stato un richiamo per far conoscere ai giovani il suo messaggio ma all'interno della nostra Congregazione non è molto diffuso. Ora tocca a noi carmelitane vivere la sua spiritualità carmelitana per quanto riguarda il suo ardore missionario specialmente per la nuova evangelizzazione.

7. Il messaggio di P. Lorenzo è attualissimo, sottolineando: a) La preghiera, tanto necessaria al mondo di oggi – una preghiera profonda, non fatta di rito, che risponde alla sete di Dio del mondo odierno, soprattutto dei giovani; b) L'ardore missionario; c) L'importanza che lui dava allo studio, alla cultura, all'apprendimento delle lingue, all'ecumenismo; d) Il rapporto con la gioventù. P. Lorenzo è esempio per tutti, specialmente per i sacerdoti e per i giovani. Il suo messaggio biblico è coerente con la nuova evangelizzazione. Si sottolinea anche il suo distacco, il suo spogliamento, il suo rapporto con Dio. e) Un laico ha detto: tante di queste cose che sono state dette riguardo alla missionarietà di P. Lorenzo, si concretizzano già in Brasile, specialmente la presenza tra i giovani.

3. *Da questo Convegno, a livello di Circoscrizione, che iniziative potresti prevedere per diffondere la conoscenza di P. Lorenzo e favorire*

l'introduzione della causa di beatificazione come è stato deliberato nel 13° Capitolo generale?

1. Le iniziative per promuovere la conoscenza di P. Lorenzo sono tante, ma la fondamentale è:
   1.1. la traduzione in inglese del materiale che si ha a disposizione, iniziando da una breve biografia, foglietti con foto etc... facendoci aiutare da traduttori professionisti. Grazie a Dio in Canada abbiamo "amici" pronti a darci una mano.
   1.2. Usare l'internet (WEB...) per farlo conoscere attraverso brevi informazioni su di Lui, con qualche messaggio e ... foto.
   1.3. Formare un gruppo di preghiera dedicato a P. Lorenzo
   1.4. Informare e parlare con i Vescovi, i Sacerdoti, e, soprattutto i Parroci per iniziative varie a livello parrocchiale e diocesano.
   1.5. Come sue figlie approfondire la sua spiritualità e il suo messaggio attraverso gruppi di studio... organizzati a livello di Congregazione o di Circoscrizione.
   1.6. Organizzare qualche "workshop", appena possibile, con una "mostra" aperta a tutti: bambini, giovani, famiglie, sacerdoti e religiosi.
   1.7. Promuovere iniziative varie nelle scuole a tutti i livelli, specialmente dove già conoscono M. Crocifissa.
   1.8. Impegno personale per vivere nella quotidianità i suoi insegnamenti di PADRE e FONDATORE.

2. Come Curia generalizia dei Carmelitani far presentare in un ritiro per il clero diocesano la figura di P. Lorenzo sacerdote.
   2.1. DVD divulgatorio per ogni realtà e MUSICAL
   2.2. Continuare la diffusione della ONLUS di P. Lorenzo
   2.3. Favorire un uso interno delle fonti e continuare ad inserire nei percorsi formativi per giovani e laici l'opera e la figura di P. Lorenzo
   2.4. Diffondere la pagina su facebook "missionarie sempre e dovunque con M. Crocifissa e P. Lorenzo" attraverso l'opera di due giovani per favorire la diffusione del carisma a laici e giovani.

3. Initiatives which could be done and provided in order to make Fr. Lorenzo more known and hence support the beginning of his cause of beatification are as follows:
   3.1. To pray – specially to use the prayer of P. Lorenzo.
   3.2. To translate the available materials in summary form and dis-

tribute to various groups available at parish level, E.g. Sacred Heart of Jesus congregation, Youth groups, on the themes like = The life prayer of Fr. Lorenzo, contact of the word of God, his missionary Spirit and care for the needy. – We can achieve this by the use of Various means of Communication which can make him more known to the people, E.g. Radio, Video, Television Church and Newspaper.

3.3. To organize meetings for lay people and congregation for Carmelites separately and sometimes together.

3.4. Use of Fr. Lorenzo as patron of some groups, schools and also to dedicate schools and Hospitals to Fr. Lorenzo.

3.5. These activities will be approved or discussed at the general assembly of Carmelites to be done on December, 2012 in Tanzania.

4. Share his life in our apostolate with the people we work with:

4.1. Publish also translated materials in our own language; from this convention:

4.2. We suggest to assign at least two sister that will take care of the archives – competent persons, with proper preparation or study on library management and even this will facilitate the networking in many other areas and material deposits.

4.3. To have real collaboration among CMSSTCJ and the O.CARM – to give us the possibility to promulgate P. Lorenzo.

4.4. The Liturgy – is the best place to spread the Christian spirituality; for the best place to promulgate Fr. Lorenzo be done in this ground.

4.5. Catechesis and spirituality using the insights, reflections and materials given and left for us by P. Lorenzo and Mo. Crocifissa (We need to promulgate P. Lorenzo in complementarily).

4.6. In the formation – their writings should be our best materials of Charism and Spirituality also and specially in the ongoing formation.

4.7. We should be daughters the Ist ones to practice and live it out; - (how from our communities we could create a real community of M. Crocifissa).

4.8. Publish even in different languages the materials (small books, pamphlets and stampedes) on the pastoral language; spread in different parishes specially in our very own parishes

4.9. There should be also an equipe that will take charge of this in every "circoscrizione".
4.10. Because we have promulgated him we should not forget to gather also from the people the graces they probably received through his intercessions.
4.11. The need also to use the social media in our divulgation. – radio / TV.

5. Anche se non contemporanei né parrocchiani di P. Lorenzo al fine delle testimonianze, è auspicabile creare tra noi un movimento di sensibilizzazione e conoscenza delle Sue virtù per diffonderle agli altri – tanto presume incontri periodici nelle diverse città di appartenenza, anche con l'apporto della ONLUS "Venite e Vedrete".

6. Prima di tutto l'impegno personale e la testimonianza della vita di religiose carmelitane, molto convinte della scelta di vita missionaria. Secondo il desiderio di Padre Lorenzo, in ogni comunità e parrocchia con i parroci:
6.1. Organizzare incontri di studio, di preghiera per poi diffondere la sua spiritualità nei nostri ambienti, tra i giovani e il popolo di Dio.
6.2. Continuare a visitare le famiglie come era stato programmato nella comunità di Casa Madre e far conoscere la vita di Padre Lorenzo quando è vissuto da parroco della parrocchia del Carmelo in S. Marinella.
6.3. Organizzare nelle parrocchie e scuole rappresentazioni, recital, film e pubblicare gli Atti.

7. Iniziative proposte per il Brasile:
7.1. Divulgare di più la persona di P. Lorenzo, con la stampa e con i mezzi elettronici:
7.2. Tradurre i suoi scritti, per la conoscenza delle Suore e dei laici,
7.3. Presentare P. Lorenzo: a) nei raduni dei genitori dei bambini, dei giovani delle nostre opere e attività pastorali, b) ai laici delle opere (professori e tutto il personale di servizio), c) Nel risveglio vocazionale dei diversi stati e regioni,
7.4. Intensificare l'esperienza missionaria con i giovani,
7.5. Intercambio con "Venite e Vedrete",
7.6. Attivare la ONLUS "Opera P. Lorenzo" in Brasile,
7.7. Presentare la Mostra Fotografica di P. Lorenzo in tutte le realtà dove sono presenti le nostre Suore,

7.8. Intensificare i momenti di preghiera con la partecipazione dei laici,
7.9. Realizzare in Brasile un Seminario su P. Lorenzo nel gennaio 2014,
7.10 Coinvolgere tutta la Famiglia Carmelitana, soprattutto i frati, nella conoscenza di P. Lorenzo come un vero Carmelitano.

SUGGERIMENTI DEI TEMI PER UN PROSSIMO CONVEGNO

- Il profetismo in P. Lorenzo (3X)
- La pedagogia di P. Lorenzo sia nella pastorale, che nella formazione delle Suore (6X)
- La missionarietà in P. Lorenzo applicata ai nostri giorni (14X)
- La trasmissione della spiritualità carmelitana alla Congregazione
- La crescita affettiva nella vocazione di Carmelitano
- Relazioni tra due diverse concezioni di Carmelo e Missione (P. Lorenzo e M. Crocifissa)(3X)
- P. Lorenzo, la sua pastorale parrocchiale, particolarmente il rapporto con i giovani.
- P. Lorenzo e la condivisione di ideali con M. Crocifissa (5X)
- P. Lorenzo, uomo della carità
- P. Lorenzo promotore di pace e di civilizzazione dell'amore (2X)
- P. Lorenzo anticipatore del Concilio Vaticano II
- P. Lorenzo e S. Teresina, missionari senza mai lasciare il loro convento (2X)
- P. Lorenzo, santo per i nostri tempi
- P. Lorenzo e missione della Chiesa
- P. Lorenzo Sacerdote e Religioso Carmelitano: missionario, esegeta e Fondatore.
- P. Lorenzo e gli aspetti più salienti della sua vita santa.
- P. Lorenzo, angelo di carità
- Spiritualità di P. Lorenzo (10X)
- P. Lorenzo e il Carmelo missionario
- L'esperienza dello Spirito fatto da P. Lorenzo
- Approfondire il carisma fondazionale della Congregazione
- Pastorale giovanile e vocazionale sulla scia di P. Lorenzo (6X)
- Preghiera e mistica in P. Lorenzo (10X)
- P. Lorenzo e l'amore alla Madonna del Carmine (2X)

SINTESI E RISONANZE AL TERMINE DEL CONVEGNO DI STUDIO SU P. LORENZO VAN DEN EERENBEEMT

P. Giovanni Grosso, O.Carm.

Mi è stato chiesto di presentare al termine di questo I Convegno di studio su P. Lorenzo van den Eerenbeemt, una sintesi di quanto abbiamo detto e vissuto.

Mi pare che dalle relazioni dei gruppi sia già emersa con chiarezza la soddisfazione generale dei partecipanti per quanto abbiamo condiviso e vissuto. Proviamo a sintetizzare i risultati, cercando anche di individuare altre possibili percorsi di lavoro e di vita per il futuro.

Certamente tutti abbiamo fatto una bella esperienza di fraternità e di condivisione. Forse qualcuno si aspettava più spunti per la vita e la spiritualità. D'altra parte questo è stato voluto e organizzato come un convegno di studio, quindi il taglio era piuttosto scientifico e analitico, meno spirituale; inoltre in questi casi ripetizioni e sovrapposizioni sono quasi inevitabili.

- Chiediamoci qual era lo scopo primario del convegno?
  1. Innanzitutto volevamo conoscere meglio la persona, l'opera e la spiritualità di p. Lorenzo:
     a. su basi documentate e sicure (cfr le relazioni di p. Emanuele e Sr Alice);
     b. ci è stata illustrata la biografia (p. Emanuele, DVD "Un profeta per i nostri giorni");
     c. gli ambienti di vita e di impegno (p. Emanuele, don Rossi, mons. Alfonsi);
     d. la fisionomia spirituale (card. Braz de Aviz, p. Giovanni);
     e. sono stati approfonditi alcuni aspetti della personalità e dell'opera:
        i. la preghiera (Sr Nerina);
        ii. la Parola di Dio (p. Cosimo);
        iii. la missione (Sr Cecilia);
        iv. la poesia (Pranzetti);
     f. le testimonianze hanno gettato fasci di luce su aspetti e

momenti particolari della vita di p. Lorenzo (mons. Valeri, Stella, Sr Carmen, p. Nazareno):

g. lo studio di Sr Cecilia costituisce una base insostituibile per qualsiasi altro approfondimento futuro. Non credo però che valga la pena di tradurlo per intero, mi sembra più utile divulgarne i contenuti per mezzo di articoli, scientifici o più popolari, in diverse lingue.

2. Altro scopo del convegno era di celebrare l'affetto filiale delle suore per la persona di p. Lorenzo, riconosciuto come fondatore accanto e insieme alla beata M. Crocifissa. Il convegno voleva iniziare a mettere in luce l'eredità carismatica lasciata da p. Lorenzo.

➢ Quale ora il cammino futuro?
  1. Certamente occorrerà proseguire nella conoscenza e nell'approfondimento delle fonti;
  2. ci vorrà fantasia e creatività nel tradurre il messaggio vitale e missionario di p. Lorenzo;
  3. si potranno aprire nuove forme di servizio e di azione, sul tipo della Onlus "Venite e Vedrete";
  4. occorrerà coinvolgere la Famiglia carmelitana nelle sue diverse componenti;
  5. obiettivo spesso ricordato in questi giorni è la possibile apertura della causa di beatificazione e canonizzazione di p. Lorenzo. Questa tuttavia non va intesa come un fatto formale, di valore solo esteriore, come un riconoscimento, un titolo, un'altra medaglia da appuntarsi al petto. È invece un processo vitale e un motivo di rinnovamento e rilancio della vita della Congregazione e delle singole suore, oltre che dei laici vicini a loro. È interessante notare anche la bella fama di cui gode p. Lorenzo anche tra i familiari olandesi.
  6. Le proposte e i suggerimenti dei gruppi di studio mi pare convergano soprattutto
     a. sulla necessità di avere materiale disponibile nelle diverse lingue e di utilizzare ogni mezzo utile a far conoscere la persona e l'opera di p. Lorenzo.
     b. Inoltre sarà importante creare percorsi di formazione iniziale e permanente basati sugli scritti di p. Lorenzo, come si è fatto per m. Maria Crocifissa, in vista di far crescere la consapevolezza e la conseguente attuazione del carisma.

- Quali i problemi ancora aperti?
  1. Certamente è necessario completare la sistemazione degli archivi della Congregazione e della Postulazione, in modo coordinato e non antitetico, raccogliendo e catalogando documenti, scritti e immagini.
  2. Occorre rendere disponibile tale materiale per gli studiosi, pubblicando in edizione critica quanto sarà ritenuto utile per lo studio, aprendo gli archivi ai ricercatori (secondo le regole archivistiche generali) e diffondendo a livello popolare tutto quanto è utile per promuovere la conoscenza e la devozione di p. Lorenzo.
  3. Tale impegno renderà possibili uno studio e una riflessione critica sulle fonti e sui vari aspetti biografici e spirituali ancora non del tutto chiari, in maniera di fornire un quadro più completo e armonico della personalità di p. Lorenzo.
  4. In tal senso sarà bene procedere a uno studio comparato e critico del rapporto tra p. Lorenzo e la beata M. Crocifissa; la Congregazione infatti mi sembra nata dal rapporto fecondo tra i due (p. Nazareno parlava di "comunione di spirito") e dall'integrazione dei carismi di ambedue.
  5. Occorrerà spiegare come mai la causa viene aperta a 35 anni dalla morte, per sgombrare il campo da ogni possibile sospetto e chiacchiera in proposito.
  6. Potrà essere utile creare un gruppo di lavoro che si occupi di questi aspetti più scientifici e tecnici, e un altro che lavori alle traduzioni e alla divulgazione.

- Vorrei concludere richiamando alcune parole chiave che mi sono sembrate importanti e che potranno essere di aiuto nel prosieguo del cammino.
  1. *Kenosis*: svuotamento, spogliamento; l'ha ricordata il cardinal Braz nell'intervento di apertura ed è stata declinata anche in altre forme come: umiltà, essenzialità, nascondimento, rinuncia, ritiro, ecc.
  2. *Tolleranza*: capacità di dialogo, accoglienza, apertura a tutti, carità nascosta...
  3. *Sguardo*: lo sguardo intenso e attento verso l'interlocutore così come lo sguardo rivolto al *Cielo* mi sembrano espressivi della fisionomia spirituale di p. Lorenzo, uomo di Dio e perciò delle sorelle e dei fratelli. Nella vita cristiana occorre essere un po' strabici: avere un occhio al Cielo e l'altro alla terra e saper cogliere la realtà con un unico sguardo, questa è contemplazione.
  4. *Vangelo – implantatio ecclesiae*: p. Lorenzo è stato un autentico

evangelizzatore e missionario, ha sperimentato cosa significa annunciare il Vangelo a persone di estrazione sociale, culturale, religiosa diversa e ha lavorato instancabilmente come fondatore di una chiesa (la porzione della Chiesa locale di Porto e Santa Rufina che è nella parrocchia della Beata Vergine del Carmelo) e di una nuova comunità religiosa assieme a m. Maria Crocifissa.

Concludo con la promessa che gli Atti del convegno saranno presto pubblicati e resi disponibili a tutti.

Grazie.

CONCLUSIONE

P. Fernando Millán Romeral, O.Carm.
Priore Generale.

È un grande onore e motivo di grande gioia di essere qui per la chiusura del Convegno di studio su P. Lorenzo. Vorrei fare gli auguri alla Congregazione per questo Convegno e per tutte le iniziativi che state prendendo per fare conoscere meglio la figura di P. Lorenzo, la sua dottrina e il suo testamento spirituale. P. Lorenzo è vivo nella Congregazione e nel Carmelo. È questo il motivo di gioia per queste figure che hanno lasciato una eredità. Non si tratta di fare un'archeologia. Ho sentito nel USG che nella nostra Chiesa, oggi, più che mai celebriamo centenari, cinquantesimi, settantacinquesimi anniversari. Un Superiore diceva quando forse non abbiamo più il futuro cominciamo a celebrare i centenari. Non dovrebbe essere così. Quello che noi facciamo non è archeologia, non apriamo armadi vecchi per riscattare tesori, vecchie figure, ma sono figure provocative, figure che ci fanno guardare il presente e ci proiettano per il futuro, sono figure che ci danno ispirazione.

È la seconda presentazione di questa figura alla quale sono presente, perché sono stato a Santa Marinella per la presentazione del libro *"P. Lorenzo, sacerdote e poeta"*. Vorrei semplicemente sottolineare quattro aspetti cui ho fatto accenno in quella occasione.

1. Formazione

P. Lorenzo fu un vero intellettuale con una vasta cultura teologica e umanistica. Mi colpisce molto il fatto che venga presentato anche come "poeta" proprio in questi tempi nei quali talvolta nella vita religiosa pare che venga a mancare un po' di poesia, di colore, di romanticismo, di passione.

Negli anni '20 padre Lorenzo insegnò Teologia Dogmatica, Sacra Scrittura e Lingua ebraica presso il Collegio Internazionale S. Alberto e dal 1922 al 1930 svolse l'incarico di esaminatore del Clero romano.

Il Collegio Internazionale S. Alberto, oggi più conosciuto come il CISA, nel secolo scorso è stato un vero vivaio di grandi carmelitani. Uomini saggi e santi (alcuni già beatificati, di altri invece è in corso il processo di beatificazione): il servo di Dio P. Bartolomé Xiberta, grande teologo, che ha lasciato una traccia indelebile nel nostro Ordine; il P. Elias Magennis, Priore Generale, che volle sviluppare gli studi nell'Ordine; il P. Tito Brandsma, Professore e Rettore dell'Università di Nimega, giornalista, morto nel campo di concentramento di Dachau nel 1942 e beatificato da Giovanni Paolo nel 1985; il P. Brenninger, maestro di spiritualità; il P. Hilary Januszewski, vero martire della carità a Dachau, beatificato da Giovanni Paolo II nel 1999; il P. Alberto Grammatico, grande umanista e uomo di cultura classica che, non dimentichiamo, fu il fautore dell'incontro tra la Beata Madre Crocifissa e il P. Lorenzo; Mons. Donald Lamont, primo vescovo di Umtali, oggi Mutare, nello Zimbabwe, e campione della lotta contro la discriminazione razziale. Questi sono soltanto alcuni dei nomi di quella grande schiera di carmelitani formati al Collegio Sant'Alberto presso il quale per parecchio tempo visse anche il P. Lorenzo.

Come Suor Cecilia ben rileva nel suo libro, P. Lorenzo diede molta importanza alla formazione nella Congregazione. Volle, cioè, che le suore fossero ben formate, non per un interesse meramente intellettuale, né per il gusto di avere delle "titolate", ma per servire meglio il popolo di Dio; formazione che non riguardava solo il campo intellettuale o accademico, ma principalmente la dimensione spirituale ed esistenziale.

In un incontro degli studenti e dei professori carmelitani con Monsignor Luis Ladaria, grande teologo e oggi Segretario della Congregazione per la Dottrina della Fede (CDF), l'illustre prelato ha insistito molto sulla necessità di una buona formazione di base che dia alla persona (al consacrato e al carmelitano) gli strumenti necessari per servire meglio il popolo di Dio ed in esso, primi tra tutti, i più bisognosi.

2. Ecclesialità

Ad un certo momento della sua vita P. Lorenzo dovette lasciare l'Ordine del Carmelo (uscita che fu solo canonica) per diventare fondatore della Congregazione delle Suore Carmelitane Missionarie di Santa Teresa di Gesù Bambino. Nonostante il suo cuore rimanesse sempre carmelitano, per P. Lorenzo quello fu un momento di grande sofferenza.

Grazie a Dio, nel 1969 potette rientrare nell'Ordine rinnovando la sua professione religiosa.

Nel corso degli anni durante i quali il nostro carmelitano lavorò come prete diocesano in seno alla città di Santa Marinella, P. Lorenzo collaborò con molti sacerdoti, ebbe un cordiale e fecondo rapporto con diversi vescovi e mantenne i contatti (spirituali, di amicizia, di fraternità, di interesse intellettuale) con i confratelli carmelitani. Frutto di quel rapporto è la presenza, ormai da parecchi decenni, di una comunità di frati carmelitani in questa città.

Da questa pagina biografica, possiamo ricavare un interessante aspetto della figura di padre Lorenzo, vale a dire la sua ecclesialità che diventa per noi oggi una chiamata alla comunione ecclesiale, alla collaborazione tra religiosi, laici, sacerdoti, vescovi, tra diversi gruppi e movimenti, tra diverse identità e servizi ecclesiali.

3. Missione

Il P. Lorenzo, come il beato Tito Brandsma, avrebbe desiderato recarsi nelle missioni che la Provincia Olandese (provincia carmelitana che nel corso del secolo ventesimo è stata molto generosa nell'impegno missionario) aveva appena aperto nell'isola di Giava. Non riuscendo ad ottenere il permesso per recarsi in missione, egli coltivò sempre un atteggiamento missionario e il frutto di questa sua sensibilità "ad gentes" lo riscontriamo ancora oggi nella missionarietà inclusa nel carisma di questa Congregazione Carmelitana. Per dire in una forma poetica, voi suore carmelitane missionarie vivete oggi la missionarietà di P. Lorenzo ha voluto vivere.

La passione missionaria del Fondatore si esprime eminentemente nel suo *testamento spirituale,* quando dice che le Suore Carmelitane Missionarie sono chiamate ad essere seminatrici della buona novella del Vangelo e del Carisma carmelitano.

Sarebbe interessante studiare il parallelismo tra il Beato Tito e P. Lorenzo. Entrambi nutrivano l'ardente desiderio di recarsi in missione, tutti e due sperimentarono la frustrazione di non poter realizzare questo sogno, tutti e due animati dalla gioia e dalla generosità di operare nel proprio Paese con entusiasmo contagioso. Più ancora, sarebbe interessante vedere il parallelismo (evidente già dal nome della Congregazione fondata da P. Lorenzo), tra il nostro carmelitano e la grande Patrona delle Missioni, la piccola Teresa del Bambino Gesù, anche lei missionaria senza essere mai uscita dal suo Paese (tranne che per quel pellegrinaggio a Roma, qualche mese prima del suo ingresso al Carmelo). Forse si tratta di cuori così grandi che, nel loro amare e servire, si dilatano oltre gli stretti limiti di uno Stato o di una regione.

4. Carmelo

Come abbiamo già detto, P. Lorenzo, per motivi, per così dire, giuridici o canonici, dovette lasciare l'Ordine nel 1930 per rientrarvi nel 1969. Pochi anni dopo il suo rientro al Carmelo, morì, come si diceva in quel tempo, "con l'abito della Madonna".

P. Lorenzo visse con passione la sua identità carmelitana, che esprimeva anche quando era canonicamente fuori dall'Ordine. Questo spiega l'ispirazione fortemente carmelitana della Congregazione.

Noi carmelitani, quando ci riferiamo alle Carmelitane Missionarie, diciamo: "le nostre suore". In questa espressione tipica di noi frati, non c'è, ovviamente, alcuna traccia di maschilismo, ma, come si dice nella lingua della Madre Generale, un vero segno di "carinho" (affetto).

Nell'Ordine Carmelitano vi sono quattordici congregazioni femminili alle quali si aggiungono altri due gruppi, *The Leaven* (il lievito), e la Famiglia missionaria *Donum Dei*. Queste realtà carmelitane sono nate in diversi luoghi: due congregazioni negli Stati Uniti, due in Brasile, una in Venezuela, una in Trinidad, due in Spagna, tre in Italia, una in Zimbabwe, una in Indonesia e una nelle Filippine.

Alcune di queste congregazioni sono state fondate direttamente da carmelitani, altre da altri fondatori non carmelitani; alcune si caratterizzano per la internazionalità dei membri e delle presenze (come accade per questa Congregazione) altre sono più locali; in alcune congregazioni viene portato l'abito, in altre no; alcune fondatrici sono state beatificate, di altre è stato avviato o si auspica l'avvio del processo di beatificazione. È una fioritura variegata, ma unificata da un aspetto comune: il profondo spirito del Carmelo, nel senso che tutte queste realtà sono e si sentono profondamente carmelitane!

Ogni sei anni si tiene l'incontro delle Superiore Generali di queste congregazioni carmelitane femminili. Si tratta di un vero esercito di donne che portano ovunque il carisma del Carmelo. I loro fondatori e fondatrici (e adesso loro stesse), hanno saputo rileggere l'antico carisma carmelitano, nato più di otto secoli fa nella Terra Santa, traducendolo e avvicinandolo, nei tempi moderni, ai più bisognosi.

Il nostro confratello, il P. Lorenzo (e mi sento fiero di dirlo), ha saputo contagiare e trasmettere quella passione carmelitana che si percepisce oggi così profonda e così feconda nella Congregazione. Quello che state celebrando oggi è un incontro di famiglia. La presenza di P. Nazareno Mauri è il segno più evidente di questa carmelitanità e familiarità fra tutti noi. Grazie alla Congregazione e alla Superiora Generale M. Madalena con la certezza di che P. Lorenzo continuerà dando la mano per continuare la missione con creatività, facendo si che questa Congregazione nella grande famiglia del Carmelo continui ad offrire a tutta la Chiesa, popolo di Dio una parola di salvezza e di speranza.

Grazie

DISCORSO DI CHIUSURA DEL CONVEGNO

Sr Madalena TADA*

Eccellenze reverendissime,

Rev.mo Priore generale, P. Fernando Millán Romeral, e tutti: Sorelle, confratelli, amici,

dopo questa esperienza ricca di interculturalità, di fraternità vissuta insieme, sento doveroso fare un profondo ringraziamento a ciascuno di voi personalmente. Grandi grazie ci ha fatto il Signore per averci dato l'occasione di approfondire la figura di P. Lorenzo, in una ricerca dei suoi tratti di luce e di attualità dei suoi molteplici messaggi.

Come abbiamo visto nei brevi tempi delle relazioni, egli è stato un dono di Dio alla Chiesa e al Carmelo, in un tempo in cui urgeva un'azione missionaria nel luogo dove Lui lo ha fatto fiorire, facendolo testimone, pur in un contesto difficile, dove la fede cristiana era da seminare e impostare ex novo.

Abbiamo potuto riflettere sulla sua passione per il Carmelo, il suo amore ardente per Maria, che l'ha accompagnato per tutta la vita, la sua fedeltà all'Ordine, nonostante la dura parentesi del distacco fisico, per dare vita alla Congregazione delle Suore Carmelitane, virtù e spiritualità che ha condiviso e trasmesso con il suo esempio e la sua predicazione.

La sua passione per il nostro Santissimo Redentore, Gesù Cristo, ha acceso il suo cuore: "Vivere con l'intelligenza e la volontà di Gesù. Essere uno dei suoi più intimi amici": questo è stato il suo obiettivo di vita personale, sacerdotale, della sua azione pastorale e missionaria. Illuminato dalla Parola di Dio, che sapeva gustare, e che traduceva, riproduceva e donava abbondantemente e gratuitamente al popolo, sapeva farla tralucere da tutta la sua persona: atteggiamenti, parole e azioni, segnati da profondo rispetto, accoglienza, serenità, ottimismo, generosità verso tutti, e in particolare verso i più deboli, che invitava sempre a guardare in alto, elevandone lo spirito verso l'amorosa paternità divina e della Vergine Maria.

Abbiamo compreso come sia stato un uomo di Dio, attraverso la preghiera costante e profonda, un concentrarsi continuo nel pensiero di

* Questo discorso è stato letto dalla Vicaria generale Sr Mariassunta Colombo.

Dio, Creatore, Redentore e Salvatore, verso il Quale aveva sommo rispetto e adorazione, visibile nella sua persona e nella sua predicazione.

La Chiesa con la proclamazione dell'Anno della Fede, ha voluto incamminarsi verso la comprensione matura del dono di Dio e offre dei testimoni perché aiutino in questo processo di crescita. Noi guardiamo a Padre Lorenzo come un modello di uomo di Dio, impegnato nel sociale e dedito totalmente alla missione evangelizzatrice.

Un pensiero di particolare gratitudine rivolgo ai Relatori per il loro prezioso contributo svelando aspetti nuovi di questa figura contribuendo a farcela conoscere e amare, e a quanti hanno partecipato con vivo interesse, donando il loro tempo, le loro riflessioni. Ringrazio quanti si impegneranno a portare questi contributi ai loro gruppi, nelle loro realtà di vita e di operosità, per dare gloria a Dio, che ha arricchito la storia di un carisma particolare come dono dello Spirito.

Mi rivolgo in particolare alle responsabili delle nostre circoscrizioni che hanno coinvolto amici e conoscenti a questo tempo di grazia: Auguro a tutti voi grandi benefici spirituali e una continuità di dedizione perché un giorno possiamo di nuovo incontrarci a un convegno più partecipato e più fecondo.

PARTECIPANTI

P. Fernando Millán Romeral	Priore Generale O.Carm.
Ir. M. Madalena Tada	Superiora Generale CMST
Sr M. Beniamina Barbesin	Curia generale - *documentazione*
Sr Mariassunta Colombo	Curia generale - *moderatrice*
Sr M. Lilian Kapongo	Curia generale - *moderatrice*
Sr M. Ronilse Mendes	Curia generale - *economato*
Sr M. Corazon Lao	Curia generale/Casa madre - *accoglienza*
Card. João Bras de Aviz	Roma - *relatore*
Mons. Valerio Valeri	Roma – *relatore*
P. Giovanni Grosso	Roma - *relatore*
P. Emanuele Boaga	Roma - *relatore*
P. Desiré Unen Alimange	Curia generale O.Carm. - Roma
P. Cosimo Pagliara	Caivano NA - *relatore*
D. Giorgio Rossi	Roma – *relatore*
P. Claudemir Rozin	Roma - CISA
D. Gianpaolo Boffelli	Roma
P. Nazareno Mauri	Forlì – *relatore / testimone*
Mons. Amleto Alfonsi	Roma La Storta - *relatore*
P. Kevin Alban	Curia Generale - Roma - *traduttore*
P. Míceál O'Neill	CISA - Roma - *traduttore*
P. Francisco de Sales	CISA - Roma - *traduttore*
P. Antonio Silvio Da Costa	Brasil - *traduttore*
Alexander Gerald Msowoya	Tanzania
Mary Murice Macha	Tanzania
Aretha Leonard Pokella	Tanzania
Lucy Paulo Nambuo	Tanzania
David Mutumba Hamli	Tanzania
Innocenza Gallo Intraligi	Canada
Vincent Intraligi	Canada
Bruno M. Suppa	Canada
Matilde C. Suppa	Canada
Joanne L. Davison	Canada
Pamela Susan Nutt	Canada
Frances Galleta Rabena	Canada
Crescencia R. Galleta	Canada
Fernando Gustavo Valle	Canada
Lucia Orazzo Iovino	Italia

Gianni Iovino	Italia
Rosaria Maschione	Italia
Alfredo Pisana	Modica
Rosella Tascio	Roma
Giovanni Tascio	Roma
Enzo Stella	Santa Marinella - *relatore*
Anna Cenerilli	Santa Marinella
Saverio Santi	Santa Marinella - *accoglienza*
Teresa Murkens	Santa Marinella
Teresa Casino	Napoli
Rossella Greco	Napoli
Roberto Auriemma	Napoli
Tonia Amendola	Napoli
Alfredo Oliviero	Napoli
Immacolata Leone	Napoli
Marita Bekema	Olanda
André Luis Gomes de Avila	Brasil
Mariangela Rodrigues da Silva	Brasil
Celina Rischiteli	Brasil
Mario Uzuba	Brasil
Rita Fontana	Pomigliano D'arco
Sr M. Flora Mashughuli	Deleg. Santa Teresina
Sr M. Dionisia Matle	Deleg. Santa Teresina
Sr M. Rita Lomongo	Deleg. Padre Lorenzo
Sr Marilou Campomanes	Deleg. Padre Lorenzo
Sr M. Victoria C. D. Lao	Deleg. Padre Lorenzo
Sr M. Lynda Chio	Deleg. Padre Lorenzo
Sr M. Theresa Ha Le	Deleg. Padre Lorenzo/Vietman
Ir. M. Ana Balbina de Souza	Prov. s. Teresa de Lisieux
Ir. M. Maria Silvoneide da Silva	Prov. s. Teresa de Lisieux
Ir. Maria Irene Lopes dos Santos	Prov. s. Teresa de Lisieux
Ir. M. Zilda Aparecida Rocha	Prov. s. Teresa de Lisieux
Ir. M. Aparecida Filletti	Prov. s. Teresa de Lisieux
Ir. M. Judecy dos Santos	Prov. s. Teresa de Lisieux
Ir. M. Neuza Bispo Gonçalves	Prov. s. Teresa de Lisieux
Ir. M. Elisângela da Silva Paulino	Prov. s. Teresa de Lisieux
Ir M. Zélia da Conceição Dias	Prov. s. Teresa de Lisieux
Ir. M. Bernadete Hiraima	Prov. s. Teresa de Lisieux
Sr M. Angela Elefante	Prov. Maria Madre Carmelo
Sr M. Liliana Floridia	Prov. Maria Madre Carmelo
Sr M. Rosanna Santaniello	Prov. Maria Madre Carmelo
Sr M. Carla Zaccaria	Prov. Maria Madre Carmelo

Sr M. Ivana Calvo	Prov. Maria Madre Carmelo
Sr M. Donatella Cappello	Prov. Maria Madre Carmelo
Sr M. Teresina Rossetti	Prov. Maria Madre Carmelo
Sr M. Elvira Martinelli	Prov. Maria Madre Carmelo
Sr M. Angela Pirtac	Prov. Maria Madre Carmelo
Sr M. Elisa Poidomani	Prov. Maria Madre Carmelo
Sr M. Gianna Penna	Prov. Maria Madre Carmelo
Sr M. Emma Vernuccio	Prov. Maria Madre Carmelo
Sr M. Giovanna Puglisi	Prov. Maria Madre Carmelo
Sr M. Albina Linguanti	Prov. Maria Madre Carmelo
Sr M. Lucy Vella	Prov. Maria Madre Carmelo
Sr Annamaria Amadori	Prov. Maria Madre Carmelo
Sr Mariagrazia D'Angelo	Prov. Maria Madre Carmelo – *anim. lit.*
Sr M. Cristina Budau	Prov. Maria Madre Carmelo
Sr M. Mihaela Demsa	Prov. Maria Madre Carmelo
Sr M. Valeria La Ciacera	Prov. Maria Madre Carmelo
Sr M. Carmen Bonnici	Prov. Maria Madre Carmelo
Sr M. Cecilia Tada	Casa madre – *relatore*
Sr M. Alice Rodrigues	Casa madre - *relatore*
Sr Maria Salete De Oliveira	Casa madre - *accoglienza*
Sr M. Emerenziana Carpenzano	Casa madre
Sr M. Claudia Diac	Casa madre – *anim. liturgica*
Sr M. Dorothy Neri	Casa madre - *documentazione*
Sr M. Luisa Giannone	Casa madre
Sr M. Imelda Abuan	Casa madre
Sr M. Joanita Kemilembe	Casa madre – *anim. liturgica*
Sr M. Katarina N. Hilonga	Casa madre - *accoglienza*
Sr M. Daniela Orazzo	Deleg. San Giuseppe
Sr M. Sylvia Spiteri	Deleg. San Giuseppe
Sr M. Edna Galleta	Deleg. San Giuseppe
Sr M. Cristina Acosta	Deleg. San Giuseppe - *documentazione*
Sr M. Elizabeth De Guzman	Deleg. San Giuseppe
Sr M. Suzana Tairo	Deleg. San Giuseppe
Sr Maria Tran Tiha	Deleg. San Giuseppe - *accoglienza*
Sr Marianerina de Simone	Deleg. San Giuseppe – *relatrice/docum.*
Sr M. Liberia Tarimo	Deleg. Santa Teresina
Sr M. Monica Mrosso	Deleg. Santa Teresina
Sr M. Lioba Jonas Mpuru	Deleg. Santa Teresina
Sr M. Cecilia Joseph Magesa	Deleg. Santa Teresina
Sr M. Theresia Acheing'	Deleg. Santa Teresina
Sr M. Chrispina John Homa	Deleg. Santa Teresina
Sr M. Magreth Ammi Irafay	Deleg. Santa Teresina

Sr M. Genifa Khamasho	Deleg. Santa Teresina
Sr M. Scholastica Etlawe	Deleg. Santa Teresina
Marita Bekema	Olanda
Else Marie	Olanda
Dick Schluter	Olanda

EQUIPE DI COORDINAMENTO

Accoglienza:	Sr Alice Costa, Sr Corazon Lao, Sr Mariassunta Colombo.
Allestimento:	Sr Salete di Oliveira, Sr Maria Tran Le.
Amministrazione:	Sr Ronilse Mendes, Sr Katerina Hilonga, Saverio Santi
Animazione:	Sr Claudia Diac, Sr Joanita Kemilembe e Sr Maria G. D'Angelo.
Generale:	P. Giovanni Grosso e Sr Cecilia Tada.
Liturgia:	Sr Lilian Kapongo, Sr Claudia Diac e Sr Joanita Kemilembe.
Segreteria e Doc.:	Sr Marianerina de Simone, Sr Beniamina Barbesin, Sr Tina Acosta e Sr Dorothy Neri.
Traduttori:	Inglese: P. Kevin Alban e P. Míceál O'Neill. Portoghese: P. Francisco de Sales e P. Antonio Silvio da Costa J.

INDICE

P. Lorenzo, fondatore e apostolo dell'amore

I moderatori: P. Giovanni Grosso e Sr Cecilia Tada

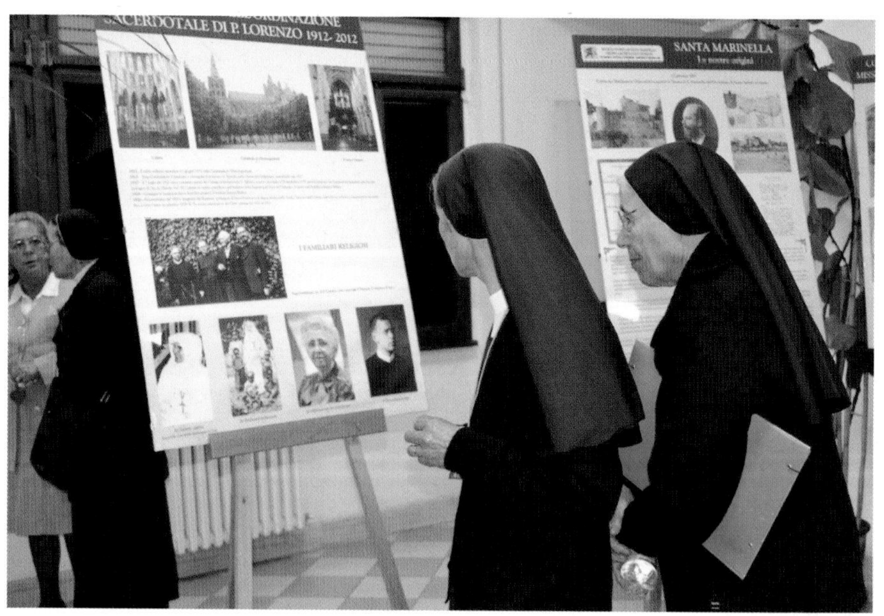

Mostra fotografica sulla vita di P. Lorenzo

Gruppo del Brasile: suore, frati e laici

Le suore della Provincia "Maria, Madre del Carmelo"

Suore e laici della Tanzania

Suore delle Filippine

Il gruppo dei laici italiani

... e dall'Olanda

La celebrazione eucaristica presieduta dal Card. Braz de Aviz

L'intervento del Card. Braz de Aviz, Prefetto della CIVCSVA

L'intervento di Don Giorgio Rossi

L'intervento di P. Emanuele Boaga

La mensa fraterna

Testimonianza sulla missionarietà del gruppo "Venite e Vedrete"

Presentazione del libro "P. Lorenzo van den Eerenbeemt, fondatore e apostolo dell'amore

L'intervento di Mons. Amleto Alfonsi

L'intervento di Saverio Santi, direttore della Onlus "P. Lorenzo"

L'intervento di Sr Marianerina de Simone

L'intervento di P. Nazareno Mauri

Risonanza di P. Desiré Unen Alimange

L'intervento di P. Giovanni Grosso con Sr Lilian

Risonanza di Bruno M. Suppa

Gruppo di partecipanti

… seguendo la traduzione simultanea

L'intervento di P. Cosimo Pagliara

P. Emanuele Boaga e Don Giorgio Rossi

Testimonianze, da sinistra: Sr Carmen Bonnici, Ing. Pietro Stella, Sr Mariassunta Colombo, Mons. Valerio Valeri.

La celebrazione eucaristica conclusiva presieduta dal Priore Generale, P. Fernando Millán Romeral

Foto di gruppo assieme a S. Ecc. Mons. Gino Reali